コーチングの神様が教える「できる人」の法則

マーシャル・ゴールドスミス
&マーク・ライター／斎藤聖美＝訳

What Got You Here Won't Get You There

How Successful People Become
Even More Successful !

日本経済新聞出版社

「次のレベル」に上がりたい、もっとよくなりたい
と願う成功しているリーダーへ

『中傷を耳にし、わが身の行ないを改めることのできる者は幸せだ』

――ウィリアム・シェークスピア『空騒ぎ』より

目次

セクションⅢ　どうすればもっとよくなれるのか

セクションⅣ　「自分を変える」ときの注意すべきポイント

装幀　山口鷹雄
本文デザイン　谷敦

はじめに

この本の使い方

ショッピングモールの案内地図には「現在地」の表示がある。不案内な場所で、あなたがどこにいるのか、どこに行きたいのか、どうすれば目的地にたどりつけるのかを教えるためだ。

そんな地図を必要としない人もたくさんいる。自然と方向を感知する羅針盤が生まれつき備わっている恵まれた人たちだ。こういう人たちは、正しい角で曲り、最短ルートで目的地にたどりつくことができる。

このように方向感覚に恵まれて人生を歩む人がいる。学校で、仕事で、結婚で、友人との関係で、うまく進むことができる。こういう人たちは自分自身を理解し、自分がどこに向かって進んでいるのかを知っている。彼らのそばにいると安心していられる。彼らはロールモデルであり、私たちの英雄だ。

私たちは誰でもこういう人を知っている。子供時代に精神的な支えとなってくれたママやパパ。ある人にとっては、配偶者。私のように、最初に天狗の鼻をへし折ってくれた大学の教授かもしれない

（これについてはあとで詳しく述べる）。職場のメンター、高校時代のコーチ、リンカーンやチャーチルなどの歴史的英雄、仏陀《ブッダ》、マホメット、キリストなどの宗教的リーダーかもしれない。有名人であってもいい。

これらロールモデルになる人々の共通点は、自分のことをよく知っている点だ。おかげで彼らは、他人に自分をどう見てもらいたいか的確に伝えることができる。

目的地にたどりつくのに他人の助けをまったく必要としない人は存在する。生まれつきＧＰＳ機能が組みこまれた人たちだ。

こういう人たちは私の手助けを必要としない。

エグゼクティブ・コーチとして私が仕事で出会う人々は優れた人たちだが、どういうわけか、心のなかの地図の「現在地」を失ってしまった人たちだ。例を挙げよう。

事例1　カルロスは優良な食品会社のＣＥＯ（最高経営責任者）だ。工場で働く一社員からスタートした彼は、営業・マーケティングの分野でのしあがり、トップの座を手に入れた。クリエイティブな人が往々にしてそうであるように、彼もまたエネルギーにあふれ、人並みはずれて活動的で、関心の対象がくるくる変わるタイプだ。社内を歩きまわって、社員が何をしているのかを見ておしゃべりするのが大好き。カルロスは人間が好きで、話をするのが大好きなのだ。彼はだいたいのところ、非常に魅力的な人物だ。頭で考えるよりも前に口が動いてしまう点を除けば。

一カ月前、デザイン・チームが新製品のスナック菓子のパッケージを彼に見せた。カルロスはそのデザインを大いに気に入ったが、一つだけ、こう提案した。「パッケージの色を淡いブルーに変えたらどうだろう？　ブルーは高価で高級なイメージを与えるからね」

そして今日、デザイナーたちは最終完成品を手に戻ってきた。カルロスは大いに喜んだ。だが、彼は口に出しながら考えた。「赤のほうがいいかもしれないなあ」

デザイン・チームは全員揃って天を仰いだ。一カ月前、CEOは青がいいと言った。だから彼らは、その要望に応えようと必死に働いて完成品をつくりあげたのに、彼は気を変えてしまった。彼らはカルロスに心服するどころか、がっくりして会議を終えた。

カルロスは自信に満ちたCEOである。しかし、彼は頭のなかで考えていることを一つ残らず口に出してしまう悪い癖をもっている。彼が何の気なしに口にしたことが下に伝わっていけばいくほど、緊急事態となることを彼はわかっていない。ぺーぺーの社員が何か言っても誰も気にかけない。だが、CEOが何か意見を言えば、誰もが飛びあがって耳を傾ける。地位が昇るにつれて、こうしたらどうかという提案は、命令となってしまうのだ。

カルロスはアイデアを口にして反応を見ようとしているだけなのだが、社員はCEOの指示だと受けとってしまう。

カルロスは民主的な運営をしていて、誰もが自由に意見を述べられると考えている。ところが社員は、会社は君主国でカルロスは王様だと考えている。

カルロスは彼の長年の経験が社員の役に立つはずだと思っているが、社員は、彼が細かいところにまで指図して過度に干渉すると見ている。

カルロスは社員が彼をどう受け止めているのかまったく理解していない。

彼には、**何かひとこと価値をつけ加えようとする癖がある。**

事例2　シャロンはある大手雑誌の編集長。やる気満々、バイタリティにあふれ、ものごとをはっきりと話す、カリスマ性の高い女性である。対人関係に優れていて、締め切りにルーズな作家を上手に説きつけて、締め切りを守らせるのも巧みだ。ぎりぎりの段階で次号の内容変更を決断して、スタッフに夜遅くまで残業する気にさせることもできる。その気になれば誰でも説得できると彼女は思っている。彼女は魅力的で雑誌を売りこむ能力に秀でているから、社長は広告主との打ち合わせに彼女をよく同行させる。

シャロンは、若手の編集能力を見出し、育てる才能をとても誇りにしている。その証拠に彼女が集めた編集チームは優秀でエネルギッシュだ。部下が兵士のようにシャロンに忠誠を示すことから、ライバルの雑誌編集者たちは彼らのことを〝シャロニスタ（シャロン軍団）〟と呼ぶ。シャロニスタの忠誠はけっして揺らがない。シャロンもまた彼らの愛情に献身的に報いる。その献身度合いは行きすぎと感じられることがある。とくに、シャロニスタになりきっていない人にとっては。

　今日の編集会議では、次号の担当を割りふる予定になっていた。シャロンが、特集記事によさそうなアイデアを口にすると、シャロニスタの一人が「それはすばらしい」とすぐに賛同した。シャロンは、彼女をその特集の担当にすえた。会議が進み、シャロンはお気に入りのスタッフに割りのよい仕事を与えていった。彼らはシャロンの言うことすべてに賛同し、ゴマをすってその恩義に応える。

　もしあなたがシャロンのお気に入りであれば、編集会議での愛の交歓はその月の最高のイベントになる。反対に、あなたがシャロンのお気に入りでなければ、ミエミエのゴマすりは見ていて気分が悪くなるほどだ。これが数カ月続けば、転職先を探しはじめることになるだろう。

　シャロンはふだん人に対する洞察力が鋭く下心を見透かす能力に長けているのに、この事実にまったく気づいていない。彼女は雑誌に対する彼女のビジョンを共有する人々を育てていると思いこんでいる。一分の隙もなく動く堅固なチームを築いていると思っている。

　シャロンは部下が成長し、やがて彼女と肩を並べるような成功を収めてほしいと考えている。内輪から外れている人たちは、彼女がおべっか使いを野放しにしていると思っている。

　シャロンには、**えこひいきする癖がある。**

事例3　マーティンは著名なニューヨークの会社に働く資産運用マネジャーである。彼が顧客にするのは富裕層のみ、最低の申込単位は五〇〇万ドルだ。マーティンは仕事がよくできる。彼の年収は一〇〇万ドルを超えるが、彼の顧客の年収に比べればはるかに少ない。だがマーティンは顧客を羨むことも恨む気もない。彼は投資運用の世界にどっぷり漬かり、企業のCEOや一代で財を築いた起業家、芸能人など、富裕な顧客にアドバイスすることを心から楽しんでいる。マーティンは部下をもたず、一人で仕事をしている。彼が責任をもつのは彼の顧客に対してだけであり、毎年資産運用状況に満足させることだけが彼に課された責務である。

今日はマーティンの人生のハイライトともいうべき日である。米ビジネス界屈指の大物経営者の、資産運用会社選定会議に招かれたのだ。巨万の富をもつ人は、リスク回避のために数人の資産運用マネジャーに資産を分割して預ける。マーティンはこの大物のエリート投資グループの仲間入りをするチャンスを得たのだ。成功すれば、この関係からどれほど多くの顧客が得られることか。

マーティンはロックフェラーセンターの高層階にある、大物のオフィスを訪れた。彼は、これが大物によい印象を与える一回限りの機会だと認識している。大物の信任と信頼、そして数百万ドルの資金を獲得するのに彼は一時間与えられた。

オフィスに入ると大物は開口一番「あなたのことを少し話してください」と言った。マーティンは自分の豊富な経験について語りはじめた。巧みに先を読んで成功した投資実績を説明して大物を感嘆させようとした。なぜその投資をしようと考えたのか、その結果ライバルをはるかに上回る業績をあげたことを事細かに説明した。自分の著名な顧客のことについても話した。目の前の大物のポートフォリオをどうすべきかについても触れ、各種のマーケットが短期・長期にどう展開していくか自分の予想を話した。

マーティンは熱中のあまり、予定された一時間がまたたく間に過ぎてしまったことに気づかなかった。一時間経ったところで大物は立ちあがり、マーティンに時間をとらせてすまなかったとお礼を言った。マーティンは面談が突然打ち切られたことに驚いた。彼はその大物経営者の投資目的、リスクに対する考え方、資産運用マネジャーに何を期待するかといった質問をする機会を逸してしまった。だがマーティンは面談をふり返って、すべて強調すべき点は述べて自分自身を強く売りこめたと満足した。

翌日、マーティンは大物から手書きの礼状を受けとった。大物は礼を言いつつも他社に依頼すると告げた。彼はこの顧客を獲得しそこなったが、その理由がまったくわからずじまいだった。マーティンは金融における彼の有能さをアピールするのに充分すぎるほどの証拠を示して大物の心を捉えたと考えていたのだ。

ところが、大物はこう考えていた。「なんて自己中心的なうすのろだ。いつになったら私が何を考えているのか尋ねるつもりなんだ。こいつには私の金に一指も触れさせるもんか」

マーティンには、**「私はこうなんだ」と言いすぎる癖がある。**

ここに挙げた三名が自分のことを知らない、どこに向かおうとしているのか、何を達成しようとしているのかを知らない、というわけではない。自尊心がないわけでもない。事実、彼らは非常に成功した人たちだ（そして、しばしば自尊心が高い）。問題は、彼らの行動が他人の目にどう映っているのかを、彼ら自身はまったく理解していない点だ。彼らにとって重要な人——上司、同僚、部下、顧客ら——がどう見ているのかわかっていない（職場のみならず、家庭生活でも同じことが言える）。

彼らはすべてのことに答えを知っていると思う。しかし、他人はそれを傲慢だと見る。

自分のコメントが他人の役に立っていると彼らは思う。だが、他人は干渉だと見る。

彼らは効果的に権限譲渡をしていると思う。だが、他人は責任回避をしていると見る。

彼らはがまんして黙っていると思う。だが、他人は反応がないと見る。

彼らは他人がみずから考えるように仕向けていると考える。だが、他人は彼らを無視していると見る。

人は同僚や友人に対して善意で接し、その善意を積み重ねていくのだが、時を重ねるうちに、これらの「ささいな」職場での癖が、善意を削りとるようになる。そして、ささいなイライラが大きな危機となって爆発するときがくる。

なぜ、そのような事態になるのか。人々の心のなかにある正しい行動規範のコンパスが狂ってしまうからだ。そして職場の人たちと自分との位置関係が見えなくなってしまう。私は、そんなエグゼクティブをコーチングしている。彼らの人生とキャリアが描かれた地図には「現在地」の印があるが、彼らはそれを受け入れようとしない。事実に抵抗し、「私は成功している。あんたはしていない」と考える。このせいで「うまくいっているのになぜ変わる必要があるんだ」と思ってしまう。

指をパチンと鳴らして彼らを催眠術から目覚めさせ、すぐさま変わらなければならないと認識させられたらと思う。しかし、それはできないし、する気もない。その代わりに私は、職場の仲間が彼らのことを本音ではどう考えているのかを見せてあげる。それが「フィードバック」と呼ばれるものだ。フィードバックは人々に「現在地」を見せてあげる私の唯一の武器だ。本書を通して私は、フィードバックの使い方について話していくつもりだ。

迷路から脱出して正しい道に戻るように軌道修正させるのはたいした作業ではない。本書で見ていく問題は生死を脅かすものではない（もちろん長く放置すればキャリアを殺すはめになるだろうが）。何年もの治療や山ほどの医薬品を要するような根深いものではない。それは、たんなる行動上の強い癖、職場で日に何十回とくり返すような小さな欠点であり、（a）その癖を指摘し、（b）周囲の人に大混乱を巻き起こす原因になっていることを理解させ、（c）微調整するだけで心に強く訴えられると示してあげる、ことで直せるものだ。

だが、多くの有能なエグゼクティブは、自分の小さな欠点がゴールデン・キャリアを妨げる危険性に気づかない。さらに悪いことに、（a）もう妨げだしていることに気づかない、また（b）それは直せるということに気づかない。

本書は、あなたの地図だ。オフィスの迷路で間違った道を曲ってしまったあなたを、トップの座へとつづく正しい道に戻す地図だ。

長期的にキャリアで成功するために、あなたはいつも「ここ」から次の「そこ」へと動いていくだろう。「ここ」も、すばらしいところだろう。あなたが成功しているのなら、「ここ」はいたいと思う場所だ。成長企業のCEOの座、もしくは一流雑誌の編集長かもしれない。人がこぞって資産を預けようとする資産運用マネジャーかもしれない。だが、「ここ」は、あなたの行動や性格にちょっとした欠陥があっても成功できる場所だ。

だから、あなたは「そこ」に行きたいと思う。「そこ」はもっといい場所だ。部下の仕事の邪魔をしない偉大なCEO。部下全員の尊厳を尊重して、強いチームを築く偉大な編集長。顧客の話をよく聞き、自分のことよりも顧客の目的のことを大切にしますというメッセージを伝えられる資産運用のプロ。いや、CEOや編集長、凄腕の運用のプロでなくても、本書から得るところは多いと思う。あなた自身の地図を見てほしい。あなたの「現在地」と「目的地」との距離をはかってみてほしい。

あなたは今「ここ」にいる。

あなたは「そこ」に到達できる。

だが頭に叩きこまなくてはならないのは、これまでのやり方では、「そこ」にはたどりつけないということだ。

さあ、旅を始めよう。

セクションⅠ

成功で厄介なこと

過去の成功がさらなる成功を妨げることを学ぶ

1 エグゼクティブ・コーチとは何か

私についてお話ししよう。あなたに、あなたが変わる方法を話そうとする私は何者か?

私がエグゼクティブ・コーチとしての第一歩を踏みだしたきっかけは、ある大企業のCEOからの一本の電話だった。私は彼の会社の人材開発部の依頼でリーダーシップについてのセミナーを終えたばかりだった。一九八〇年代後半には、それが私の仕事だった。人事部に対して将来リーダーとなる人材を社内で発掘するためのアドバイスをし、リーダー候補者をさらに優れたリーダーに育成するためのプログラムを作成していた。そのCEOは私のセミナーに参加して、何かピンとくるものがあったのだろう。貴重な時間を割いて私に電話をよこした。彼には考えるところがあった。

「マーシャル、大きな事業部門を任せている幹部の一人のことなんだ。彼はきちんと目標の数字を達成する。それどころか、四半期ごとに前期を上回る業績をあげてくる」と彼は切りだした。「若くて、頭がよくて、会社のためを考え、高い倫理観をもち、やる気満々、よく働き、起業家精神があって、クリエイティブで、カリスマ性があり、傲慢で、頑固で、何でも知っているという顔をする、恐ろしくいやなヤツだ。
問題は、うちはチームワークを大切にする会社なのに、誰も彼をチームプレーヤーだと見ていないことなんだ。彼に一年の猶予を与えようと思う。その間に変われなかったら、彼には辞めてもらう。しかしなあ、こいつが変わってくれたら、わが社にとってものすごい財産となるんだ」

〝財産〟の言葉に私の耳がピーンと立った。それまで私は、リーダーになるためには彼ら自身の行動、同僚や部下の行動をどのように改めるべきかについてセミナー形式で教えていたが、エグゼクティブを一対一で個別に教えた経験はなかった。言うまでもなく、CEOの座にあと一歩という人にコーチングしたことなどなかった。私は、くだんの人物を知らなかったが、CEOのそっけない説明から、彼がどんな人物か充分想像できた。成功にとりつかれた男で、はしごを一段上るごとに新たな成功を収めてきたようなタイプだ。仕事であろうと、ポーカーであろうと、見知らぬ人との議論であろうと、勝とうとする。顧客を喜ばせ、会議ではみんなが自分に賛同するように意見を変えさせ、上司が彼の昇進に手を貸してあげたいと思ってしまうようなタイプだ。入社したその日から「成長の可能性大」とおデコにハンコを押されてきたのだろう。経済的にも不自由していない。働かなくてはいけないのではなく、働きたいから働くというだけの資産をもっている。

これらすべての要素——才能、魅力、頭脳、成功の連続、こんな会社辞めてやる！といつでも言えるだけの銀行預金——のせいで、この男は、頑固でプライドが高く、批判を容易に受けつけない人間になっていることはまちがいない。私は彼を変えることができるだろうか？

私はこの挑戦に好奇心をそそられた。私はそれまでに、中間管理職に対してのコーチング経験を充分積んでいた。エグゼクティブ・レベルにも私のコーチング法は通用するか。成功を収めてきた人をさらなる成功へと導けるのだろうか。この挑戦はおもしろい試金石となるかもしれない。

私は電話の向こうのＣＥＯにこう答えた。「お役に立てるかもしれません」

ＣＥＯはため息をついて「どうかなあ」と言った。

「こういうのはどうでしょう」と私は切りだした。「一年間彼と働いてみます。彼がよくなったら、私に顧問料をお払いください。もし、ダメだったらすべて無料とします」

翌日、私は飛行機でニューヨークに戻り、このＣＥＯと問題の事業部門長に会った。

二〇年も前のことだ。それ以来私は、同様の頭脳、富、成功を手にしていながら、対人関係でキャリアを台無しにしかねない問題を少なくとも一つは抱えた、エグゼクティブ一〇〇人以上にコーチングをしてきた。

そして、それが今、私の仕事となっている。ＵＣＬＡで組織行動学の博士号を取得し、二九年間組織行動の評価・分析を行なってきた。並外れた成功を収めていながら、さらに成功を求める人々と一対一でコーチングするときに、この評価・分析の経験が活きている。私の仕事は彼らをもっと賢くすることでも、もっと金持ちにすることでもない。彼らの手助けをすることにある。一緒に働く人たちが不快に思う個人的な癖を探しだしてとり除き、彼らが組織にとって価値ある存在でありつづけるように手助けする。それまで彼らを成功に導いてきたスキルや習慣は、さらなる成長のためには必ずしも適切なものではないことを彼らに悟らせるのが私の仕事だ。

彼らの従来のやり方では、目的の場所にはたどりつけない。

しかし、私はスーパー成功者だけにコーチするわけではない。傲慢だったり、無愛想だったり、失礼だったり、知ったかぶりしたりするのは、エグゼクティブに限ったことではない。中間管理職でもよく見受けられる。私が対象とするのは、それなりに成功を収めながらも、さらに一段上の成功を志す数多くの人々だ。

私は、彼らが職場で効果的に行動できるように、シンプルだが厳しい修練に放りこむ。まず、彼らと一緒に働く人々に三六〇度フィードバックをしてもらう。その人の上司や部下、他部署の人たちなど、できるかぎり多くの人と話をする。しばしばその人の家族とも話す。そしてその人の強みと弱みを評価する。

その後、当人と向かいあい、みんながホンネのところではその人のことをどう考えているかを伝える。当人がこのフィードバックを受け入れ、改善の必要性を認め、行動を変える決意を示したら、初めて、どのようにすればよいかを話す。そこから、いくつかのツールを使って、その人が変わる手助けをしていく。

並外れた成功を収めてきた人たちにとっては屈辱的なことだが、一二カ月から一八カ月も経つと彼らは変わる。本人がそう思うだけではない。職場の人も「その人物が変わった」と感じるようになる。

間違わないでほしいのだが、本書はスーパー成功者向けのものではない。もっと多くの人に役立つと思う。ゴルフのPGAツアーに出るようなプレーヤーのためにゴルフの指導書を書くのはおもしろいかもしれないが、ゴルフ人口の〇・〇〇〇〇一%にしか役立たないのでは書く労力に見合わない。

軽い気持ちでゴルフになぞらえているわけではない。私はゴルフコースの隣に住んでいるので、常日頃たくさんのゴルファーを観察している。その結果、さらなる成功へのお手伝いをするにあたって、ゴルフの指導ほど関連性の高いものはないと確信した。ゴルファーは、成功している人が抱える問題点をすべて抱えている。たぶん、その問題点はもっとはっきりと出るだろうが。

一つには、ゴルファーは自分の成功に幻想を抱いている。彼らは実際よりも上手だと言い、そして信じてさえいる。一〇〇回プレーして一回でも九〇を切れば、この例外的なスコアが「いつもの」スコアになってしまう。

ゴルファーはどのように成功を手にしたかについても幻想を抱いている。スタートの第一打を失敗すると、もう一度打ち直してしまう。ボールが止まった位置が悪いとボールを動かしてしまう。失敗したストロークを都合よく数え忘れる。そのほかにもルールやスコアカードをごまかしたりする。すべてゲタをはかせて実際よりも上手だと思わせるためだ。

ゴルファーはエグゼクティブと同様、自分の弱点を否定しようとする傾向がある。もう充分うまくなっていることにばかり時間をかけ、練習が必要なことにはほとんど時間をかけない理由がこれで説明がつくだろう。

実際よりも多く成功に貢献したと主張する上司、事実を自分の都合のよいように拡大解釈する上司、他人はそうではないと見抜いているのに自分はある分野に強いと思っている上司。ゴルファーが見せる癖とどこか違いがあるだろうか。

ゴルファーは、私がコーチングするリーダーたちと同様、一つの著しい長所をもっている。ハンディが三〇のプレーヤーであろうが、ハンディのないスクラッチプレーヤーであろうが、腕前にかかわらず、彼らは一人残らずもっと上手になりたいと願っている。だから彼らはいつも練習をし、レッスンを受け、新しい道具を試し、スウィングに時間をかけ、雑誌や本のアドバイスを真剣に読む。

本書の志すところがまさにそれだ。仕事であれ、家庭であれ、あるいは他のことであっても、もっとよくなりたいと願う人すべてのために本書はある。誰の目にも明らかな成功を達成し、強い自尊心をもっていても、実は自分で思っているほど優秀ではないかもしれない。私たちはみんな、何かしらいやな癖をもっているが、それは正確に指摘でき、きちんと直せるものだ。そう考えていただけるのなら、私は、世界を、そしてあなたの世界を、わずかながらもよくできると思う。

それがエグゼクティブ・コーチである私の仕事だ。さあ、次の章からはあなたの問題にとりかかろう。

2 成功した人ほど、変化を嫌う理由

ある生命保険会社が、だいぶ前にこういうコマーシャルを流していた。ゴーゴーと流れる川の真ん中に強そうなグリズリー（灰色熊）が立っている。ギリギリまで首を伸ばし、口を大きくあけ、ギラギラ光る歯を見せている。この熊は、何も知らず空中を跳ねて上流に行こうとしている鮭にまさに食らいつこうとしている。画面に「あなたはご自分が熊だと思っているかもしれません。私たちはあなたが鮭だと考えます」が現われる。

この広告は、職場での業績、地位、貢献度に錯覚を抱いている私たちすべてに向けられた強いメッセージとして私の頭に焼きついた。私たちは――

- プロジェクトに対する自分の貢献度を過大評価する。
- 他人が達成した成功を、その一部にしろ、全部にしろ、自分の手柄にしようとする。

• 自分の専門的スキルを高く評価し、他人よりも優れていると思う。
• 自分のせいで多額の損失が生じた失敗、プロジェクト、時間の浪費でしかない仕事については都合よく無視する。
• 実際のコストあるいは目に見えないコストを低めに見積もって、プロジェクトが収益に与えた効果を過大評価する（コストは他人の問題。成功は自分のもの）。

こうした錯覚は、失敗ではなく成功によって引き起こされる。過去の成功で「正の強化」を得るから、頭のなかで正当化しやすい論理の飛躍をしてしまい、過去の成功は将来すばらしいことを成し遂げる前兆だと考えてしまう。

このこと自体が悪いとは一概には言えない。自分を全知全能の神であるかのように思いこんでしまうばかげた錯覚は、根拠のないものであっても、自信をつけてくれ、疑念を掻き消してくれる。仕事にまつわるリスクや問題を見えなくしてくれる。もし私たちが現実を完全に理解し、状況をすべてあるがままに見たなら、朝ベッドから起きあがる気にはなれないだろう。

だが、変わる必要があるときには、この錯覚が大きな負担となる。神様のような気分で座っているときに、誰かがやり方を変えさせようとしたら、この人はいったい何をしようとしているのかと純粋に当惑することだろう。その三段階の反応はなかなかおもしろい。

初めは、相手が混乱して、間違った情報を与えられてわけのわからない話をしていると思う。「本当に変わる必要があるのは私ではない」

次に、もしかしたら相手は混乱しているわけではないかもしれない、ひょっとしたら情報自体は正しいのかもしれない、と徐々に考えるようになっていく。そして、否定の段階に入る。「そんな批判が私に当てはまるわけはない。そうでなければ、ここまで成功するはずがないじゃないか」

最後に、相手を攻撃するようになる。耳の痛いメッセージを伝えてくれる人を悪く言うようになる。「私のように賢い人間が、なんでおまえのような負け犬の言うことを聞かなくてはいけないんだ」

これは最初のうわっ面の反応――否定のプロセスでしかない。成功している人は次のことに非常に前向きな解釈を加える。①過去の業績、②成功を導きだす能力、③将来も成功しつづけるだろうという楽観的な信念、④自分の運命を自分でコントロールしているという感覚。これらを混ぜあわせてよくシェイクすれば、変化に抵抗しようとする爆発寸前のカクテルの一丁上がりだ。

この成功に関する四つの信念、そのどれもが変化を困難なものにする。これが「成功のパラドックス」だ。私たちを「ここ」まで導いてくれた信念が、「そこ」にたどりつく障害となる。「すでに証明済みの」やり方を変えることを妨げる四つの信念について一つひとつ詳しく見ていこう。

信念1――私は成功した

成功している人々は、自分の手腕と能力に確信をもっている。

成功している人の血と脳みそには、一つの考えが四六時中呪文のように静かに流れている。「私は成功した。私は成功した。私は成功した」。これは、私は勝利を収めたし、今後も勝ちつづけるだけの手腕と才能をもっている、と自分に言い聞かせる彼らのやり方だ。

あなたは、自分は違う、そんな自惚れも甚だしいことは考えない、と思うかもしれない。でも、考えてみてほしい。どうすれば自信に満ちて朝起きだし、職場に向かい、楽観的な気持ちで今日も闘うぞという熱意と願望にあふれることができるのか。自分が引き起こした手違いや、数日気に病んでいた失敗を思いだしたりはしないだろう。成功した部分だけをハイライトした編集テープを頭のなかで流しているからだろう。あなたが私の知る大多数の人と同じなら、自分がスターになったとき、トップになって人の目を奪ったときなどのよいイメージだけを見るようにしているはずだ。会議で思いどおりの議論をやってのけ、注目を独り占めしたときの五分間かもしれない。上司が褒めて社員全員に配布した、見事な出来のメモかもしれない。なんであれ、私たちにとってハッピーエンドのことであれば、何度もくり返し思いだし、聞いてくれる人がいれば誰にでも話そうとする。

成功した友人がくり返す話を聞いているだけで、この自信を生みだす心理的状況がわかる。彼らが詳しく話すのは、大失敗をしたときのことか? それとも勝利の物語か? 後者に決まっている。

私たちが頭のなかで考えるのは、自分の力を大きく見せるものに決まっている。それはよいことだ。そうでなかったら、朝起きあがる気力がなくなってしまう。

野球のメジャーリーグの選手とこのことについて話をしたことがある。どの打者にも自分が得意とする投手がいる。彼は次のように話してくれた。「過去によく打っているピッチャーのときには、『こいつはもらったぜ』と思いながらバッターボックスに入る。それで自信がつくのです」

驚くことではない。成功した人々にとって過去はつねに序章であり、過去はつねにバラ色に染められている。ところが、彼は一歩進んだ考えをもっていた。

「苦手なピッチャーのときにはどうするんですか？」と私は尋ねた。「ピッチャーのほうが『こいつはもらったぜ』と考えるようなときにはどうしますか？」

「同じですよ」と彼は答えた。「こいつなら打てると思いながら打席に向かいます。こいつよりもっと優秀なピッチャーから打っているんだから、ってね」

つまり、彼は成功の心構えを保つために、過去がバラ色でなくても、彼の自信に反する証拠があっても、過去の成功に頼るのだ。成功している人々は、コップの水はまだ半分も残っていると思って飲む。

チームで戦うときも同じことだ。チームメートに敬意を払っていたとしても、チームが好成績をあげたときには、自分の貢献を実際よりもはるかに大きく見積もってしまう。

あるパートナーシップの会社で、三人のパートナーに、自分がどのくらい会社の利益に貢献していると思うかと尋ねた。たまたまこの会社のシニア・パートナーと懇意だったので、私は正確な数字を知っていた。三人の答えを足しあわせると、一五〇％を越えてしまった！　パートナーはみんな、自分が会社の利益の半分以上を稼ぎだしていると考えていたのだ。

これは、どの職場でも言えることだと思う。あなたの同僚全員に会社への貢献度の割合を尋ねたら、必ずその答えの合計は一〇〇%を超えるだろう。これが悪いわけではない。自信にあふれた人に囲まれていたいとあなたも思うはずだ（もし合計が一〇〇%を切るようだったら、新しい同僚を探したほうがいい）。

この「私は成功した」という信念は、たいていの場合プラスに働くが、唯一障害となるのは行動を変える必要があるときだ。

成功している人々は、つねに自分自身に有利になるように仲間と比較する。専門的職業についている人に、同僚と比べてどのくらいの順位に入ると思うか尋ねてみたらどうなるか（私の研修プログラムに参加した五万人超にこの質問をしてみた）。八〇%から八五%の人は、同僚と比べて自分はトップ二〇%に入ると評価する。そして七〇%はトップ一〇%に入ると評価する。医者、パイロット、投資銀行員など社会的地位の高い専門職についている人の場合、この数字はさらに高くなり、九〇%がトップ一〇%にいると答える。

こういう人たちに、あなたは間違ったことをしているから変わる必要がありますよ、と言うのがどんなものか想像してみてほしい。

信念2――私は成功できる

これは「私は成功する自信がある」ということを言い換えただけだ。

成功している人々は、自分には望ましいことを達成する能力があると信じている。マジックショーで超能力者がモノを念力で動かしたり鉄を曲げたりするのとはちょっと違う。が、かなり近い。成功している人々は、自分の人格、能力、あるいは頭脳で、自分に有利な方向に状況を動かせると本当に信じている。

問題を解決するにあたって、上司が誰か担当してくれる人はいないかと尋ねると、隅に縮こまって気づかれませんようにと祈っている人がいる一方で、率先して「私にやらせてください」と手を挙げる人がいるのはそういう理由だ。

これは社会的認知理論でいうところの自己効力感の典型的な例であり、人を成功に導くコアな信念といえよう。成功できると思う人は、脅威をチャンスと捉える。彼らは不確実なこと、不明確なことを恐れず、逆にそれを喜ぶ。より多くのリスクをとってより大きな見返りを求めるのだ。チャンスがあれば、彼らは必ず自分自身に賭ける。

成功している人は「内的統制感」の高い人に多い。言い換えれば、彼らは運命の犠牲者だとは考えない。成功はやる気と能力によってもたらされるもので、幸運、偶然、外的要因によってもたらされるものだとは考えない。

運が重要な役割を果たすときでさえ、彼らはこの信念を曲げない。数年前のことだ。私の会社のパートナーたちが、ある非常に大きな案件に参画したいと言ってきた。彼らは会社のトップである私の承認を必要としていた。私は、それはバカげた案件で、反対だと言ったが、大騒ぎの末、最終的には私も同意した。七年後、このバカげた案件は、私が生涯受けとったなかでもっとも高額の、七桁の小切手となって返ってきた。これはまったくの幸運というしかなかった。だが、私よりも大きな成功を収めている友人たちはそうは見なかった。私が大きな富を手にしたのは運ではなく、長年の勤労が報われたのだと言った。これは、成功した人の典型的な反応だ。成功は個人のやる気と能力によって「稼ぎだした」ものだと彼らは信じる。

もちろんこの信念は、遺産相続で手にした富を、自力で築いた資産と考えるようなものだ。三塁に立ったからといって三塁打を打ったと思ったら大間違いだ。しかし、成功した人はつねに、自分がしたことと自分が到達したところのあいだには相関関係があると信じている。まったく相関関係がないときですら、そう考える。それは錯覚でしかないのだが、力を与えてくれることは確かだ。

この信念はもう一つの考え方よりもマシだ。宝くじを買う人の例について考えよう。いつも宝くじを買う人たちには、成功は幸運、外的要因、偶然の賜物だと考える傾向がある。彼らは、宝くじは成功が偶然であることの証拠だと見る。宝くじをたくさん買えば、幸運に恵まれて数百万ドル当たるかもしれないと思う。調査によれば、こういう考え方をする人の多くは、高い業績を達成することも、高い給料を稼ぐこともない。

さらに悪いことに、宝くじで高額賞金を得た人は、往々にして下手な投資運用をする。運があれば成功できるという信念は、宝くじに当たることで強化される。そして、合理的に説明のつかない投資をする。つまり、能力や知性に頼るのではなく、運がふたたび味方してくれるかもしれないと、疑わしい話に博打するのだ。みずからの力で成功するという基本的な信念がないから、運に頼ってしまう。

成功する人はこの宝くじを買う人の心理傾向とは違い、自分自身に対する揺るぎない信念をもっている。これがまた、彼らの行動を変えようとするときの障害となる。成功する人が仮定する最大の過ちは、「私は成功した。私はこのように行動する。したがって、私が成功したのはこのように行動したおかげだ!」というものだ。彼らに、そのような行動にもかかわらず成功することもあると気づかせるのは難題だ。

信念3——私は成功するだろう

これは言い換えれば「私には成功しようという動機がある」ということだ。

「私は成功した」が過去のことで、「私は成功できる」が現在のことであるなら、「私は成功するだろう」は将来のことを指す。成功する人は揺るぎない楽観的な考えをもっている。彼らは、成功はつくりだせると信じているだけでなく、ほとんど当然そうなるものと信じている。

その結果、成功する人は、他人が不思議に思うくらい熱意をもってチャンスを追い求める。目標を設定してそれを公にすれば、彼らは「なんとしてでも」その目標を達成しようとする。それはいい。だが、過度の楽観主義に陥りがちだ。だからこそ、成功する人は極端に忙しく、こなせる以上の仕事を引き受けてしまう危険性がある。

野心満々で「私は成功するぞ」と思っている人にとって、チャンスを前にして「ノー」と言うのは難しい。私の顧客であるエグゼクティブのほぼ全員が、これまでの人生で今ほど忙しいと感じたことはないと言う。私の顧客が「やることが充分になくて」とこぼすのを一度だって聞いたためしがない。忙しいのは喫緊の問題が多いからではない。なぜエグゼクティブはこなせる以上の仕事を引き受けてしまうのかを調査したところ、「沈みゆく船を救うため」と答えた人はいなかった。彼らが必要以上の仕事を引き受けてしまうのは、「チャンスの海で溺れそう」だからだ。

あなたにもこういう経験があるかもしれない。仕事ですばらしいことをする。突然、多くの人があなたに擦り寄ってきて、あなたの成功のお裾分けにあずかろうとする。彼らは、あなたは一度奇跡を起こしたのだから、彼らのためにふたたび奇跡を起こしてくれるのではないかと実に論理的に考える。そこで、かつてない勢いでチャンスが押しつけられる。経験不足か自制心の不足で、そのいくつかに「ノー」と言えない。注意しないと、あなたはその仕事の多さにやがて圧倒されてしまう。あなたは絶望的な時間不足に陥り、ひどい場合には燃え尽き症候群になってしまうかもしれない。あなたに成功をもたらしたものが、あなたを転落させるはめになる。

「私は成功するだろう」という信念は、行動を変える際の妨げとなる。顧客が私のやり方に従って実際によくなっているかどうか、私は執念深くフォローアップする。私のリーダーシップ開発プログラムの参加者は誰しも、学んだことを仕事に活かすつもりでやってくる。実際、大半の人はそうやって改善していく！　その反面（あとで書くが）、多くの人がまったく何もしない。

「何もしなかった」人に「行動を変えると言ったのに、実行しなかったのはなぜですか」と尋ねると、「そのつもりでしたが、時間がなくて」という答えがいちばん多い。つまり、彼らは過度に仕事を引き受けているということだ。彼らは変わりたくないわけでも、変わることの価値を認めないわけでもない。ただ、一日があっという間に終わってしまうのだ。彼らは「あとでやるつもり」でいた。だが、その「あとで」は永遠にやってこない。過度に仕事を引き受けてしまうのは、変える必要がないと信じること、実は欠点なのに、それがあったからこそ成功したと信じるくらい深刻な障害となりうる。

信念4――私は成功することを選択した

成功する人は、自分が選択したことをしているのだと考える。彼らには自分の意志で決定したいと思う気持ちが強い。成功する人であればあるほど、この気持ちは強い。自分の意志で選んだことをするとき、人は一生懸命やろうとする。それが押しつけられたことだと、人は言われたことしかやらない。

両者の違いはどんな仕事にでも見られる。業績と報酬が釣り合っていないときでもそうだ。ケンタッキーの高校に通っていたとき、懐疑的で辛辣なジョークを飛ばしてばかりいた私のような生徒にも、教えることを天職と考えている教師と、生活のために教えている教師がいることははっきりわかった。最高の先生は前者で、給料などの外的要因に左右されるのではなく、生徒のために献身的に働いてくれた。

成功する人は、支配されているとか操作されているということに嫌悪感を抱く。このことを私は毎日肌で感じている。エグゼクティブ・コーチとして高い評価を得たあとでも、つまり私の助言で効果があがるとわかっているはずなのに、いまだに抵抗にあう。だから最近は、こう思うようにしている。私は人を変えることはできない。彼らが変わることを選択したときにはじめて、よい方向に向かうためのお手伝いができるのだ、と。

残念ながら、自分は偶然成功にめぐり合ったのではなく、「私は成功することを選択した」と考える人に「変わることを選択する」と言わせるのは一筋縄ではない。頭にしっかり染みついてしまった思いこみを変えさせるのだから。私たちの行動は私たちの選択と決意の結果であると信じれば信じるほど、行動を変えようという気持ちは薄れる。

これは心理学でもっともよく研究された原則の一つで、「認知的不協和」と呼ばれる。心のなかで信じることと、経験や現実に見ることが一致しないことを指す。その根底にある理論はシンプルだ。何かを真実だと信じこめば信じこむほど、たとえそれが間違っているという明白な証拠が目の前にあっても、その逆が真実だとは思わなくなる。たとえば、もしあなたが同僚のビルをいやなヤツだと思っていたら、ビルの行動をそういう目で見る。ビルが何をしても、彼がいやなヤツだということを確認する色眼鏡を通して見る。たとえ彼がよい行ないをしても、それは例外だと解釈する。ビルがそうした偏見を克服するためには、何年も聖人のような行動をとりつづけなければならない。この認知的不協和はさまざまなことに当てはまり、職場で問題を起こし不公平を引き起こす原因にもなる。

とはいえ、認知的不協和が自分自身に対して働けば、成功する人々にとってはプラスに働く。何かを真実だと強く信じれば信じるほど、たとえ間違った道を選択したと思わせるような証拠があったとしても、逆のことが真実だとは思わなくなる。だから、厳しい事態にあっても成功する人はなかなか屈したり動揺したりしない。彼らは目標や信念に対して強い思いを抱いているから、現実をバラ色の色眼鏡を通して見る。多くの場合、これはよいことだ。固い決意が、他の人々を「踏みとどまらせ」、状況が厳しくなっても諦めないようにさせる。もちろん、まさにこの確固たる態度が、変わらなくてはいけないときにはマイナスに働くのだが。

成功がいかに私たちを迷信深くさせるか

「スキルがある」「自信がある」「動機をもっている」「みずから成功を選択している」という成功をもたらす四つの信念が、私たちを迷信深くさせる。「この私が？」とあなたは思うかもしれない。「とんでもない。迷信なんか信じない。私が成功したのは努力の賜物だ」

はしごの下を歩いたり鏡を割ったりするのは縁起が悪いとか、黒猫が目の前を横切ると悪いことが起こるとか、子供じみた迷信についてはそうかもしれない。私たちは迷信を幼稚で、無学なばかげたものだとあざ笑い、心の奥底で私たちはそんなくだらない考えを超越した存在だと確信している。

ちょっと待ってほしい。程度の差こそあれ、私たちはみんな迷信を信じている。多くの場合、組織のピラミッドの上に行けば行くほど、私たちは迷信深くなっていく。

心理学的に言えば、縁起担ぎは、ある行動をとったあとに「正の強化」が続くと、その行動が「正の強化」を引き起こしたと誤って信じることから生じる。行動は機能的であってもなくてもよい。つまり、誰か、あるいは何かに影響を与えるものであっても、自分だけのことであっても、無意味なものであってもかまわない。何かをしてよいことが続けば、その行動を関連づけてくり返そうとする。ハングリーなビジネス人が一定の行動を毎日、毎日、くり返すのは、そのためだ。そうすれば、お金が手に入り、認められると信じているからだ。

迷信は、相関関係と因果関係の混乱にすぎない。人間は、「正の強化」による行動をくり返す傾向がある。達成すればするほど、強化を得る。成功する人々の最大の過ちは、「このように行動して、結果を出した。したがって、このように行動すれば私は結果を達成できるにちがいない」と想定してしまうことだ。

この信念はときには真実となるが、つねに、ではない。そこに迷信のつけ入る隙が生まれる。それが大いに誤った考えを生みだし、本書が必要とされることになり、この本の原題 *What Got You Here Won't Get You There*（今までのやり方では、これから先はうまくいかない）というタイトルになる。私が言いたいのは、私たちの行動のおかげで導かれた成功と、私たちの行動にもかかわらずもたらされた成功との違いについてだ。

成功した人たちは、たくさんのことを正しく行なったおかげで成功している。そしてほとんどの人は、常識を超えた行動をしたにもかかわらず、成功している。

リーダーたちにこの違いを理解させ、「おかげで」と「にもかかわらず」を混同していることに気づかせ、「迷信の落とし穴」にはまらないようにお手伝いをすること。それが私の最大の課題だ。

あるエグゼクティブ、仮にハリーと呼ぼう、のコーチングをしていたとき、もっとも大きな障害となったのはこのことだった。ハリーは、聡明で仕事熱心なエグゼクティブで、ずっと期待どおりの業績をあげてきていた。たんに頭がよいだけでなく、社内のほかの人とは違った観点からものごとを見る才能に恵まれていた。上司も部下も、この点は認めるところだった。彼の独創的なアイデアが画期的な製法や工程を生みだしていることを、誰もが高く評価していた。ハリーが組織を好転させる役割を果たしていたことは誰も疑わなかった。それに、ハリーはほかにも長所をたくさんもち合わせていた。彼は心から会社、社員、株主を大切にしていた。すばらしい妻、超一流の大学に通う二人の子供、環境のよい住宅街の美しい家。そして仕事。ハリーはすばらしい人生を送っていた。

しかし、この一見、完璧に見えるハリーにも欠点があった。ハリーには人の話をよく聞かないという欠点があった。直属の部下も同僚も彼を尊敬していたものの、ハリーが自分たちの話を聞いていないと感じていた。だが、ハリーの頭の回転の速さや創造性の前では萎縮してしまい、「ハリーがいつも話を聞かなくてもかまわない」と思っていた。ハリーの場合、天才がときどき注意を払わなくなるのとは違うが、人の話を聞かないことにかけては天下一品だった。彼と一緒に働く人は、ハリーがひとたび決心してしまうと、いくら異議立てしてもムダだとつねに感じていた。私のフィードバック調査で、会社のトップからヒラ社員まで誰もがそう言っていた。家庭でもそうだった。妻も子供たちも、ハリーは彼らの言うことをひとことも聞かないことがしばしばある、と答えた。もしハリーの犬が話せたら、そうだワン、と言っただろう。

　私はハリーに、あなたが成功したのはたぶん、その才能と勤勉さといくらかの幸運のおかげだろう、そして、恐ろしく人の話を聞かないにもかかわらず成功してきたと話した。

　ハリーは、人が彼にもっと話を聞いてほしいと思っていることは認めた。だが、彼自身が変わる必要があるかという点になると、納得しなかった。彼は話をよく聞かないからこそ、今日の成功があると信じていたのだ。高業績をあげる人々がしばしばそうであるように、彼も自分の迷信的な信念を弁護しようとした。ひどくくだらないアイデアを聞かされたせいで、自分の豊かな頭脳が混乱させられるのは真っ平ごめんだと言い放った。ひどいアイデアは頭脳を汚染する。だから、排除しなくてはならない。人のご機嫌とりのために、ひどいアイデアを聞くふりをする気になどならない、と彼は言った。「私は喜んでバカな人間につき合う気はない」と、がまんならないというより、プライドを見せて彼は話した。

　これは第一の防衛反応だ。迷信の落とし穴にはまった人は必ずこう反応する。成功は、ある行動と偶然ながら結びついているという考えにしがみつく。その行動がよいことでも悪いことでも、責任のあることでも、リスクがあっても、合法的であっても不適切であっても関係ない。よからぬ何かをするからよいことが起こるわけではないのだ、ということを受け入れようとしない。ときには、そのあいだにまったく結びつきがないこともある。

　ハリーにこの論理の欠陥を理解させるのが私の仕事だった。

彼に、職場の人や家族はバカだと本当に思っているのかと尋ねてみた。すると、彼は恥じ入りながら、ちょっと言いすぎかもしれないと認めた。彼らに敬意を表しているし、仕事を成し遂げるためには不可欠な人たちで、自分の成功は彼らの肩にかかっている、と答えた。

「よくよく考えてみると、私のほうがバカだと思うときもある」と彼は言った。

これは大きな進歩だった。まわりの人の感情の妥当性を譲歩して認め、ときには自分のほうがバカげた行動をすると認めたのだ。

だが次に、ハリーは過剰矯正に対する恐怖という第二の防衛反応を示した。他人の話を聞きすぎたら、自分の創造的なエネルギーが失われてしまうのではないか、意見を言うのをためらうようになり、やがて創造性が枯渇してしまうのではないか、と心配した。私は、今までの人生ずっと他人の話を聞かなかった五五歳の人間が、突然他人の意見に過剰な関心をもつことなどありえないと指摘し、それは心配無用だと請けあった。悪い癖をとり除こうとしているだけで、改宗させようとしているわけではない。とうとうハリーは、自分の機能不全な行動を正当化するために時間を浪費するよりも、他人の話に耳を傾けるほうが生産的だと思うようになった。

ハリーのケースは特別なものではない。私たちは誰しも迷信深く、悪い行動と成功をごっちゃにして関連づけてしまうものだ。

職場の人に対して、傷つけるような残酷なコメントをするのは絶対に必要だ、と頑として譲らない人を相手にしたことがある。グサッとくる、忘れようにも忘れられないような辛辣な言葉からすばらしいアイデアが生まれてくるからだと彼は説明した（すごくいい人で創造的な人に会ったことがないのですかと尋ねると、考えこんでしまった）。

顧客に対して押しつけがましく、けんか腰の営業スタイルで、仲間よりも多く契約がとれると思っている営業マンを相手にしたこともある（もしそうだとすれば、気持ちのよい同僚がよい営業成績をあげるのはなぜでしょう。あなたはいい商品に恵まれているとか、ほかの人よりも訪問を数多くこなすから契約がとれている可能性はありませんか？と私は指摘した）。

直属の部下に対して、よそよそしい、不可解な沈黙をする、近寄りがたいといった態度をとるのは、部下たちに考えさせるための戦術だと言い張ったエグゼクティブがいた（部下が自発的に行動するように導くのがリーダーの仕事です。でもあなたは、正当な目的を達成するために意図的にそうしているのですか？　もしかしたら、それはあなたの管理スタイルで、変わりたくないから自分を正当化しているだけではありませんか？　正しい方向へ向かうように部下をリードして、あなたの考えを示してあげたほうが、彼らはもっとよく考えるようになるのではありませんか？　あなたが無視しているにもかかわらず、彼らが自発的に考えているという事実はありませんか？）。

さて、あなたにスポットライトを当ててみよう。友だち、家族、職場の人からいやがられているとわかっている、奇妙な癖、習慣的にやってしまういやな行動を一つ考えてみてほしい。そして自問自答してほしい。それをしつづけるのは、そのおかげで以前に何かよいことがあったからだろうか？もう少し詳しくみてみよう。その行動は結果を出すことにプラスに働いているか？　あるいは、それは何年ものあいだ、あなたの人生を支配してきた論理性に欠ける迷信ではないか？　前者は「そのおかげ」となり、後者は「それにもかかわらず」になる。

迷信の罠から抜けだすには、注意を怠らないことだ。この行動は私を成功に導く論理的なものか、あるいはたんに自分を正当化しているだけだろうか、と絶えず自問してほしい。

「そのおかげで」と「それにもかかわらず」を数えあげていくと、あなたが実はものすごく迷信的であることに気づいてショックを受けるかもしれない。

私たちはみな自然の法則に従う

チケットマスター、ホテル・ドット・コム、マッチ・ドット・コム、レンディング・ツリー・ドット・コムなどのウェブサイト運用会社を次々と買収し、ネット関連企業のコングロマリットを築きあげたＩＡＣの会長バリー・ディラーは、ハーバード・ビジネススクールの授業で、自分の企業戦略を説明していた。ある学生が手を挙げて、「どの会社も独自の運営をしていてシナジーが生まれるような協調的な動きをしていないように見えますが」とコメントした。

ディラーは、怒ったふりをしてこう言った。「シナジーなんて言葉は絶対に使うもんじゃない。おぞましい言葉だ。うまく働くのは、自然の法則だけ。充分に時間をかければ、事業間に自然な関係ができあがってくるものだ」

そのとおりだと思う。巨大企業のなかにある異なる部門に言えることは、組織における異なる人々についても言える。社員に協力して働くようにと強制することはできない。シナジーを生みだすように命令することはできない。二人の人間であろうと、二つの事業部門であろうと、強制的にハーモニーをつくり出すことはできない。また、人に考え方や行動を変えるように命令することはできない。唯一適用できるのは自然の法則だけだ。

成功した人々がさらに成功していく様子を三〇年間観察してきて得た唯一の自然の法則はこうだ。「自分の行動を変えるということも含めて、人が何かをするのは、自分の価値尺度からみて自分の得になると考えるときだけだ」

別に皮肉を言っているつもりはない。また人生で唯一の動機は利己的なものだと言おうとしているわけでもない。見返りがなくても、多くの人が日々みずからの意思で無私無欲の善行をしている。

私が言いたいのは、自分の意志を曲げて、自分でコントロールできないことをしようとすると、自然の法則が働くということだ。もし私が私の望むことをあなたにさせようと思うなら、そうすることで、あなたにとって何か得になると証明する必要がある。これが自然の法則だ。大きな選択、小さな選択、どんな選択も、リスクとその対価として得られるものとを秤にかけて決められる。つまるところ「私にとって何の得になるんだ?」と考える。

それを弁解する必要はない。世の中はそういうものだ。

つまらぬことで言い争ってきたライバルが協力しはじめるのも、こうした力が働くためだ。よく見れば、他人のためにしているわけでも、急に聖人のような心境になったからでもないことがわかる。双方の望むものを手に入れる唯一の手段が協力だったというだけのことだ。

自分のプライドを押し殺して自分の過ちを認めるのも同じこと。ふつう、こうするのは非常に難しいが、それで問題が片づき、それが次のステップに進むための唯一の方法であれば、人はそうする。

私が目的を達成するうえでは、自然の法則バンザイ！だ。自然の法則なしでは、成功している人に彼らのやり方を変えさせるのは不可能だ。前にも述べたように、成功した人が行動を変えようとする理由はほとんどない。一方、現状を維持しようとする理由はたっぷりある。なんせ、それでうまくやってきたのだから。

彼らは成功のおかげで「正の強化」をたっぷりと味わっている。だから、今までどおりが賢いやり方だと感じている。彼らの過去の行動は、明るい将来を約束する（このようにやってきた。おかげでここまでになったんだ）。もちろん、傲慢さという要因もある。「私には何だってできる」という思いが、成功した人の頭のなかで膨れあがっている。これは大きな成功をいくつか続けたあとにはとくに顕著に見られる。

そして、時間とともに成功した人々が自分を守るために築きあげていく隠れ家がある。そこに入れば「おまえは正しい。他の人がみんな間違っている」とささやいてもらえる。

これらはすべて、克服の難しい頑固な自衛装置だ。

みんながあなたのやり方をいやがっていますよ、と言われても屁とも思わない人がいる。彼らは他人がどう思おうと気にしない。自分以外の人はみんなわけがわかっていないと思っている。

あなたの言動のせいで昇進のチャンスを失いますよ、と警告されても怖がらない人もいる。マジシャンが指をパチンと鳴らして思いどおりのものをとり出すように、すぐ別のよい職を得られると信じている（それが本当かどうかは問題じゃない。本人はそう信じているのだから！）。

こうなりますよと忠告しても、そんなことはどうでもいいと思っている人を説得して変えさせるのは並大抵の仕事ではない。あるときソフトウエアの天才を担当した。彼はその会社の技術そのものであり、必要不可欠な人材だった。CEOは、彼がもっとチームを大事にし、他人ともっと交流して、彼の「天才」ぶりのいくらかを社内に広めてほしいと願っていた。

唯一の問題は——彼と話して五分でわかったが——、この男はまったく社交性のない人間だった。彼の理想の世界には、部屋、机、パソコン、そしてつねにBGMのオペラを流しつづける最新技術のステレオがあればいい。彼はほかの子と上手に遊びたいなどと思っていなかった。一人放っておいてほしいと願っていた。

おまえが変わらなければ、おもちゃをとり上げるぞと脅すこともできただろう。だが、それで何になる？　彼がよくなるわけでもハッピーになるわけでもない。そして会社はいちばん大切な資産を「失う」だろう。彼を変える価値はない。私はCEOにそう提言した。「あなたの計画は、理論上はいいのですが、あなたの望みは、彼が価値を認めるものではありません。彼をそっとしておいてあげてください。彼は満足していますし、どこへも行かないでしょう。彼を変えて、彼ではない人間にしてしまおうとすることに意味はありません」と私は言った。

この男は例外だった。ふつうから大きく外れていた。

たいていの人は、変化に抵抗したとしても、自然の法則に訴えれば克服できる。最大級のエゴをもっている人にだって、そこを押すと動かすことのできるツボがある。それは自分の利益になることだ。それを探しだせばいい。私のすることに職人芸のようなところがあるとすれば（実際はたいしてないのだが）、それはこの点だ。誰かのツボを見つけだす決定的瞬間だ。

さいわい、成功する人の場合、このツボを探しだすのはたやすい。彼らの関心の背後にある動機を探すと、だいたいお金、権力、地位、人気の四つに集約される。これらは成功によってもたらされる通常の報酬だ。だからこそ私たちは昇給（お金）、昇進（権力）、高い肩書き（地位）を得ようとして汲々とするし、みんなに好かれたいという熱い思いにとらわれるのだ（人気）。

ツボは人によって違う。時間の経過によっても変わる。だが、それでも自分の得になることである点は変わらない。私が個別にコーチングをする顧客は、お金、権力、地位を得ている。多くは人気もある。彼らはこれらの目標を達成して、「後世に何かを残したい」「影響力のあるロールモデルになる」「すばらしい企業をつくる」などの高い目標をめざす。人の利益となるツボを探すのなら、こういうところを見ればいい。

私がコーチングに成功したなかで注目に値するのは、営業担当のエグゼクティブ、ジョンのケースだ。彼は同じ会社にいる別のエグゼクティブに対するライバル心で疲弊していた。二人の男は何年にもわたって決闘を続けてきた(「もう一人の男」のほうが、ジョンと同じように対抗意識をもっていたかどうかはわからないが)。社内コンペのゴルフでも四半期の利益であっても、ライバル以上の成績にならないかぎり、ジョンは「勝利」した気にならなかった。

ジョンはCOO(最高執行責任者)の最有力候補だったので、CEOは私に助けを求めてきた。彼の性格のとげとげしい部分を和らげる必要があった。フィードバックによれば、ジョンの問題は勝ちたいという気持ちが強すぎる点だった。つねに直属の部下よりも一歩先んじようとしていることからも、それは明らかだった。彼は自分の提案のほうが優れているとして、いつも部下のアイデアを訂正したり改善したりした。

ジョンを変えるには、彼が何でやる気になるのかを理解する必要があった。もっとお金を稼ぐということは彼を動かさなかった。彼は充分稼いでいた。権力と地位も彼が魅力を感じるものではなかった。すでに彼が夢見ていた以上の地位についていた。人気も問題ではない。営業マンとして人に好かれるところがあり、彼は人気者だった。彼を変わる気にさせたのは、そうしないとライバルに遅れをとるというおぞましい考えだった。すばらしく高潔な動機とは言えないが、人が変わろうとする理由を私は問わない。私の関心は、彼らが変わること、それだけだ。

職場でまわりを見回してほしい。なぜあなたはそこにいるのだろう。なぜあなたは毎日会社にやってくるのだろう。それは、お金、権力、地位、人気の四大要素のため? それとも時間の経過とともに培われていったもっと根深い、もっとわかりづらいもののせいだろうか? 何があなたにとって重要であるかがわかれば、変わろうという気持ちを固めるのは簡単だ。自分にとって重要なものを把握していなければ、それが脅かされても気づかない。私の経験では、自分が心から価値を置くものが脅かされて初めて、人は変わろうとする。

それが私たちの本性だ。それが自然の法則だ。

セクションⅡ

あなたをトップの座から遠ざける20の悪癖

職場の対人関係を悪くする問題を明らかにし、
そのうちのどれがあなたに該当するかをチェックする方法

3 「やめること」の大切さ

何をやめるべきかを知る

ピーター・F・ドラッカー財団の役員を一〇年務めたおかげで、私はこの偉大な人物の話を聞く機会に数多く恵まれた。ピーター・ドラッカーはたくさんのすばらしい話をしてくれたが、とりわけ叡智にたけたコメントだと思ったのは「私たちはリーダーに何をすべきかを教えるのに多大な時間を使うが、何をやめるべきかを教えるのには充分な時間をかけていない。私が今まで出会ったリーダーの半数は、何をすべきか学ぶ必要はない。彼らが学ぶ必要のあるのは何をやめるべきかだ」という言葉だ。

まったくそのとおり。あなたの会社について考えてみてほしい。合宿や研修プログラムで「わが社の幹部社員が今すぐやめるべきバカげた行動」というテーマが掲げられたことがあっただろうか？ CEOが社内の士気を高めようと、自分の悪い癖をとり上げて、そのマイナス行動をやめる努力をしていると話したことはあっただろうか。ＣＥＯが（あるいは直属の上司でもいい）人前で自分の短所を認め、それをやめる努力について話す場面など想像できるだろうか。

たぶんできないだろう。

それにはもっともな理由がある。それは、組織が前向きな雰囲気や急速に前進していこうという動きを維持しようとするからだ。会社では、ポジティブな行動をめざして頑張りますという態度を見せるようにすべてができている。つまり、何かをすることを前提としている。

同様に、組織の業績評価システムは、何かを完璧に成し遂げたときにだけ認めるしくみになっている。よいことをすれば評価されるが、悪いことをやめて評価されることは滅多にない。しかし、それは表裏一体のことなのだ。

営業に出かけて大きな注文をとって戻ってくる同僚の姿を思いだしてほしい。会社に戻るやいなや得意満面、利益率の高い注文をひけらかし、話を聞いてくれる人には誰でも、見込み顧客の気持ちをどう動かして成約にいたったか、事細かに話すだろう。そして、その手柄話を何カ月も話しつづけるだろう。だが、逆の場合はどうか。営業の最中に数字を計算して、商品を売れば売るほど会社にとってマイナスになると契約完了まぎわになって気づいたとしよう。その場で交渉をやめて、この取引はなかったことにしましょうと言ったとしたら？　オフィスに戻るやいなや、ひどい取引を回避できたことを自慢するだろうか？　とんでもない。誤りを回避するのは表に出てこない、目に見えない功績で、多くの時間を使ったり、考えたりすることは許されていない。ところが……不利な取引を回避することは、大きな案件を成約させるよりもはるかに会社の業績に大きな影響を与える。

一九九〇年代に賞賛を集めたタイム・ワーナーのジェラルド・レビン会長を思いだしてほしい。レビンは先見性のあるCEO、ケーブルテレビの将来を見越して、HBOを生みだす力となった男、タイム・ワーナーをたんなる雑誌、映画、音楽の集合体から放送界の有力企業に変身させた人物として高く評価されていた。

だが二〇〇〇年、レビンは過ちを犯した。栄えあるタイム・ワーナーと、起業まもないオンラインサービス会社AOLとを合併させたのだ。それは当時、アメリカ史上最大の企業合併だった。合併によって、圧倒的な力をもつ会社になると思われていた。もちろん、そうはならなかった。タイム・ワーナーは破滅寸前まで追いこまれた。株価は八〇％下落。何千人という社員が退職年金資産の大半を失った。レビンはと言えば、職を失い、多額の個人資産を失い、そして名声を失った。彼はタイム・ワーナーの会長から、アメリカ史上最悪の合併劇をもたらした人物へと転落してしまったのだ。

もしレビンがAOLとの交渉中、ブレーキを踏み、案件に背を向けていたなら、どうなっていただろう。たぶん合併話の破談の事実を私たちが知ることはけっしてなかっただろう。レビンはわざわざ記者会見を開いて「私たちは合併しません！」と発表しなかったはずだ。誤った判断を一つ回避したと思って自分の胸の内にとどめていたにちがいない。だが、もしそうしていたなら——合併をやめていたなら——名声も資産も失いはしなかっただろう。

これが何かの行動をやめることのおかしな点だ。注目をまったく集めない。それでいて、私たちがすることのすべてを足し合わせても追いつかないほど重要なものとなりうる。

どういうわけか、私たちは日常生活ではこのような悪い考えに染まることはない。職場を離れれば、私たちは行動をやめるとか、誤った決断を回避すると、いつだって喜ぶ。

数年前のことだが、妻のリダと私はある不動産関連のベンチャー企業に投資しないと決めた。リスクが高すぎる、と考えたからだ。私たちにとって幸いなことに（何人かの友人にとっては不幸だったが）、そのベンチャー企業は倒産した。その後何カ月というもの、リダと私は「あの話に乗らなくてよかったねえ」と何度も言い合った。

私生活で悪い癖をやめるのも同じことだ。禁煙に成功すればすばらしいことを成し遂げたと思い、よくやったと自分を褒めつづけるだろう。まわりの人もよくやったと言ってくれる（喫煙者は、平均九回は禁煙に挑戦することを考えれば当然だ）。

だが、この常識が、会社のできます・やりますという環境のなかでは失われてしまう。会社には誤った判断を回避したり悪い癖をやめたりしたときに褒め称えるシステムがない。業績は、どのような数字を達成したか、前年同期比でどのくらい上昇したかなど、何を成し遂げたかにもとづいて評価される。ささやかな個人的目標も何をするかで表現され、何をやめるかではない。時間を厳守することで信用を得るが、遅刻しないようにすることで信用を得ることはない。

だが、これを変えるのは可能だ。行動を見る目をちょっと変えるだけでいい。

まず、ノートを用意して。ＴＯＤＯリストに「今日やること」を書きだす代わりに、ＴＯＳＴＯＰ

リストをつくって「やめること」を書きだそう。本書を読み終わるころには、TOSTOPリストは長くなっているだろう。

ニュートラルにギアを入れる

もし、あなたが変わりたいと思っているのなら、まず、行動をポジティブあるいはネガティブに表現するのを一切やめてしまおう。行動は単純に悪いこと、よいことに分けられるものばかりではない。たんに「ニュートラル」、中立的なこともある。よくも悪くもない状態だ。

たとえば、あなたはいい人だと思われていないとしよう。そのイメージを変えたいと考え、「もっといい人になろう」と決意する。

そこで、あなたは何をするか?

たいていの人は、気の遠くなるような作業にとりかかるだろう。ポジティブな行動を書きだして長いリストを作成するのだ。人に何かを頼むときには「お願いします」「ありがとう」と言う、人の話をもっとがまん強く聞く、ていねいな言葉で接するなどなど。実際、職場でやっているネガティブな行動をすべてポジティブな行動に変えなければならない。それは大変なことだ。職場で態度を改めるというよりも改宗といったほうがよいくらい、完全に人格を変えることを要求する。私の経験では、対人関係に関して複数の行動を一度にポジティブに変えることができる人はほとんどいない。一度に一つがせいぜいだ。六つくらいは変えたい？　無理だと思うね。

さいわい、「もっといい人になる」目標を達成するにはもっと簡単な方法がある。やるべきことはただ一つ、「いやなヤツであることをやめる」ことだ。それほど多くのことは必要ない。他の人に対していい人になる新しい方法を考える必要はない。人格をつくり変えるための日課を考える必要はない。何か愛想のよいことを言わなくてはと悩まずにすむし、お世辞を言ったり、職場を円滑にするためにちょっとした罪のない嘘を言う必要もない。あなたがしなければならないことは、……何もしないことだ。

会議で誰かがあまり賢いとはいえないアイデアを口にしても、それに対して批判しない。何も言わないこと。

誰かがあなたの決定を批判してきても、反論したり言い訳をしたりしない。静かに考え、何も言わないこと。

誰かが役に立とうとして何か言ってきたとき、わかっているよ、と答えない。礼だけ述べて黙っていること。

これは言葉の遊びではない。このみごとにニュートラルな状態に到達するために、何をしないかがわかっていることのすばらしい点は、「実行するのがとても容易だ」という点だ。

いい人になることと、いやなヤツであることをやめる――二者択一するとしたら、どちらが簡単か？　前者のためには、多くのポジティブな行動をいっせいに行なう必要がある。後者はたんに省略するだけで済む。

箱におきかえて考えてみよう。もっといい人になるためには、毎日小さなポジティブな行動をして箱をいっぱいにしなくてはならない。箱をいっぱいにするには時間がかかる。箱がいっぱいになっていることをまわりの人に気づいてもらうには、もっと時間がかかる。

一方、いやなヤツであることをやめるには、新しい行動を学ぶ必要がない。箱のなかにネガティブなものがないようにしておけばいいだけのことだ。

次章で対人関係の問題を一つひとつみていき、自分に該当するものは何かと考えるときに、このことを心に留めておいてほしい。行動を改めるには洗練されたスキルも、複雑なトレーニングも、厳しい訓練もいらない。神業のような創造性も必要ない。必要なのは、過去にやってきたことをやめるためのわずかな想像力のみ。つまり、何もしなくてもいいのだ。

4

20の悪い癖

では、いよいよ、誤った行動を直す方法について具体的にみていこう。

左に挙げたリストは、対人関係の行動、とくにリーダーシップの行動にかかわる問題点だ。不必要に職場を著しく不愉快な場所にしてしまう、日々の許しがたい、いやな行動だ。それは一人でいるときには起こらない。一人の人が他の人に対して何かをするときに出てくる「悪い癖」だ。それらを挙げると以下のようになる。

1　極度の負けず嫌い。 何を犠牲にしても、どんな状況でも、まったく重要でない場合でも、勝ちたいと思う気持ち。

2　何かひとこと価値をつけ加えようとする。 どんなことにでもちょっと口出ししたいという強い欲望。

3 善し悪しの判断をくだす。他人を評価して、自分の基準を他人に押しつけようとする気持ち。

4 人を傷つける破壊的コメントをする。不要な皮肉や痛烈なコメントをする。そうすれば自分が切れ者で機知のある人に見えると思う。

5 「いや」「しかし」「でも」で文章を始める。これらの否定的・限定的な言葉を使いすぎる。ひそかに「私が正しいんだ。あなたは間違っている」と言っているようなものだ。

6 自分がいかに賢いかを話す。他人が考える以上に私は賢いんだと見せたい欲望。

7 腹を立てているときに話す。感情的な興奮を経営ツールとして利用する。

8 否定、もしくは「うまくいくわけないよ。その理由はね」と言う。頼まれもしないのに否定的な考え方を他人に吹きこもうとする。

9 情報を教えない。優位な立場を保つために、情報を他人と共有しようとしない。

10 きちんと他人を認めない。賞賛し褒賞を与えることができない。

11 他人の手柄を横どりする。成功に対する自分の貢献度を過大評価するいちばんいやな手口。

12 言い訳をする。不愉快な行動を、変えることのできない生まれつきのものとして片づけ、他人がしかたないと思うようにさせる。

13 過去にしがみつく。自分の責任を過去の出来事や人のせいにする。自分以外の人すべてのせいにすることの一例。

14 えこひいきする。誰かを不公平に扱っていることに気づかない。

15　すまなかったという気持ちを表わさない。自分の行動に責任をとらない、間違いを認めない、自分の行動が他人にどう影響したかを認めることができない。

16　人の話を聞かない。職場の人に対して敬意を払わない、もっとも受動攻撃的な形。

17　感謝の気持ちを表わさない。非常に基本的な悪いマナー。

18　八つ当たりする。たんに手助けしようとする罪のない人を攻撃したいという誤った欲望。

19　責任回避する。自分以外の人みんなを責める。

20　「私はこうなんだ」と言いすぎる。自分の欠点をまるで長所のようにほめそやす。それが自分なんだと主張する。

この章では、これらの20の悪い癖を一つひとつ詳しくみていき、それを直すのが人を味方につける最良の方法だということを示していくつもりだ。

正直いって、これは悪い行動の殿堂みたいな恐ろしいリストだ。この20の悪い癖をすべてもち合わせている人と同じ職場で働きたいとは思わない。だが安心してほしい。ありがたいことに、すべての欠陥が一度に現われることは滅多にない。一つや二つ当てはまる人はいるだろう。また別の問題を一つ二つ抱えている人が近くにいるかもしれない。だが、成功している人でこれらの欠点を数多く抱えている人はそうそういない。ありがたいことだ。ポジティブな方向に長期的に変える仕事が楽になる。もっとよいことに、これらの欠点を直すのは単純なことだ。直すスキルは、誰もが備えているスキルの一つだ。たとえば、充分感謝の気持ちを表わさない欠点を直すには、「ありがとう」と言うことを覚えればいい（どれほど難しいことか？）。謝罪をしない欠点に関しては、「申し訳ありません」。今後はもっと上手にやります」と言うことを学ぶだけでいい。人の話を聞かないのなら、口を閉じて耳を開けておけばいい。といった具合だ。単純なことだが、簡単ではない（そこには違いがある）。何をすればいいのか、すでにあなたは知っている。靴ひもを結ぶ、自転車に乗るなどのように一生覚えている基本的なスキルだ。たんに毎日雑事に追われ、やらなくなって下手になっただけのことなのだ。

このリストに照らしあわせて自分自身のことを考えてみてほしい。これらの不快な癖すべてが当てはまることはないだろう（と願っている）。六つから八つ当てはまりそうだということすら、ほとんどないと思う。その六つから八つすべてが深刻な懸念材料であることも少ない。深刻なものもあればそれほどではないものもあるだろう。二〇人中たった一人が、あなたのことを怒りっぽいと言うのなら、それは無視してかまわない。だが、二〇人中一六人がそう指摘するのであれば、その問題にとり組もう。

20のリストのなかから一つか二つもっとも深刻な問題だけを選びだそう。そうすれば何から始めればいいのかがわかるだろう。

それをどうやっていくのかをあなたに見せるのがエグゼクティブ・コーチとしての私の仕事だ。ネガティブな欠点をさらけ出すのではなく、人がもっているポジティブなスキルをどう使うか教えるにすぎない。これ以上シンプルなことはない。

昇進すればするほど、問題は行動に関連したものになる

成功している人々の対人関係の問題を探しだすことは、なぜ大切なのか。上に行けば行くほど、問題は行動に関連したものになっていくからだ。

組織の上のほうにいる人は、優れた手腕をもつ人たちで、みんな賢い。それぞれ担当の分野で最新情報を身につけている。たとえば、CFO（最高財務責任者）でありながら、計算できない、バランスシートを読めない、資金を慎重に扱う術《すべ》を知らないなどということはありえない。

だから、会社の上のほうに行けば行くほど、行動に関する問題が重要になる。他の条件がすべて同じであるのなら、対人能力（あるいはその能力の欠如）が、昇進するにつれて顕著になっていく。というか、他の条件がすべて同じではなくても、対人能力のいかんで、どこまで上り詰められるかの違いが出てくる。

あなただったらどちらをCFOに選ぶだろう。会計の知識は並だが、社外の人とすばらしい関係を築き、ものすごく優秀な部下を管理する能力に長けている人と、会計の能力は抜群だが、社外の人とうまく関係を保てず、頭脳明晰な部下を遠ざけてしまう人。

難しい選択ではない。専門能力に長けた人ではなく、対人関係に優れた人が必ず勝つ。自分よりも秀でた人材を採用して、上手にリードできるからだ。すばらしい会計の能力をもつ人が、CFOにな

って優秀な人材を管理できるようになるという保証はどこにもない。

ジャック・ウェルチの例を挙げよう。ウェルチは化学工学で博士号をもっている。だが、彼がGE（ゼネラル・エレクトリック）のCEOレースをしているときに、化学工学やプラスチック生成に関する能力が問題としてとり上げられたことはない。他の候補者と競っているとき、問題となったのは彼の行動に関するものだけだった。生意気な態度、歯に衣着せぬ物言い、頭のとろい人には容赦のない点。こういったことは、イリノイ大学の化学工学の研究室で身につけたわけではない。GEの役員たちは、彼の利益を稼ぎだす能力についてはまったく疑わなかった。役員たちが知りたかったのは、彼がCEOにふさわしい行動がとれるか、という点だけだった。

私がコーチングすることでリーダーは本当に行動を変えられるのかと尋ねられると、私はいつもこう答える。「キャリアを進めるに従い、私たちが大きく変わったと示すことができるのは、行動にかかわる変化だけです」

二つの補足説明

第一の補足説明

本書のなかでさまざまな個人の短所をみていくが、短所のない人などいない。私の顧客が悪い人たちだとは思わないでほしい。とんでもない、まったくその逆だ。彼らは抜きん出て優秀で、組織のトップ二％に入る人たちばかりだ。だが、彼らは、（a）自分で気づかない、（b）誰からも注意されなかった、あるいは（c）気がついてはいても直そうとしない、個人的な短所を一つか二つもっているために、次の一歩に進めずにいた人たちだ。

職場であなたのまわりを見渡してみてほしい。私の顧客であるエグゼクティブたちは、あなたの組織の上のほうにいる人たちとなんら変わらない。というか、あなたと変わるところもないだろう。ただ一つ違う点がある。ふつうの人と違い、彼らはみずからの短所を受け入れ、よくなろうと決意している。それは大きな違いだ。

第二の補足説明

悪い癖のリストをみていくと、あなたは自分について書かれているのではないかと思うことがあるはずだ。「これは私のことだ。私はいつもこうするけれど、それがこんなふうに受け止められているとは思いも寄らなかった」という具合に。

本書によって、ちょっとした自己認識をする確率は非常に高い。

しかし、それが問題だと認める確率はそれほど高くない。

まして、その行動を直そうと実行に移る確率はさらに低い。

あなたがものすごく進んだ、心の広い人で、こういったことすべてを理解したとしても、それでも、変わるには早すぎる。あなたにはまだ、変わる準備ができていない。

一つには、私が自己診断に懐疑的だということがある。人間は自分の強みを過大評価しがちなように、自分の欠点も過大評価する傾向がある。本人はものすごく下手だと思っていることでも、実際にはふつうかちょっと下手な程度ということが多い。専門家が診れば肉離れだと診断することを、ガンだと思ってしまうようなところがある。というわけで、自己診断は、しばし待つこととしよう。

さらに重要なのは、たとえ診断が正しいとしても、たとえばあなたにはつねに人の話を遮る癖があるとしても、それが他の人にとって深刻な問題と受けとめられているかどうかはわからない点だ。職場の人にとっては、目立つ癖だと思ってもがまんできる程度かもしれない。彼らが気にかけない、あなたに対する評価に影響しない、あるいは仕事上不利にならないというのであれば、リラックスしていい。少なくともその点に関しては。

6章で、どうすれば直すべき点を正しく選びだせるかについて触れる。だが、まずは対人関係に関する問題にはどのようなものがあるのかを明確にしていこう。

癖1　極度の負けず嫌い

「極度の負けず嫌い」の癖は、私がコーチした成功しているエグゼクティブのあいだでもっともよく見受けられる問題だ。たんなる負けず嫌いと、何がなんでも勝とうとする「極度の負けず嫌い」とのあいだには、大きな違いがある。勝つことが重要なときとどうでもよいときがある。成功している人たちは、この境界をあまりにも頻繁に越えてしまう。

はっきりさせておこう。負けず嫌いをけなすつもりはない。必死になる価値のないことのために勝とうとする場合には問題になると指摘しているにすぎない。

極度の負けず嫌いは、いちばんの問題だ。というのも、この癖がほとんどすべてのほかの問題の下地になっているからだ。

議論をしすぎるのは、他の人を自分の考えで説き伏せたいと思うからだ（つまり、勝ちたいのだ）。他の人をけなす癖があるとしたら、こっそり他人を自分よりも下に置いておきたい願望があるからだ（これも勝とうということだ）。

人を無視するのも、これも勝とうとすることだ。他の人を自分の視界から消すことによって。

情報を自分のところにとどめようとするのは、それで他人に対して有利に立つためだ。

えこひいきをするのは、味方にひきずりこんで「われわれ陣営」を強くするため、といった具合だ。

他人を不愉快にさせる行動の大半は、どんな状況においても必要以上に「勝とう」と努力することから生じている。

強迫観念のように勝とう、勝とうと思いはじめると、ありとあらゆるところで有害な考えが頭をもたげてくる。重要な事柄で、私たちは勝ちたいと思う。ささいなことで時間とエネルギーの無駄だと思っても、勝ちたいと思う。自分の不利になると明白にわかっていても勝ちたいと思う。

もしあなたが、たとえささやかでも成功しているなら、日々これをやらかしているだろう。職場の会議で、あなたは優勢な立場に立とうとする。配偶者との口喧嘩で、全力をあげて優位に立とうとする。スーパーのレジに並んでいるときでも、どの列がいちばん早く流れるか、きょろきょろと見る。

　あるとき友人の裏庭で開かれたパーティで、父親と九歳の息子がバスケットボールで遊んでいるのを見ていた。父親は息子よりも六〇センチ以上背が高く、体重は五〇キロ以上重く、三〇年の経験の差がある。彼はまた父親でもある。息子と楽しく過ごそう、そしてバスケットのコツをちょっと息子に教えようと思っていたのだろう。ゲームは楽しげに、なんということもなく始まった。「ボールをパスしろ」「もう一回やってごらん」などと言って息子を誘っていた。ところが、一〇分も経ったころ、父親の「勝たねば」という虫がうごめきだし、スコアが重要であるかのようにプレーしはじめた。息子のそばに立ってガードし、相手を扇動するような口をきき、一一対二のスコアで息子に勝ったことを喜んでいた。勝ちたい気持ちというのはこれほどまでに強いものなのだ。どうでもよいことで、愛する者を傷つけることになっても、それでも勝ちたいと思うのだ。

　はたで見て、この父親はなんてことをするのだと批判するのはやさしい。自分なら、そんなに夢中にはならない、と確信する。

　だが、本当にそうだろうか？

　あなたはレストランXで夕食をとりたいと思っているとしよう。あなたの配偶者は、レストランYに行きたがっている。どちらに行くか、激しい口論を交わす。あなたはある雑誌にレストランYのかんばしくない批評が載っていたと指摘する。だが、いやいやながらレストランYに行くことに同意した。その結果は、あなたが危惧したとおりだった。予約したのに予約が入っていないと言われ、三〇分も待たされた。対応が遅いうえにワインリストはパッとしない。そのうえ、料理は長く放置された生ゴミのような味だった。さて、不愉快な経験をしたあなたには二つの選択肢がある。オプションA――レストランを批判して、ここを選んだ相手がいかに間違っていたか攻撃し、私の言うことを聞いていたらこんなはめにはならなかったのに、と言う。オプションB――何も言わず食べる。頭のなかでこのレストランにはもう来ないぞと思うが、できるかぎりディナーを楽しもうとする。

何年にもわたり、この二つの選択肢を私の顧客に尋ねてきた。その結果はつねに同じ。七五％の顧客はレストランを批判するだろうと答えた。全員が同意したすべきことは何だと思う？　黙って楽しむべき、だった。誰もが例外なく、配偶者とよい関係を保つほうが、どこで食事をするかよりもはるかに重要だということはわかっているのだ。それでいながら……勝ちたい欲求に常識は打ち負かされてしまう。何をすべきかわかっているときでさえ、私たちは誤った行動をとってしまう。

実例を紹介しよう。

数年前、私はアメリカ軍部の将官たちに研修する機会を得た。

あるグループ研修では、将官たちの妻にも出席してもらった。前述のディナーの問題を将官たちがどのように扱うかを観察するのはおもしろかった。二五％ほどの将官は、正しい行動をとる、つまり黙ってディナーを楽しむと言った。すると、妻たちが立ちあがり、ご冗談でしょう、と彼らをメタメタにやっつけた。妻たちは、夫は絶対にそんなふうには行動しない、と言いきった。勝とうとする気持ちがいかに強いかという証だ。その場には重要証人（つまり彼らの配偶者）がいて、反論されるとわかりきっていても、多くの将官は自分がいちばんかっこよく見える答えをしようとしたのだ。もし勝とうとする欲望が成功のＤＮＡ――成功のいちばん大きな理由――の重要な部分を占めるのであれば、勝とうとしすぎるのは成功を制限してしまう遺伝子の誤った突然変異といえよう。

逆説的に聞こえるかもしれないが、この「欠点」を理解し、対人関係では抑えることによって、さらなる成功を収められる。このことは、本書のなかでくり返し述べていこう。

癖2　何かひとこと価値をつけ加えようとする

夕食をとっている二人の男は、見るからに波長があっているようだ。一人はジョン・カッツェンバッハ。元マッキンゼーのディレクターで今は自分のコンサルティング会社を経営している。もう一人は、ニコ・キャナー。カッツェンバッハが目を掛けているパートナーだ。二人は新規事業の計画を立てている。だが、どこか会話がずれている。ニコがアイデアを口にすると、カッツェンバッハは遮ってこう言う。「それはすばらしいアイデアだ」。そして続ける。「でも、こういうふうにしたらもっといいんじゃないか」。そして数年前、彼が経験した話に脱線してしまう。ジョンが話し終えると、ニコは遮られる前の話題に戻る。と何秒も待たずにジョンがまた途中で遮る。これがテニスのラリーのように何度もくり返された。

同席していた第三者の私は、彼らを見守り、じっと話に耳を傾けていた。エグゼクティブ・コーチとして、人々の対話をモニターし、裁判を傍聴するように黙って話を聞くことに私は慣れている。そうやって、成功した人々がどうしてボス、同僚、部下を不愉快にさせてしまうのか、そのヒントを得ようとする。

こういう状況では通常私は静かにしている。だがジョンは私の友人で、頭のよい人に典型的な破壊的行動をとっていたので、こう話した。「ジョン、少し静かにしてニコに話をさせてあげたら。彼の話にひとこと価値をつけ加えようとするのをやめたほうがいい」

ジョンの行動は、勝とうとする欲望の変形、付加価値をつけようとする欲求以外のなにものでもない。仕切るのに慣れているリーダーによく見受けられることだ。彼らはトップダウン式の経営スタイルの名残を捨てきれず、部下にああしろこうしろと指示を出してしまう。彼らは、時代が変わり、特定の分野では部下のほうがずっとよくわかっていると認識するだけの頭脳をもっている。しかし、古い癖はなかなか消えない。成功した人たちにとって、自分がもう知っていることを他人の口から聞くのは耐えがたい。彼らは（a）「もう知っているよ」、あるいは（b）「それよりもいい方法がある」と口を挟まずにはいられない。

これが何かひとこと価値をつけ加えようとしすぎる問題だ。あなたがCEOだと想定しよう。私は新しいアイデアをもってあなたのところに行く。あなたもそれは非常によいアイデアだと思う。私の背中を叩きながら「すごいアイデアじゃないか！」と言う代わりに、（何かひとこと役に立つことを言わなくてはいけないと思うから）「すごいアイデアだ。だが、こうすればもっとよくなるんじゃないか」と言いたくなる。

あなたのアドバイスによって、私のアイデアは五％ほど改善されたかもしれないが、問題は、私の意欲を五〇％削いでしまった点だ。あなたは私のお株を奪ってしまった。あなたのコメントで、それはもう私のアイデアではなくなってしまったのだ。あなたのオフィスを去るときには、入ってきたときの情熱はもうない。これがひとこと価値をつけ加える誤りだ。アイデアをよくすることで得られるものよりも、部下がその考えに対してやる気を失うことの影響のほうが何倍も大きい。

あとになってカッツェンバッハと私はこのディナーのことで大いに笑った。チーム・ビルディングの世界的権威であるジョンがすべきことではなかった。だが、勝とうとする気持ちがいかに有害となりうるかがよくわかるだろう。わかっていても、ついはまってしまうのだ。

誤解しないでほしい。スタッフの気持ちを挫かないためにボスは口にチャックをしろと言っているわけではない。だが組織の上に行けばいくほど、他の人を勝者にすべきであり、自分自身が勝者になる必要はなくなる。

ボスにとってこれが何を意味するかというと、どのように激励するか注意しなくてはならないということだ。「すばらしいアイデアだ」と言う一方で、「だが」「とはいっても」と言いたくなるなら、「アイデアだ」のあとには何も言わずに文章を終える努力をしてみてほしい。それよりももっといいのは、話す前にひと呼吸おいて、これから言わんとすることは意味があるかどうかを考えることだ。

私の顧客の一人で、今はある大手製薬会社のCEOになっている人物がいる。コーチングによって、話す前に深呼吸をするように習慣づけたところ、言おうとすることの少なくとも半分は価値のないことだと気づくようになったという。価値を加えることができると信じているときでも、勝とうとしないほうがもっと得るところがあると彼は認識するにいたった。

ボスが何かひとこと価値をつけ加えようとすれば、ボスの経験に疑いをもっていないし、反抗するに及ばないと思うから、社員はボスの指示に従う。

何年も前のこと。サンフランシスコのチョコレートメーカーが、今は亡きデザイナー、ビル・ブラスのために、チョコの詰め合わせをつくることにした。会社は一二種類のチョコをデザインして、ブラスの承認を求めた。自分の名前をつけて売るからには自分の納得したものでなければいやだとブラスが頑張ったためだ。選択の余地がないとブラスがいやがるだろうと考えたメーカーは、どう見ても質の劣る、別の一二種類のチョコを混ぜておいた。チョコメーカーにとっておぞましいことに、ブラスが試食をして選んだチョコは、すべて質の劣るほうだった。メーカー側は、ブラスが自分の意見をそれほど強く主張するとは予想していなかった。だがブラスは、自分の思いどおりにやることに慣れきっていたし、自分の好みをよく知っていた。彼としては、この選択のプロセスに自分の価値をつけ加える必要があった。ブラスが部屋を出ていくと、チョコメーカーの社員はたがいに顔を見合わせた。みんな同じことを考えていた。「どうしよう。彼は全部質の劣る、間違ったほうを選んだ」

この会社は七代にわたって成長してきた老舗の同族企業だった。とうとう社長が口を開いた。「私たちはチョコレートのことを知っている。彼は知らない。私たちが選んだチョコをつくろう。彼に違いがわかるはずがない」

うまい。

癖3　善し悪しの判断をくだす

映画『恋愛適齢期』のなかでジャック・ニコルソンとダイアン・キートンが演じる微笑ましいシーンがある。キートンの役は五十代のバツイチ。劇作家として成功している。ニコルソンの役は六十代の大物で女たらしとして知られている。彼はたまたま彼女の娘とつき合っていた。ニコルソンは軽い心臓病の症状が出たために、キートンの豪華な別荘で数日過ごすはめになった。彼とキートンは最初のうち互いに反発しあっていたが、やがて打ち解けていく。ある日の夜、キートンのキッチンで夜食をつくりながら二人は戯れの会話をする。

キートンが言う。「あなたが私のこと、どう考えているのか想像できないわ」

ニコルソンが尋ねる。「結婚していないこと後悔したことある?」

「ときどきね」と彼女は答える。「そう。夜になるとね。だけど今はそれほどでもないわ」

それから何を食べるかに話がそれる。だが、キートンは答えを期待して、けっこうあからさまな言い方で会話を引き戻そうとする。

「何かおもしろいこと話していたかしら?」と思いめぐらしているように言う。

「私が君のことをどう考えているのか想像できないと君が言った」

「答えなくてもいいのよ」と彼女は言う。

「わかった」と彼は同意して言う。

「だけど何か思っているのなら、知りたいわ」とキートンは言う。

「結婚していないのを後悔するのは夜だけなのはなぜか、まず、話してほしいな」とニコルソン。

「そうね。夜になると電話があまり鳴らなくなるでしょ。たった一人になるのは夜だわ。一人で寝ることに慣れるまでには時間がかかったわ。でもコツがわかったの。ベッドの真ん中で寝るのよ。誰かが反対側にいないのに片側で寝るのは健康的じゃないわ」と彼女が言う。

その説明に勢いを得てニコルソンはこう言う。「これで、君のことを僕は正しく理解していると確信したよ。君はすごく強い人だ」

「んまあ！」とキートン。

「私の答えをどうのこうの評価しようとしちゃいけない」とニコルソンが言う。

これはたんなるロマンティック・コメディだとわかっている。だがこのシーンは現実そのものだ。優しく、秘めやかな瞬間で、正確に（そして相手の役に立つように）自分の姿を垣間見せているときですら、意見を言わずにはいられない。聞いた話にランクづけをせずにはいられない。思っていたよりも嬉しいこと、もっと考え深いことを言うとか、自分はどう考えるとか、同じことをほかの人が言うのを聞いたとか。

通常のビジネス会話で意見交換するのはまったく問題ない。賛成しても反対してもかまわないと思う。

だが自分のことについて他人に意見を求めたときに、善し悪しの判断を加えるのは適切ではない。頼まれてアドバイスをしたことに相手が批評をくだそうとすると、私は、「いったい全体、誰があんたを『批評家』に任命したとでも思っているんだ」とパッと思ってしまう。

あなたが質問をし、受けとった答えに同意するときでも、そう言うのは適切ではない。意識してかしないでか、相手はあなたが賛同したことを頭に刻みこむ。そして次回質問されて答えたときに、あなたが賛同しないと、事細かにそのときのことを思いだすだろう。その対比が実に効いてしまう。相手は「私が言ったことの何が悪かったのだろう。言わなきゃよかった」と考える。

CEOが会議に出て、ある問題について提案を求め、一人の提案に「それはすごいアイデアだ」と言う。そして別の部下の発言には「それはいいアイデアだ」と言う。だが三人めの部下の発言には何も言わない。最初の人はCEOに認められて喜び、勇気づけられるだろう。二人めはやや喜びが薄らぐ。三人めは勇気づけられもしなければ喜びもない。だが、二つのことは確かだ。第一に会議室にいた全員が、CEOが順位づけをしたことに気づく。第二にCEOが意図するところはよいとしても、部下の発言をコメントなしに受け入れるのではなく、順位づけする評価を加えたために、他の社員は発言を躊躇し、守りの体制に入ってしまう。

どんなに婉曲であっても、人は批判されるのを好まない。だから、善し悪しの判断をくだすことは、人を遠ざけ、大きな成功から私たちを引き離す命取りとなりうる。人が役に立とうと思ってしたことに判断をくだすことで唯一確かなことは、彼らが二度と役に立とうとしないということだ。

では、判断をくださないようにするにはどうしたらいいのだろう。とくに相手が心から役立ちたいと思っているときには？

エグゼクティブ・コーチの仕事で実にやりづらいのは、顧客が自分の行動を私がよしとするか、しないかを気にする点、そして、彼らが変わろうとしている努力を私がどう感じているかを気にする点だ。

私は即座にこの誤った考え方を正そうとする。

長期的にポジティブな変化を遂げるには、いくつかの方法があることを話す。変化を肯定的な側面から見るミッション・ポジティブ、否定的にみるミッション・ネガティブ、あるいはまったく中立的に見るミッション・ニュートラルもある。

私は、ミッション・ニュートラルの態度をとるとはっきり言う。私は肯定も否定もしない。私は判断をしない。あなたがBではなくAを変えようと決意したからといって、あなたがよい人か悪い人かを判断するのは私の仕事ではない。

医者が患者に接するのと同じことだ。足を骨折して診療所に行く。医者はあなたが足を折った理由について判断をくださない。足を折ったのは、悪事を働いたのか、犬を蹴ったのか、階段から落ちたのか、車に轢かれたのか、気にしない。医者が気にするのはどうやって足を治すか、それだけだ。

役に立とうとしてくれる人に対しては、医者がミッション・ニュートラルでいるように、あなたも同様の態度をとるべきだ。よくなろうという努力に手を貸してくれる人に限らない。同僚、友人、あるいは家族が役に立つコメントをしてくれたときには、判断を加えてはならない。言ってくれたことをどう思おうと、それは自分の胸のうちにしまっておいて、相手の話を最後まで聞き、「ありがとう」と言おう。

これを試してみてほしい。一週間のあいだ、人がアイデアを話してくれたら、完璧にニュートラルに接する。意見を言ってはいけない。コメントに判断を加えてはいけない。自分は「ありがとう」としか言わないのは無理な性格だと思えば、害のない形で「ありがとう。それは考えてみなかったわ」とか「ありがとう。考えるヒントになったよ」と言えばいい。

一週間も経てば、職場でも家庭でも無意味な口論が大幅に減る。それを数週間続ければ、少なくとも三つの好ましい変化が起きるだろう。

第一に、中立的な受け答えについていちいち考える必要がなくなる。誰かがくしゃみをしたら、反射的に「お大事に」と言うのと同じくらい簡単に自動的に出てくるようになる。

第二に、戦いを挑むような議論に使う時間が劇的に減る。アイデアに判断をくださなければ、誰もあなたと議論するわけにはいかなくなる。

第三に、実際には相手の言うことに賛同していなくても、人はあなたが今までよりもずっと人の意見に快く賛同する人だと思うようになる。常時このように接していれば、人はやがてあなたを歓迎すべき人物だ、アイデアがあればいつでもドアをノックできる相手、気楽にアイデアを投げても投げだされることのない相手だと見るようになる。

自分ひとりでは判断を交えない応答をしているかどうかわからないと思えば、友人を「雇い」、判断を交えた応答をしたら大声を出して、そのつど現金を請求してもらうような段どりをすればいい。あなたの配偶者でも、アシスタントでも、職場の友だちでもいい。毎回よけいな判断を口にするたびに一〇ドルせしめられたら、あなたにいやな思いをさせられた人と同じ痛みをすぐに感じるようになって、やめるだろう。

癖4　人を傷つける破壊的コメントをする

人を傷つける破壊的なコメントとは、他人を見下し、傷つけ、自分が他人よりも優位にあることを確認するために意図的にあるいは無意識に発する痛烈で皮肉なコメントだ。価値を加えようとひとことつけ加えるコメントとは異なる。というのも、これは価値を加えるのではなく、痛みを加えるからだ。

会議でグサッとくるような配慮に欠けるコメントをする（「それはあまり賢いとはいえないな」）、外見についてのよけいなコメント（薄ら笑いをしながら「いいネクタイじゃないか」）、あなた以外の人はみんな忘れてしまったような誰かの過去のことをチクチク批判するようなコメント（「あなたが……したときのことを覚えているかしら」）などのすべてがこれにあたる。

過去二四時間のあいだに口にした〝人を傷つけるコメント〟を書きだすように言うと、白紙のまま何も書けない人が実に多い。私たちは考えもせずに人を傷つける発言をしてしまう。だから気づかないし、覚えてもいない。だが、相手は覚えている。彼らに頼めば、私たちが彼らに対して発した痛烈なコメントを一つ残らず正確に再現してくれるだろう。それは統計的事実だ。私が集計したフィードバックのなかで「人を傷つけるコメントを回避する」という項目は、自分が見る自分と他人が見る自分との相関関係がもっとも低い事柄の二つのうちの一つだ。つまり、私たちは人を傷つけるコメントをしていると思わないが、人はそうとは考えないということだ。

私の顧客の一人の話だ。彼の四〇歳の誕生日に、職場の人や友だちが「こきおろし」パーティを開いた。その日のテーマは、《今までに彼に言われた痛烈なコメントを一人ずつ披露する》というものだった。それは騒々しい、陽気な夜となった。

顧客はこう話してくれた。「その夜に何十と意地の悪いおもしろいコメントを聞かされたのですが、なんと、私は一つも覚えていないんですよ。そのくらい無意識に言っていたんですね。また、友人はそれにもかかわらず、私を嫌わずにいてくれました。『破壊的』コメントだったかもしれないけれど、仲間内では何も破壊せずにすみました。人はそれが私の一面だと受けとり、問題視しなかったのだと思います」

彼の言うとおり。問題にはなっていない。これがこのコメントのもう一つ、おもしろいところだ。一般的にも言えることだと思うのだが、統計で見ると私の顧客の一五％でしか問題となっていない。だからといって、残りの八五％が人を傷つけるコメントをしていないというわけではない。私たちはみんな毎日している。それが職場の人にとって問題となるくらいやってしまうのは、一五％しかいないというだけだ。

あなたがすべきことは、その一五％にあなたが含まれているかどうかを探しだすこと。

一五％に入っていたなら、そこから本当の問題が始まる。コメントがあなたの口から発せられたとたん、相手は傷つき、やり直しがきかない。コメントはとり戻すわけにはいかない。どんなに熱心に謝罪したとしても――そして謝罪が受け入れられたとしても――そのコメントは記憶からなかなか消えることはない。

では、人を傷つけるコメントをしないようにするにはどうすればよいのだろうか。それは数年前まで私自身の問題でもあった。私は何十人かの社員と小さなコンサルティング会社を経営していた。コーチングの専門家として、当然ながら私は自分で実験をしてみた。全社員に私の行動を「すべての角度から評価してほしい」と頼んだ。フィードバックによれば、「人を傷つけるコメントを避ける」という項目で私は八％に位置していた――どういう意味かといえば、世界の九二％の人は私よりもこの点で優れているということだ。私は自分がつくったテストで落第してしまった！

私に特有の問題は、私はいやみなコメントを当人に直接言うのではないという点だった。私はその場にいない人のことを言ってしまうのだ。これはマネジャーとして大きな問題だった。チームワークの大切さを説き、組織のなかで手を差し伸べあおうと言う立場にありながら、人前で誰かの陰口を叩いていたら、チームワークと協力の質はどうなるか？　上がるわけがない。それでいて私は事業が成功してほしいと願っていたのだ。

そこで私はスタッフにこう話した。「フィードバックをしてくれてありがとう。私には改善したい点がある。人を傷つけるコメントを言わないようにしたいと思うんだ。誰かを傷つけるコメントをしたら、注意してほしい。そのたびに一〇ドル払うよ。私はこの悪い癖をとり除きたいんだ」

それから心をゆり動かすような感動的な話をし、正直に、億劫がらずに私を「助けてほしい」と話した。が、そんな話をする必要はなかった。スタッフは私から一〇ドル巻きあげようと、私のカンに触るような人の話をわざわざ持ちだした。そのたびに私は引っかかった。職場にマックスという男がいた。スタッフがマックスについて話すと、「彼が博士号をもっているなんて信じられるかい？　彼は何を話しているのかまったくわかっちゃいないんだから」。はい、一〇ドル。顧客が電話をしてきた。私は「彼はケチだから払わないだろう」。はい、一〇ドル。昼になる前に私は五〇ドルも払ってしまった。私は自分のオフィスに閉じこもり、その日は誰とも話すのを拒否した。もちろん、身を隠していれば当然この問題を回避できる。だが、悪い癖を直すのには役立たない。やがて、フトコロの痛みが私を正しい方向に導いてくれた。翌日、私のいやなコメントは三〇ドルとなった。三日めには一〇ドルになった。数週間、このポリシーは実践された。そして私はかなりの金を支払った。だが、次第に私はスコアを九六％にまで上げることに成功した。私はもう人を傷つけるコメントをしない――少なくとも、それが問題になることはない。

私の経験は、単純な事実を立証した。数千ドル使えば、あなたもよくなる！

人を傷つけるコメントは簡単にやらかしてしまう悪い癖だ。とくに、率直にホンネで話すことを効果的な経営ツールとしている人のあいだでは起こりやすい。問題は、率直さは容易に武器となる点だ。人を傷つけるコメントを、真実なのだからという口実のもとに言ってしまう。人を傷つけるコメントが真実かどうかはどうでもいい。「それは真実か」が問題ではなく、「それは言う価値があるのか」が問題なのだ。

私たちは毎日、真実を話すべきかどうかをふるいに掛けることに多くの時間を費やしている。私は嘘も方便のことなど言っていない（たとえば誰かが髪型を変えたら、バカみたいに見えるという代わりに褒めるとか）。それは日々のやりとりを円滑にするだけだ。私たちはそれが死ぬか生きるかの問題になれば、本能的に破壊的コメントを避ける。正直であることと、一〇〇％すべてを開示することのあいだには違いがあることを知っている。私のボスはとんでもなくバカなヤツだと思っても、それをボスの目の前で、あるいは誰に対してでも、表明する精神的義務も倫理的義務も負わない。

この生存本能を組織の上の人に対してだけではなく、組織の横、下の人にも広げていく必要がある。ウォーレン・バフェットは、倫理的に疑わしい行動をとる前に、あなたのことが書かれた新聞を自分のお母さんに読ませたいかと自問するべきだと助言している。

同様の手法が破壊的コメントを避けるときにも使える。口を開く前に、次のことを自問するように。

1　このコメントはあなたの顧客に役立つか？

2　このコメントはあなたの会社に役立つか？

3　このコメントはあなたが話している相手に役立つか？
4　このコメントはあなたがコメントをしている人に役立つか？

もし、答えが「ノー」であれば、正しい戦略を実践するのに博士号はいらない。言わなければいいだけだ。

癖5　「いや」「しかし」「でも」で文章を始める

数年前のこと、あるメーカーのCEOがCOOにコーチングをしてほしいと私に依頼してきた。COOは有能だが、頑固で自己主張の強い人だった。

このCOOと初めて対面して、彼の直属の部下から集めたフィードバックについて話しあったとき、彼の反応は、「しかし、マーシャル。私はそんなことはしない」だった。

「今の発言は無料にしますが、今後『いや』『しかし』『でも』といったら、二〇ドルいただきます」と私は言った。

「しかし」と彼は答えた。「そんなことは……」

「はい。二〇ドルです」

「いや、私は……」

「これで四〇ドル」

「いや、いや、いや」と彼は抵抗した。

「六〇、八〇、一〇〇ドル」と私は言った。

一時間のうちに、彼は四二〇ドル支払うはめになった。それから二時間経って彼はようやく理解するようになり、「ありがとう」と言った。

一年後、彼の態度が改善したことを私は知った。女性社員が経営トップにプレゼンテーションする機会があり、そこで、上層部に女性が少なすぎる（これはつねに危険な話題で、男性たちはびくびくして守りの態勢に入る）と発言したときだ。彼女の基本的な論点を聞いたあと、ＣＥＯは「たいへんおもしろいポイントだが、しかし……」と言った。

するとＣＯＯは立ちあがってＣＥＯを遮った。「失礼。正しい反応は『ありがとう』だと思いますよ」

ＣＥＯは彼をにらみつけ、それから笑顔を見せていった。「君の言うとおりだ。どうもありがとう」。彼は女性に向かって、話を続けるようにと促した。

文章を「いや」「しかし」「でも」あるいはそれに類した言葉で始めると、たとえどんなに親しげな口調であっても、相手の感情を配慮しているところを見せて気の利いたフレーズを使い、表現を和らげようとしても、相手に対するメッセージは、あなたは間違っているになってしまう。「私は違う意見だ」ではない。「誤解しているんじゃないかな」ではない。「あなたに賛成しかねる」でもない。それは、明らかににべもなく「あなたの言うことは間違っている。私の言うことが正しい」と言っているのだ。そのあとには生産的なことは何もできなくなる。相手方の一般的な反応は、聖人のようにもう片方の頬を差しだす人でないかぎり、あなたの立場に異論を唱え、反撃する。その時点から、会話は無意味な争いになってしまう。あなたはもはや意思疎通をはかっているのではない。勝とうと戦っているだけだ。

「いや」「しかし」「でも」の使われ方をみていくと、あるパターンが浮かびあがってくる。人は権力を勝ちとるか権力を固めようとして、この言葉を使って攻撃する。また、意識的にせよ無意識にせよ、言われた相手がその言葉に強く憤りを感じることが見てとれるだろう。そして、議論を進めるのではなく議論を妨げていることに気づくだろう。

私は顧客が「いや」「しかし」「でも」を使うのを、このごろは本能的にモニターするようになっている。オーケストラの指揮者が、演奏者がシャープを使っているのかフラットなのかを、聞き分けるようなものだ。考えもせず、私は何回使うか数えている。これは実に重要な指標なので決まってやる。顧客と初めてのミーティングでその数が大きくなっていくと、私は途中で遮ってこう言う。「今まで四〇分ほどお話してきましたが、その間にあなたは『いや』『しかし』『でも』と回答したことが一七回あったことにお気づきでしたか?」

顧客が気づいていることは絶対にない。行動を変えるための真剣な話し合いが始まるのは、この瞬間だ。

もし、あなたがこの悪い癖を直したいと思うのなら、私がやったように、友人や職場の人に、自分が「いや」「しかし」「でも」と言うたびに罰金を徴収するように頼みなさい。

一度自分がいかに頻繁にそれをやってしまっているかを理解すれば、あなたは、あなたの「自分こそ正しい」と証明する方法を変えようと思うようになるだろう。

そうは言っても、難しい課題であることには変わりがない。

数年前、通信会社の本部のセミナーで教えたことがある。「いや」「しかし」「でも」の言葉の問題を話すと、一人の男性が私に対して挑んできた。彼はこれらの言葉を使わないことなど簡単だと思っていた。彼は自信たっぷりで、一度使うたびに一〇〇ドル払うと言った。そこで昼食時に私はわざと彼の隣に座り、どこから来たのか尋ねると、彼はシンガポールだと答えた。

「シンガポール？　いいところですね」と私は言った。

「ええ」と彼は答えた。「いいところではあるんですけどね、でも……」

彼は自分で気づいて、ポケットに手を伸ばし、「一〇〇ドルすってしまいましたね」と言った。

自分は正しいと主張しようという気持ちはこれほど強いのだ。「いや」「しかし」「でも」は私たちの会話に忍びこんでくる。どうでもよいことを話しているときでも、言葉遣いにものすごく神経を使っているときでも、そして一〇〇ドルがかかっているときでも。

癖6　自分がいかに賢いかを話す

これも勝ちたい気持ちの変形だ。人から尊敬を勝ちとりたい。相手に勝るといわないまでも少なくとも同じ知的レベルにいることを知らせたい。その場でいちばん賢い人でありたい。これらは、たいてい裏目に出る。

多くの人が、これをひそかに、知らず知らずのうちに一日中やっている。

誰かが実践的なアドバイスをしてそれに同意するとき、人が話しているときにしきりにうなずくとき、前にも聞いた話だと身ぶりが語っているとき（机を指でトントンとやっているのは、誰？　あなた？）、私たちはついやってしまう。

「そんなこと、もう知っているよ」と、もっとあからさまにやってしまうこともある（おだやかに「どなたからか、そう伺ったことがありますね」とたしなめる、皮肉っぽく「それは聞くまでもないことだ」、実に傲慢に「私は、あなたより五歩は先を行っていますね」など、いろいろそれに代わる言い方がある）。問題は、自分がいかに知っているかを自慢しているだけではなく、相手を侮辱している点だ。

言わんとしていることは、「そのことで私の時間を無駄にする必要はない。私が前に聞いたことがないと思っているのだろう。あなたの言うことに賛同するし、あなたの言うことはすっかり理解している。私のように賢く人に好かれる人間にそんなことを話すなんて、何か勘違いしていないか。私はそんな相手じゃない。君はわかっていない。私がいかに賢いか、まったく見当もつかないようだ」

誰かがこれを面と向かってあなたに言ったところを想像してほしい。そんなことを言われたら、あなたは相手をアホと思うだろう。だが、「そのことはもう知っているよ」とあなたが言ったとき、相手にはそう聞こえている（そしてそう思われている）のだ。彼らの話を聞いて何も言わないほうがずっといい。

いかに賢いかを示すという行動は、そうしたいのに、意図した相手にはそう聞こえないところが皮肉な点だ。

友人は心理学の教授の研究アシスタントの職を求めて面接を受けた。教授は天才と独創性に関する本を書いていた。面接のあいだに、偉大な天才の話、とくにモーツァルトの話になった。教授はモーツァルトに関して現存する文献すべてに目を通していると自慢した。これは学者に典型的なことだ。彼らは己の知性にとてつもない誇りをもっていて、いかに自分が賢いかを示すチャンスを絶対に逃さない。だが、この教授は一歩行きすぎてしまった。彼の知識の深さを証明するために、モーツァルトに関して何でもよいから質問しなさいと友人に言った。

友人は就職面接が奇妙な方向に逸れてしまったことに少し驚き、ためらった。だが同時に彼の頭脳はフル回転で働いた。さいわいにもクラシック音楽とオペラは彼が情熱をそそいでいる分野だった。事実、彼は他の人よりもはるかにモーツァルトについて知っていた。

「さあ、遠慮することはない。大丈夫だから」と教授は言った。

友人は再度勘弁してほしいと口では言ったが、頭のなかでは何を質問しようか、考えていた。モーツァルトの出生地は？　彼が死んだところは？　彼の姉の名前は？（どれも簡単すぎる）。

「さあ、言ってごらん」と教授は言い張った。「質問するほどの知識がないのなら別だが」

頬にビンタをくらったようなセリフを受けて、友人は心を決めた。

「はい、それでは」と友人は言った。「モーツァルトが作曲したオペラを一三挙げてください」

モーツァルトファンを自称する人には、一三挙げるのは朝飯前のはずだ（モーツァルトはオペラを少なくとも二〇は書いている）。ところが、ああ、なんたることか。教授は九つしか言うことができなかった。

面接で、友人は居心地の悪い思いをし、おどおどしつつも勝利を味わった。彼こそが賢い人だったが、彼はそれを自慢するような人ではなかった。

教授の名誉のためにつけ加えると、このことで彼は友人を非難することはなかった。彼はその場で採用するといった。

友人の名誉のために言えば、彼はその申し出を断わった。

賢さは、人を魅了する。その一方で、いかに賢いかを自分で言ったとたん、人はうんざりする。

さて、いかに賢いかを人に話したい欲求を抑えるにはどうすればよいのか。

最初の一歩は自分の行動を認識することだ。こういうことをしたことがあるだろうか？　あなたのアシスタントが、あなたがすぐに見る必要がある書類をもってオフィスに駆けこんできた。アシスタントは、あなたが数分前に同僚からその内容について聞いていたことを知らなかった。あなたはどうするか？　そのことについてはすでに知っているということは話さず、書類を受けとってアシスタントに礼を言うか。あるいは、内々その情報を知らされていたことを気づかせるような何かをするか？

私の経験では、これは、自分がいかに賢いかを話したい欲求がどの程度強いかを見るリトマス試験紙となる。

もし「ありがとう」と言うだけでやり過ごせるのであれば、あなたは大丈夫。

だが大半の人がそうであるように、あなたもそう簡単にやり過ごせないかもしれない。あなたはアシスタントより一歩先を行っていることを何とかして伝えようとするだろう。単純に「もう知ってるよ」と言うことから、軽蔑するように「こんなことでどうして邪魔するんだ」と言うことまで、いろいろな言い方がある。だがいずれにせよ、こう言ってしまったら、おしまいだ。

これらの言葉が意味するのは、アシスタントがあなたの時間を無駄にとらせた、アシスタントはあなたが重要で緊急なことについていけていない人間だと勘違いをしている、アシスタントはあなたがいかに賢いかをまったくわかっていない、ということだ。

この行動をやめるのはそう難しいことではない。三段階の練習をすればいい。（a）口を開く前に自問自答する。「これから言おうとすることは言うだけの価値があるか？」、（b）その価値はないと結論し、（c）「ありがとう」と言う。

あなたの身近で働き、あなたのことをよく知っているであろう人に対して、つまり、とくに利害関係がからまず、あなたが努力する必要がない状態で、このちょっとしたことで自分を止めることができたなら、あなたは他人に向かって私は賢い、と言うのをやめる能力があると思っていい。あなたが優位な立場にあって快適な状態でいるときに、言いたい気持ちを抑えることができるのであれば、優位に立たず居心地の悪い立場にあるときには、きっと躊躇するだろう。考えてみてもごらんなさい。CEOがあなたのオフィスにやってきて同じ書類を振りかざしたら、同じように小ばかにしたようなトーンで「もう知っていますよ」と言うだろうか？

癖7　腹を立てているときに話す

怒りも経営ツールとして価値があるのかもしれない。ぼんやりした社員の目を覚ます。みんなの代謝レベルを上げて、行動を促す。あなたがおそろしく気にしているということを強く伝える（部下にはときどきそれを聞かせる必要がある）。だが、その代償は？

怒りの最悪な点は、私たちが変わろうとしたとき、妨げになる点だ。絶えず怒り散らすリーダーは、ほかにどんな業績や特長があろうとも、すぐにカッとなる人だとレッテルを貼られてしまう。彼らのことを話すとき、最初に口をついて出てくるのは、「彼って怒りっぽいんだってね」というコメントだ。

この激しやすいイメージを拭い去るのは難しい。変わろうとする努力を評価するのは、自分ではなく、まわりにいる人ということを考えれば、何年も穏やかで落ち着いた行動をとりつづける必要がある。

どうすれば腹を立てずにすむのか？

これだという答えを私はもち合わせていない。だが（a）あなたが腹を立てているのは、たぶん、いわゆる「他の人間」ではないだろう、そして、（b）腹を立てるという評判を払拭する簡単な方法がある、ということは教えてさしあげられると思う。

まず最初のポイントだが、私の仕事で怒りについて扱うときには、どうしても一対一の状況、一人の人間がもう一人の人間を怒らせる、という状態になる。だが、怒りが誰かの落ち度であることはほとんどなく、自分自身の問題だ、ということに気づかせるのが私の仕事だ。

仏教で言い伝えられている話を紹介しよう。若い農夫が全身汗まみれで小舟を漕いで川の上流に向かっていた。彼は上流の村に、自分がつくった農作物を届けようと、急いでいた。その日は暑く、彼は作物を早く届けて暗くなる前に家に戻りたいと思っていた。前を見ると別の船が、彼の小舟の方向に向かって急速に川を下ってくる。この船は彼めがけてぶち当たろうとしているかのように見えた。彼は船を避けようとして必死に漕いだが、その甲斐はなかった。

彼は相手の船に向かって叫んだ。「方向を変えろ、このバカ野郎！　ぶつかってしまうじゃないか！」叫んでも無駄だった。もう一艘の船は音を立てて彼の船にぶつかった。彼は怒り狂って立ちあがり、相手の船に向かって叫んだ。「このマヌケ！　こんな広い川の真ん中でどうして俺の船にぶつかるんだ。どこかおかしいんじゃないか？」

相手の船を見て、誰も乗っていないことに彼は気づいた。錨が外れて川に流されていた空っぽの船に向かって彼は叫んでいたのだ。

この話の教訓はいたってシンプルだ。「相手の船には誰も乗っていない」。腹を立てているとき、私たちは空っぽの船に向かって叫んでいるのだ。

私たちは誰でも、頭に来る相手というのがいて、嫌っても嫌いきれない相手がいる。この人物が、不公平だ、感謝の念をもたない、考慮が足りない、といった行動をしたことを何度もくり返し思いだしてしまう。この人のことを思いだすだけで血圧が上がる。

こういった人に対処するいちばんいい方法は、彼らに腹を立てないようにすることだというのは言うまでもない。腹を立てても状況は変わらない。いやな気分でいるのは時間の無駄だ。賢人なら、私たちを腹立たしくさせる人間は、生まれつき、そういう人間なんだ、と言うことだろう。彼の存在に腹を立てるのは、机が机であることに腹を立てるようなものだ。そう思うのは口で言うほどたやすくはないが、真実に一歩近づく。たいていの場合、私たちは実は自分自身に腹を立てているのだ。

第二のポイントだが、怒りっぽい人だという評判をなくすことの手助けは簡単にできる。アドバイス一つでこと足りる。「口を閉じたままでいれば、誰もあなたが本当はどう感じているかを知ることができない」

これを実行するのは大変なことだ。わかっている。自然な気持ちを抑えて唇を噛み締めていなくてはいけないのだ。だが何も言わないことで得られるもの――黙っていれば笑いものになることも、敵をつくることもない――の価値に気づけば、あなたにはよくなるチャンスがある。

このことを私が学んだのは数年前のことだ。私はフランスのプラムビレッジにある小さな寺院で一週間過ごした。私たちのガイドを務めてくれたのはティック・ナット・ハーンという名のベトナム人の僧だった。彼は瞑想しながら、さまざまなテーマについて考えるようにと勧めてくれた。ある日のテーマは怒りだった。彼は怒りに身をゆだね自制心を失ったときのことを考えるようにと言った。そしてその醜い行動は誰のせいなのか分析するようにと言った。

私は娘のケリーが十代だったときのことを考えた。彼女はへそピアスと呼ばれる明るい派手な色のアクセサリーをつけて家に帰ってきた。それは、人目をはばかるところに刺青をするのと同じように、若者のあいだで流行っていた。誰も見てくれないのでは、へそピアスをする意味がない！　そこでケリーはへそピアスが（そしておなかのほぼ全部が）よく見える、おそろしく大胆に小さなシャツを手に入れていた。

娘がへそピアスをしているのを見つけた瞬間は、父親の寛容さと愛情を試す試金石だ。私にとって、ことはもう少し複雑だったと思う。私は娘に熱い思いで反応したとは言いがたい反応をしてしまった。実のところ、私は狂乱し、わめき散らし、漫画に出てくるような怒り狂った父親を演じてしまったのだ。

寺院の静かな人里離れた場所で、当時のことをふり返り、「私は何を考えていたのだろう」と考えた。最初に頭に浮かんだのは、娘を見て、人は「なんて安っぽい下品な子供だろう！　親の顔が見てみたい」と考えるにちがいないと思ったことだった。

次に考えたことは、さらにひどかった。私の友人が彼女を見て「マーシャルが自分の娘をあんなかっこうで街中を歩かせるなんて信じられない」と思ったらどうしよう、ということだった。

私は何を気にしていたのか？　ケリー、それとも私？　へそピアスと私のエゴとどちらが大きな問題だったのか？

もし、やり直せるなら、それでも私はやはり、彼女にへそピアスをやめなさいと言うだろう。しかし、怒りに身を任せて自分を笑いものにするような真似はしないだろう。心のなかは荒れ狂っているかもしれない。だが、口にしなければ誰も怒っているとは知らない。

怒りに身を任せて何かを話そうとしたら、鏡を見るように。いつだって、あなたの怒りの根源は「そちら」にあるのではなく「こちら」にあることに気づくだろう。

癖8　否定、もしくは「うまくいくわけないよ。その理由はね」と言う

職場にはネガティブな人が必ずいる。妻はそういう人たちを「ネガトロン」と呼ぶ。彼らは生まれつきポジティブなことを言えない人たち、あなたが何かを提案してもお世辞や褒め言葉を言えない人たちだ。彼らは、否定的に対応するのがデフォルト仕様になっている。彼らのオフィスに行ってガンの治療方法を説明したとしよう。最初に口をついて出てくる言葉は、「うまくいくわけないよ。その理由はね」だ。

私の経験で言わせてもらえば、それが否定的であることを証明するフレーズだ。私は、これを大いに不愉快な思いにさせるものの一つに挙げる。頼まれもしないのに否定的な考え方を押しつけようと

する欲求の典型だからだ。

「うまくいくわけないよ。その理由はね」と言うことは、価値をつけ加えようとする行為と同じではない。なぜなら、何の価値もつけ加えられていないからだ。

「いや」「しかし」「でも」を使いすぎるのとも違う。賛同するふりをして否定的な気持ちを隠そうとはしていないからだ。

誰かのアイデアに批判的なコメントをするのとも違う。ランクづけをしているわけでも、比較しているわけでもないからだ。よい、何かに比べればよい、最高によい、とは言っていない。

人を傷つけるコメントを言うのとは明らかに違う。あからさまに意地が悪いというわけではないからだ。

「うまくいくわけないよ。その理由はね」というのは、ほかとはまったく違う。なぜなら手助けをしようというふりをしつつ、まったく純粋に否定的だからだ。

このセリフを使う(あるいは、「それに関して一つだけ問題な点は……」などの表現を使う)のは、誰かよりも自分の経験や権威のほうが勝っていると認めさせたいからだ。正しいこと、役に立つことを言うとは限らない。たんに、自分をその状況下における主審だ、いちばん詳しい評論家だ、と見せかけるための方法なのだ。一つだけ問題な点は(言い古されたセリフだが)、私たちは批評家を好むことも尊敬することも滅多にない点だ。彼らはいらだたしい存在だ。批評家だという評判が確立すれば、私たちは彼らを避ける。彼らと一緒に働くのをやめる。彼らの手助けをすることを拒絶する。

昔の話だが、講演の斡旋を仕事にしているテリーという女性がいた。一年に二回か三回、彼女は私に講演の仕事を回してくれていた。私が話すテーマはリーダーシップであり、人を変えることについてだ。毎回、スピーチが終わると必ず受講者のなかから一人か二人、私のところにやってきて、名刺を渡し、彼らの会社で話してほしいと招いてくれた。どうやら、私の話を他の人にも聞かせてあげたいと考えてくれたのだ。

講演料などの詳細な条件をみずから交渉してもよかったのだが、テリーが斡旋してくれた講演で招待されたのだから、彼女に扱ってもらったほうがよいと私は感じていた。彼女が私のために相手と交渉して多少の手数料を稼ぐのが正当だろうと考えたのだ。私は講演会のあと、すぐに彼女に電話をした。

彼女は講演会がどうだったかを尋ねる。主催者は喜んでいました？といったような質問だ。

私は「うまくいきましたよ。実際、二、三人の人が彼らの会社でも話してほしいと言ってきたくらいです」

そして彼らの名刺にある連絡先を読みあげて、彼女がフォローアップできるようにしてあげた。

しかし、テリーの最初の反応は、「うまくいくわけないわ。どうしてか説明しましょう」の類のセリフだった。

その会社は低い謝金しか払ったことがないから、あなたを招待することはできないでしょう（メッセージ――あなたは高くとりすぎよ）。

そこの社員はみんな田舎者だから、あなたの講演を聞く必要がない。頭が悪すぎて理解できないでしょう（メッセージ――あなたの話すことは難しすぎる）。

その会社はあなたの時間を乱用するでしょう。一日中拘束して、夕食も一緒にするように言ってくる。だから一日よけいに時間がとられますよ（メッセージ――働かされすぎるわよ）。

テリーのこのような反応に唖然として、私は受話器を耳から離して見つめるばかりだった。彼女が楽に稼げるように配慮しているのに、彼女は嘘くさい理由をもちだして私をやりこめようとしたのだ。彼女は私を「ひどい仕事」から守っているつもりだったのかもしれない。だが、彼女はこの仕事を私よりもよく知っていると証明しようとしたつもりで、私のことをまったく理解していないことを証明してしまった。私は顧客にバカ高い料金を請求したりしない。私が講演する内容はシンプルで複雑なものではない。私は働くのを厭わない。もし顧客が一日中いてくれといえば、それは嬉しい褒め言葉だと思いこそすれ、私の時間を不当に奪われているとは考えない。

この一連のやりとりから、たとえアカデミー賞のホスト役の仕事に招かれ、それをテリーに回してあげたとしても、彼女は何かマイナスな点を見つけてくるにちがいないと確信するようになった。私は彼女と仕事をするのをやめた。

もし否定的な態度があなたの悪い癖であるなら、誰かが役に立つ提案をしてくれたときに、自分が何を言うかを注意してみるようにと、まず提案しよう。もしあなたがここまで本書を読み進んできたのなら、もうおわかりだろうと思うが、何を言うかに注意を払えば、何が人を遠ざけてしまうかが実によくわかる。もし、しばしば、「うまくいくわけないよ。その理由はね」と言っている自分に気づいたら、何を直せばよいか、わかるだろう。

だがこの場合、もっと事態を明らかにしてくれるヒントは、職場の人のあなたに対する接し方だ。あなたに頼まれなくても、あなたのもとへ役に立ちそうな提案をもってくる頻度はどのくらいだろう？

どのくらい頻繁に彼らはあなたのオフィスのドアをノックして、なんとなくおしゃべりをしたり、あなたに悪影響を与えそうなことの進展状況を警告しにきたりするだろうか。

他の人と比べて、あなたのところにはどのくらいの人がやってくるだろう。あなたは人気者か、あるいは棚で埃を集める売れ残り品のようになっているか。あなたのオフィスのドアには「立ち入り禁止」の札がかかっているようにみんなから思われているのではないか、と少しでも感じるようだったら、あなたも少し賢くなって、どこを変えなくてはいけないかがわかってきた証拠だ。

否定的な態度の問題に関しては、たんに話し方をモニターするよりも、このように観察から得るフィードバックのほうを私は好む。あなたが何を言っているかをチェックしても、他の人があなたのことをどう考えているかが自然とわかるわけではない。あなたがかなり否定的な態度でいても、職場の人はそれに耐えられるかもしれない。だが、人がどのようにあなたと接しているかを見れば、あなたの悪い癖が重大なものかどうかがわかる。

癖9　情報を教えない

知識労働者の時代には、情報は力なり、という言い古された言葉がまさにピッタリとくる。そのために、情報を他人に知らせない態度は、よけい許しがたいこと、いらいらさせられること、になる。意図的に情報を外に出さない行動は、価値をつけ加えようとする行動の対極にある。価値を削除していることになる。しかし、両方とも目的は同じ、権力を得るためだ。おなじみの、勝ちたいという欲望がここでも首をもたげる。ただ、もっとずるい。たんに自分の手の内を明かさないというだけではなく、いろいろな形で現われる。秘密を厳守することの美点を過度に強調する人はこれだ。そうやって、情報の流れから人をはずす口実に使うのだ。質問を受けると、答える代わりに質問をし返す人もそうだ。たとえ何であっても見せてしまうと自分が不利になると彼らは信じている。そのほか、電話を受けても折り返さない人、メールに返事を出さない人、あるいは質問に部分的にしか答えない人などがいる。

どうしてこうした行動が人をイライラさせるのか理解できないのであれば、次のようなことが起きたとき、どう感じるかを想像してみるといい。

・会議の開催を知らされなかった。
・メモあるいはEメールで、自分にはCCがされていなかった。
・何かをみんなが知っていて、自分だけが知らなかった。

ところで、情報を開示しないことの問題は、期待する効果が得られることがほとんどないという点だということを覚えておいてほしい。情報を独占することで優位に立ち、権力を自分ひとりに集中できると思うかもしれない。だが、実際には不信感をはぐくむだけだ。権力をもつためには、恐怖心や懐疑心ではなく、忠誠心をかき立てる必要がある。情報を出さないということは、誤った形で表現された勝ちたい欲望という以外のなにものでもない。

分断攻略を望むとき、人は意図的に情報を出さない。だが、ここで指摘するのはそんな陰謀めいた行動ではない。私が重点をおくのは、意図的ではなく、たまたま結果的に情報を出さない場合だ。ものすごく忙しいとき、私たちは、貴重な情報を誰かに伝えずにいることがある。うっかり、ディスカッションやミーティングに誰かを招くのを忘れることがある。部下に仕事を委せるとき、その仕事をどうやってほしいか、時間をかけてきちんと説明しないことがある。

悪意で情報を出さないわけではないことが往々にしてある。気づかずにそうしているだけだ。それなら救いがある。意図的な悪意は、本書で直せる「悪い癖」ではない。だが、気づかない態度はたやすく変えることができる。

私の友人は、アシスタントとの問題を抱えていた。アシスタントと一体になってチームを組んでいる感じがしない、と彼は悩みを打ち明けた。だが、彼はその理由が何なのか、また、その問題をどう直せばよいのかわからずにいた。彼はただなんとなく「タイミングがずれている」と感じるだけだった。

彼のアシスタントと話す前に、私は彼にこう尋ねた。「君のアシスタントは、ボスとしての君のいちばんの欠点は何だと言っている?」

「充分にコミュニケーションをとらないことだと彼女は言うんだ。情報を出さない。彼女を蚊帳《かや》の外にとり残すってね」と彼は答えた。

「ほかには?」と私は尋ねた。

「いや、それだけだ。それで充分じゃないか?」と彼は答えた。

「彼女の言うことは当たっていると思うかい?」と私は尋ねた。

「うん」

おもしろい、と私は思った。対人関係でうまくいかない原因をすべて自分のせいだと認めるボスは滅多にいない。

それから、私はアシスタントに、なぜうまくかみ合わないんだろうと尋ねた。彼女は彼の言うとおりだと言った。ボスは情報を教えようとしない。

彼は私の友人だったし、無料でアドバイスをしていたので、ふつうならしないことを私はやってみた。消費者調査の調査員が、消費者が商品をどう使っているかを一日中追跡調査するようにしてみた。つまり、私は彼が職場に足を踏み入れたときからずっと彼の後をつきまとい、彼が会社を退出するまで彼のアシスタントに対する態度を観察した。

彼の行動を見てすべての説明がついた。彼はアシスタントより一五分ほど早く会社に到着する。最初に彼がすることは、メールのチェックだ。それから彼の携帯電話が鳴り、彼は電話に出た。彼が携帯で話しているあいだにアシスタントが到着して、自分の机に座る。彼女は彼の部屋に頭をつっこんで、おはようございますと言う。彼は電話で話しながら、アシスタントに手を振る。電話が終わると彼はコンピュータに向かい、何かメモを書き、いくつかのメールに返事を書いた。彼のアシスタントが部屋に入ってきて、彼の担当顧客からお電話が入っていますと伝えた。お電話に出ます？と彼女が聞くと、彼は電話をとった。その電話に二〇分間かかったが、その間に三本の別の電話が入ってきた。電話を切ると彼は折り返しその三つの電話にかけた。電話をしながらコンピュータで受信メールをチェックする。このパターンが午前中続いた。お昼までには、充分すぎるほどのことがわかった。

「毎日こんな調子なのかい？」と私は尋ねた。

「まあ、だいたいね」と彼は答えた。

友人には確かにアシスタントに情報を与えず、放っておいた落ち度がある。だが、悪意でそうしていたわけではないし、意図的にしているわけでもなかった。彼の仕事の進め方は、無計画に行なわれる防火訓練のようなものだった。彼は注意散漫で、手順が悪く、電話に答えるのに忙しく、火をかき消すのに必死で、アシスタントと向かいあって座り、毎日の打ち合わせをする時間をつくれなかった。

もし打ち合わせの時間をつくれたら、情報共有の問題は解決するだろうと思った。

多くの人が情報を出さない大きな原因もそこにあると私は思っている。他人に知らせたくないわけではない。たんに忙しすぎるだけだ。悪気はない。よい意図はもっている。だが、そうできないでいる。その結果、情報を共有するのが下手になってしまう。掲示板のニュース、警告、あるいは自分でやる時間がないので誰かにやってもらうときにやり方を教えること。どんな形で情報を出すにせよ、うまく伝えられなくなってしまう。やがて、わざと情報を出さないようにしていると受けとられてしまう。

情報を出すのが下手だからといって、故意に情報を出し惜しんでいるわけではない。この二つは同じではない。だが、まわりの人から見れば、その結果はまったく同じだ。

情報を出さないのを改めるにはどうすればいいのか。

簡単なことだ。情報を出すようにすればよい。

それが私の友人がしたことだ。彼は、忙しい日々のなかで、情報を出すことを最優先するようにした。彼は時間を決めて、彼が今何をしているのかアシスタントに説明するようにした。彼は、アシスタントとの打ち合わせの時間に邪魔が入らないようにした。打ち合わせはキャンセルできない、延期できない、打ち合わせ中は電話に出ないと決めた。

あなたが同じ問題を抱えているのなら、同様の解決方法をとってみたらどうだろう。そうすることで、あなたはコミュニケーションを改善するばかりでなく、一緒に働く人のことを気にかけていて、彼らがどう考えるかはとても重要だと思っていることを示すことができる。対人関係の問題でこんなにはっきりと一石二鳥の解決策を手にすることはそうそうない。だが、情報を出さない状態から、ちょっと変わって情報を共有するようにするだけで、それは可能となるのだ。

癖10　きちんと他人を認めない

これは、情報を出さないことの兄弟版だ。誰かがチームの成功のために貢献したのにその功績を認めてあげないとしたら、あなたは不公平の種をまき、人を不当に扱っている。そればかりか、成功につきものの精神的な喜びを彼らからとり上げている。成功に浮かれることができない、お祝いの言葉をもらえない。それもこれも、あなたがそれを摘みとってしまうからだ。逆に彼らは、忘れられた、無視された、脇にのけられたと感じる。そして、あなたに腹を立てる。人を本格的に怒らせようと思ったら、その人の貢献を認めないことだ。

功績を認めないのは、締めくくりをさせないということだ。対人関係では必ず締めくくりが必要だ。締めくくりにはいろいろな形がある。愛する人の死の直前に最後に別れを惜しむ何とも言葉に言い尽くせない感情から、「ありがとう」の言葉に対して形式的に「どういたしまして」と答えることまで、いろいろある。いずれにせよ、私たちは最後の締めの言葉を期待する。

認め称えるという行為は、締めくくりそのものだ。あなたとあなたのチームがつくり出した成功という大切なギフトを詰めた宝石箱を、美しいリボンで飾ることだ。認めることをしなければ、そのギフトは安っぽいものになってしまう。成功はしたかもしれないが、そのあとの余韻を楽しむことはできない。

これは会社でも家庭でも起こりうる。

研修プログラムで、私は受講者にこう尋ねる。「誰かがすばらしい仕事をしたときに、もっと上手に認めて称えてあげる必要があると思う人はどのくらいいますか？」すると、間違いなく一〇人中八人は手を挙げる。

なぜ認めないのかを尋ねると、その答えからは、認められない人のことよりも、答えを言った人のことがよくわかる。「たんに私は忙しすぎるんです」「私はみんなにいい仕事をしてほしいと期待しているだけです」「それがそんなに重要なことだと、私は思ったことがありませんでした」「私がよい仕事をしても認めてもらったことがない。それなのになぜ彼らにそうしなくてはいけないんですか？」

彼らが、「私、私」と過度に第一人称を使っていることに注意してほしい。これは、成功している人の特徴だ。彼らはすばらしいことを達成してきた。それは彼らが自分のことにものすごくこだわっているからだ。自分のキャリア、自分の業績、自分の進歩、自分のニーズ。だが、業績をあげることとリーダーであることには大きな違いがある。焦点を自分から他人に移したときに初めて、成功した人は偉大なリーダーとなる。

私の顧客の一人は、もっと上手に他人を認め称えるコツを教えてくれた。

1　まず、彼の人生で重要なカテゴリーを書きだした（友人、家族、部下、顧客など）。

2　次に、それぞれのカテゴリーごとに重要な人の名前を書いていった。

3　一週間に二回、水曜の朝と金曜の午後、彼はそのリストの名前をながめて自問自答する。「このなかで、よくやった、と認めるべきことをしてくれた人がいるだろうか?」

4　もし答えが「イエス」であれば、電話かメール、ボイスメールあるいはメモを書いて、簡単に認め称える。もし答えが「ノー」であれば何もしない。彼は偽善者にはなりたくないと思っていたからだ。

一年も経たないうちにこのエグゼクティブは、何かよいことをするとそれを認めて褒めるという評価が、可から優へと大幅に改善した。ごくわずかな時間でそれができたことに、彼自身が驚いていた。私たちは職場で、家庭で、他人に対してさまざまな失礼なことをしてしまう。だが、認めて褒めてあげることをしないことは、もっとも心に深く傷を残すことだ。唯一つの例外を除いて。それは次の癖だ。

癖11　他人の手柄を横どりする

他人の手柄を横どりすることは、他人の功績を認め褒めることをしないで傷つかせたうえに、さらに侮蔑を加えることになる。評価するのが当然なのに、それをしないばかりか、自分の手柄として抱えこんでしまう。これはダブルパンチの犯罪だ。

こういう瞬間を想像してほしい。学校に通う学生のとき、あるいは大人になって職場で働いているときでもいい。すばらしいことをして、あなたは、褒め言葉やおめでとうの言葉を待つ。待って、待って、待ちつづける。こういうことはいつだってある。私たちがうまくやったとしても、世間はつねに注意を払ってくれるわけではない。人はそれぞれ自分のことで忙しい。子供のときにそういう目にあうと、私たちは、ふくれっつらをし、無視されたと言ってべそをかく。「そんなの不公平だ」とブーブー言う。大人になるにつれ、無視されてもなんとかやっていく方法を身につける。「世の中そんなものさ」と自分に言い聞かせる。自分ひとりしかその事実を知らなくても、何か特別なことをした事実が変わるわけではない。そして私たちは次に向かって進んでいく。

しかし、ものすごく人間ができていても、無視されることが窃盗に変われば、もはや、顔で笑って心で泣くような芸当はできなくなる。自分がしたことでもないのに自分の手柄のように言う。これは、盗みだ。私たちのアイデアを、業績を、自尊心を、そして私たちの生活を盗むことだ。子供のときにだって横どりされるのはいやなことだった（当時は、先生から認めてもらえるかどうかの程度のことだったが）。しかし、大人になってからは、いやどころの話ではない（キャリアや経済的な報酬というもっと大きなものがかかっているせいもある）。人の成功を横どりすることは、職場で激怒を呼び起こす、対人関係における大罪を犯すことだ（対人関係における欠点のなかでも、この癖がいちばんネガティブな感情を生みだすことがフィードバックの取材でよくわかる）。そしてその苦々しい思いは、忘れ去ることのできないものとなる。輝かしい仕事をしたのに認めてもらえなかったとしても、相手を許すことができるだろう。だが、誰かがあなたの仕事を認め、それをその人自身の手柄としてしまったら、許すことなどできないはずだ。もしそうした経験があれば、苦々しい思いを消し去ることがいかに難しいか、わかると思う。

さて、立場を変えてみよう。あなたは犠牲者ではなく悪事を犯す加害者だと想像してほしい。

じっくり見てみれば、自分でしてもいないことを自分がしたかのように言うのは、勝ちたいという気持ちの兄弟分だ。他人の履歴書や大学の学位を自分のものと言うことはない。なぜなら、こうしたことはすべてきちんと文書化されているからだ。あなたがいくら自分のものだと言っても、真偽のほどを疑えば確かめられる。だが、会議でみんなを唸らせるようなフレーズを考えだしたのは誰かとか、難しい状況で重要な顧客との関係をつなぎとめたのは誰かということになると、はっきりしない。誰の手柄か特定するのは難しい。そこで、手柄を自分のものとするか、他人のものとするか、という選択の余地があれば、3章で述べた成功の罠に陥ってしまう。私は成功できる、成功してきた、私は成功することを選んだ。そして疑わしきは罰せず、を都合よく解釈してしまう。自分がした以上のことを自分がしたと言い、やがて時間とともに、自分でもそう信じこむようになってしまう。一方、不当に扱われた犠牲者の心のなかは煮えたぎっている。犠牲者がどんな思いをするかを知っていれば、他の人があなたに対してどんな気持ちを抱くかわかるだろう。美しい姿ではないね。

誰が手柄を得るかを誰も気にしないようだと、チームで仕事をしても何が達成できるか怪しいものだ。それを私たちは直感的に知っている。しかるべき称賛を職場の人から受けたときに、どんなにいい気分になるかを知っているから、それがわかるのだ。

だったらなぜ、誰かが称賛されてしかるべきときに称賛してあげないのか。お互いさまじゃないか。私にはよい答えが見つからない。両親、育った環境かもしれない。あるいは、高校時代に人の手柄を横どりしても何も問題にされなかったからかもしれない。だが、それがわかったところで問題解決にはいたらない。（もう変えることのできない）過去に焦点を当てているからだ。それよりも私たちは、将来に向けて具体的で行動可能なアイデアを身につけるべきだ。

手柄を横どりするのをやめるいちばんよい方法は、その逆をすることだ。分け与えること。称賛を出し惜しみするケチな人間から、称賛を大盤振る舞いする人へと変身するために、簡単な演習をしてみよう。

一日だけ（できればもっと長く）、大きいことでも小さいことでもよいのだが、何かをやり遂げて、自分がひそかによくやったと思うことがあれば心に留めておく。そして、書きだす。もしあなたが私と似ていれば、ふつうの日でも「よくやった」と自画自賛することが思いのほか多いはずだ。顧客のためにすばらしいアイデアを思いついた、会議の時間に間に合った、職場の人に書くメモをさっさと片づけたなど。

「ほう」。自分が書きあげた見事なリストを見て、私たちは思う。「よくやった」

心ひそかに思う分には何も悪いことはない。自分のやり遂げたことに喜びを見出すからこそ、明るくやる気になって、長く厳しい一日をバタバタと突き進むことができるのだ。一日に二〇くらい自画自賛の事柄があったとしても驚くに値しない。

リストをつくり終えたら、各事柄をとりあげて、あなたの功績が、「ひょっとして何らかの形で他人の手柄であることはないか」と自問自答する。

遠く離れた場所で開催される会議に時間どおり到着したのは、あなたがピシッと時間厳守を心に誓い、よく計画していたからか？　もしかしたら、アシスタントが朝、会議のことを思い出させてくれて、電話を途中でやめさせて、町を横切って行くのに充分な時間を見計らってドアから送りだしてくれたため？

会議ですばらしいアイデアを思いついたのは、あなたの豊かな想像力からふつふつと湧きでてきたためか？　それとも会議の席にいた誰かがよく考えたコメントをして、それに刺激されたため？

リストを一つひとつ見ていきながら質問を考えるように。それが決め手となる。もし、それに関与した人がリストを見たときに、あなたが自分の手柄と思っているのを、そのとおりだと思うだろうか。あるいは、誰か他の人が、ひょっとしたら彼ら自身が称賛を受けるべきだと思うだろうか。

リストを見直して、すべてがあなたの功績だと結論づける可能性もある。だが、ものすごく自己中心的な人であっても、そこまで狭い視野でものを見ることはないと思う。私たちは、ものごとをいちばん自分に都合のよい形で記憶しがちだ。この演習は、こうした私たちの傾向に気づかせ、誰か他の人の見方のほうがひょっとしたら真実に近いのではないかと考えさせてくれるいい機会になる。

癖12　言い訳をする

ビル・クリントンは二〇〇四年に回顧録を出版し、それはベストセラーとなった。クリントンは大統領二期目に起こったモニカ・ルインスキーのスキャンダルに触れないわけにはいかないことをわきまえていた。彼は、心のなかの悪魔の声に屈した私的な失敗だと説明した。「自分の行動に責任をもてる年齢に達したら、人が何をしようとも、自分がしでかした過ちに言い訳を言ってはならない」と彼は言っている。「ところが、人はなぜ過ちを犯したのかを理解しようとする。私は一度に二つの大きな問題に苦悩していた。一つは、民主党が多数派を占める議会でアメリカの将来について苦闘する公の問題。もう一つは私の心にひそむ古い悪魔との戦いだった。私は公の問題では勝利を収めたが、私的な問題では敗北してしまった。それ以上に複雑な話ではない。これは言い訳ではなく、説明だ。私ができる最善の説明だ」

ビル・クリントンはその相違を理解していた。彼の行動が言い訳できないものだったからではない。言い訳をするための言い訳は存在しない。

「すみません、遅くなって。道がものすごく混んでいたんです」と言いたくても、「すみません」のひとことでやめるように。交通事情のせいにするのは、まずい言い訳だ。それに、他の人を待たせてしまった事実に対しての申し開きにはならない。あなたは、もっと早く家を出ればよかったのだ。家を早く出ることでどんな不都合が起こるか？　予定よりも早く着いて数分ロビーで待たなくてはならない？　「すみません。早く着きすぎて。早く出たんですが、思っていたほど道が混んでいなかったので」と言い訳しなくてはならないと本気で心配しているのか？

もし世の中がそのように動いていれば、この世には言い訳など存在しなくなる。

言い訳を二つのカテゴリーに分類してみたい。一つは芸のない言い訳。もう一つは、巧妙なもの。

「犬が僕の宿題を噛みちぎってしまいました」的な芸のない言い訳は、「すみません。ランチに出られなくて。アシスタントがスケジュール表の違う日に予定を書きこんでいたので」という類のものだ。

メッセージ――ね、私はランチの約束を忘れていたわけじゃないのよ。あなたのことを大事じゃないと思っているわけではないの。私のアシスタントがヘマをしただけ。私を責めないで。アシスタントのせいなのよ。

このタイプの言い訳の問題は、それで片がつくことはない点だ。そして、効果的なリーダーシップの戦略とはとうてい言えない。何千という多面的三六〇度フィードバックの要約に目を通してきた経験から、部下がリーダーの尊敬するところ、尊敬しないところを私は充分わかっているつもりだ。「あなたは偉大なリーダーだと思います。なぜなら、あなたの言い訳がすばらしいからです」とか「あなたが事を台無しにしていると思っていたのですが、でも、あなたの言い訳を聞いて考えを変えました」というのを聞いたためしがない。

もっと巧妙な言い訳は、失敗を私たちの内に組みこまれた遺伝子のせいにするものだ。私たちには一生つきまとう遺伝子的な欠陥があって、変えられないかのように話す。

こういう言い訳を聞いたことがあるはずだ。

「私はせっかちなもので」

「いつも、ぎりぎりになるまでとりかからないんだ」

「気が短くてね」

「私は時間の使い方がすごく下手なの」

優秀な、成功してきた人が、このように自分を卑下する言い訳を頻繁にするのは驚くばかりだ。これは巧妙な手口だ。実際のところ、自分をある型にはめることで、言い訳できない行動の言い訳にしているわけだから。

自分を型にはめこむのは、長年くり返し聞かされた話のせいかもしれない。それは子供時代にさかのぼることも多い。しかも、その話は事実無根な場合もある。だが、私たちの頭に刷りこまれて、現実となっているものも多い。

よい例が私だ。私はケンタッキー州のバレー・ステーションで育ったから、車やツール、メカニックなものになじみ深くなって当然だった。父は給油ポンプが二つしかない小さなガソリンスタンドを経営していた。友人はみんな、車を改造して、土曜日の夜になると直線の舗装道路でカーレースをして遊んだ。

だが幼い頃、私は母から違うことを吹きこまれた。生まれて間もない頃から、母は「マーシャル、あなたはとっても頭のいい子ね。バレー・ステーションでいちばん賢い子だわ」とくり返し口にした。母は、私が大学に進学するだけではなく、大学院に行けるとまで言っていた！！

母はまたこうも言った。「マーシャル。あなたは機械に関してはまったくダメね。一生、機械には強くなれないわ」（これは、私がガソリンスタンドでガソリンを入れたりタイヤ交換をしたりする人生を送らないように、という母流のやり方だったのだと思う）。

母の刷りこみと期待が私に与えた影響について見てみると、とても興味深い。私は車や工具のツールを使って手伝うように言われたことはなかった。私が機械に弱いと思っていたのは両親だけではなく、私の友人もだった。一八歳になったとき、私は米軍の機械適性検査を受けたが、スコアは全国で下から二％だった。やはり、私は機械オンチなんだ、と再確認した。

ところが、六年後、ＵＣＬＡで博士課程の勉強をしていたときのことだ。教授の一人が、得意なことと不得手なことを書きだすようにと言った。得意のほうには、「研究」「作文」「分析」「スピーチ」と書いた（つまり、「私は賢い」と堂々と言ったようなものだ）。不得意のほうには、「機械に弱い。メカのスキルをもち合わせていない」と書いた。

教授は、どうして機械に弱いとわかったのかと、その理由を私に聞いてきた。私は小さいころからの話を説明し、米軍テストの惨憺たる成績について語った。

「数学のほうはどう？」と教授は尋ねた。

私は胸を張って、ＳＡＴ（大学進学適性試験）の数学では八〇〇点満点をとったと答えた。

すると彼はこう尋ねた。「複雑な数学の問題を解けるのに、単純な機械の問題を解けないのはなぜだろう？」

続けて彼はこう尋ねた。「君の手指に機能障害があるのか？」

私はピンボールが得意で、玉突きの稼ぎで学費の一部をまかなっていたくらいだから、大丈夫だと思う、と答えた。

彼は尋ねた。「玉突きの球はつけるのに、ハンマーで釘を打てないのはなぜだろう？」

遺伝的な欠陥じゃないんだ、と気づいたのはそのときだった。私は自分が信じた期待どおりに生きてきただけだった。家族や友人が、私は機械にかけてはどうしようもないと請け合ったからではない。米軍テストのせいでもない。私が、自分で「お前にはできない！」と言い聞かせていただけだった。

そう言いつづけているあいだは、それが真実になるのだ、とそのときわかった。

今度「私は……が上手じゃないから」と思うことがあったら、「どうして上手じゃないんだ？」と自問してほしい。

これは、数学や機械に限ったことではない。私たちの行動にも言えることだ。遅刻を許してきたのは、今までずっと遅刻してきたからだ。両親も友人もそれを許してきたからだ。今まで説明してきた欠点に関しても同じだ。意見を押しつける、人を傷つけるコメントをする、情報を出さない。みんな遺伝的な欠陥ではない！　どんなふうに育てられて信じこまされていたとしても、私たちは生まれたときからそうだったわけではない。

同様に、会社で誰かが責任を逃れようとして「私は……がうまくないので」と言ったら、彼らに「なぜ、できないんだい？」と尋ねてみよう。

自分自身に言い訳をするのをやめれば、何だってやろうと思えばうまくできるようになるものだ。

癖13　過去にしがみつく

心理学者や行動コンサルタントのなかには、過去、とくに家族間の関係を徹底的に調べていけば、なぜ誤った行動をとるのか理解できるという学派がある。これは「ヒステリーはヒストリーだ」と信じる学派だ。

あなたが完璧主義で、つねにまわりから認めてもらいたいと思うのは、両親が「あなたはよくやっているわ」と言わなかったせいだ。ルールを曲げて何かしても構わないと感じるのは、両親があなたを溺愛して実態以上に重要な存在だと思わせてしまったせいだ。権威ある人の前に出ると震えあがるのは、「ああしなさい、こうしなさい」と指図する母親のせいだ、などなど。

この学派には、ここでは永久に引っこんでいただこう。

過去にしがみついて「治療」することを私はあまり認めない。過去にさかのぼることは変化させることにはならない。理解するだけのことだ。

私がこの仕事を始めて間もないころ、「マーシャル。君はわかっていない。なぜ、私がこういう問題を抱えているのか説明しよう。私の父と母のことを説明しよう」と何時間も話す顧客がいた。それは耐えられないほど長い愚痴だった。とうとう私はポケットに手を突っこみ、二五セント硬貨を出して「はい、どうぞ。これで、誰か、話を聞いてくれる人に電話をしてください」と言った。

誤解しないでほしい。理解することは悪いことではない。過去を理解するのは充分許容できることだ。もしあなたが過去を受け入れることに問題を抱えているのなら。だが、もしあなたが、将来を変えることを考えているのなら、過去を理解しても始まらない。私の経験によれば、ただ一つ効果的なアプローチは、相手の目を見つめて「変わりたいと思うのなら、こうしなさい」ということだ。

こうやってぶしつけに話しても、なぜ今こうなっているのかを理解したくて過去にしがみつく人たちは、実に仕事のしづらい顧客だ。過去のことはもうどうしようもないと彼らに理解させるのに、長い時間がかかる。過去は変えられない、書き換えられない、言い訳もきかない。できることは過去を受け入れて、前進することだけ。

だが、理由は知らないが、過去を思い返すことを楽しむ人がいる。過去をふり返って、人生でうまくいかないことは何でも誰かのせいにできるのであれば、とくにそうだ。こうなると、過去にしがみつくことは対人関係の問題となる。過去を武器にして人と接するのだ。

現在と対比して、誰かをダシにして自分がよく見えるようにするために、過去にしがみつくことがある。

あなたは自慢話をするときに、こういうフレーズで話しはじめたことはないか。「私が君ぐらいの年のときには……」

これは、実際には何を意味しているのか。

言い訳をするときには、誰かのせいにするか、自分のコントロールの及ばない何かのせいにする。

なんであれ、自分以外のもののせいにするのがふつうだ。だが、失敗の言い訳ではなく、自分の成功をそれとなく引き立てるために他人を責めることがある。これも言い訳同様、美しいことではない。だが、かなり賢い人にしか、それは指摘できない。

このことを私は娘のケリーから学んだ。

彼女が七歳のときのことだ。私たちはサンディエゴにあるなかなか快適な家に住んでいた（今も同じ家に住んでいる）。ある日、仕事がうまくいかず、イライラしながら家に帰り、その鬱憤をケリーにぶつけた。親が子供によくやる、最高に情けない、お粗末な説教をやらかした。「私がお前の年のころには……」と始めたのだ。親が小さいころにはいかに大変でみじめな思いをしたことか。それに比べて、おまえたち子供は……という自己憐憫に満ちたお説教に知らず知らずのうちになっていた。ケンタッキーのガソリンスタンドで育つのはどんなだったか、いかに貧しかったか、家族のなかで初めて大学に進学し卒業するためにいかに働いたか、私はくどくど愚痴った。それに比べて、ケリーはなんとすばらしいものに囲まれていることか。

彼女は私が散々こきおろすのをがまん強く聞いて、本能的に私の不満のはけ口となってくれた。話し終わると、彼女はこう言った。「パパ。パパがお金をたくさん儲けるのは私が悪いんじゃないわ」

そこで私はハッと我に返った。確かに「ケリーの言うとおりだ」と思った。貧乏であることがどんなことかを彼女が知るはずはない。彼女は貧乏とは一生無縁なはずだ。私は一生懸命働いてお金を稼ぐ道を選んだ。彼女が選んだ道ではない。実際に私がやったのは娘相手に自慢をしたのだ。いかにつらい思いをしたか、大変な困窮に打ち勝つなんて私はいかに賢いか。私の不満を彼女に投げつけることを隠れ蓑に、私は自慢をしたのだ。さいわいにも、彼女はそれを指摘してくれた。

あなた自身が選んだことで他人を責めるのはやめよう。選んだことがうまくいったときには、二倍気をつけよう。

癖14　えこひいきする

私はこれまで、一〇〇社以上の大企業が、リーダーシップに求めるものをまとめたリストを見てきた。そのリストに手を加えるのが私の仕事だ。そのほとんどは、会社が期待するリーダーシップの行動を決まりきった言葉で書いている。「明確なビジョンを伝える」「部下の能力を最大限に引きだす」「異なる意見を尊重する」などの古臭い言葉が並ぶ。そして「えこひいきしない」が入ってくる。「効果的に経営陣におべっかを使う」が含まれているリストは見たことがない。だが、たいていの会社では、ゴマすり、おべっか使いが横行していて、しかも、そうすることで報われている事実を考えたら、この一文は入れておくべきかもしれない。どの会社も例外なく、「既存のやり方に疑問を投げかけ」「自分の意見を述べ」「ホンネを話す」ことを望む。が、おべっかを使うことに凝り固まっている人がいかに多いことか。

漫画に描かれるような卑屈な態度を会社は嫌う。個々のリーダーも、そんな態度をよしとしないと言う。私が会ったリーダーのほとんど全員が、絶対ゴマすりを許さないと言い切る。彼らは心の底からそう言っていると思う。それを疑う気はない。私たちは、嫌悪まではいかなくても、おべんちゃらを使う人間にはイライラさせられる。となると疑問が生じる。もしリーダーがゴマすりをよしとしないなら、なぜ職場にはおべんちゃら屋が充満しているのだ？　言うまでもないが、リーダーは一般に人の性格を判断する非常に鋭い目をもつ。第一印象で判断し、その後の印象でふたたび見直して評価する、といったことをずっとやってきている人たちだ。それなのに、凄腕のおべっか屋の手に落ちてしまう。えこひいきをしてしまう。なぜなのか？

答えは一つ。他人を見るほど自分のことは明確に見られないからだ。

あなたは今こう考えているのではないだろうか。「リーダーが部下に対して、『批判を口にするな、だが賞賛してくれたら大きなプラスになるよ』と巧妙にほのめかすなんて、信じられない。それを自分で気づかないというのにも驚かされる。もちろん、私はそんなことには無縁だが」

あなたの言うとおりかもしれない。だが、あなたがそうではないと、どうして確信をもって言えるのか？

私はよく、顧客にあるテストをさせる。それは、無意識のうちにゴマをするように仕向けていることをわからせるテストだ。これにはみんな反論のしようがない。教室にいるリーダーたちに、こう尋ねる。「みなさんのなかで、犬が大好きでご自分で飼っている方はどのくらいいますか？」。するとエグゼクティブたちは大きな笑顔を見せ、手を挙げる。彼らは顔を輝かせながら、彼らにつねに忠実な犬の名前を教えてくれる。さて、それからコンテストをする。私はこう尋ねる。「あなたが誰にもはばかることなく、いちばん愛情を降り注ぐのは誰ですか（a）あなたの夫、妻、あるいはパートナー、（b）あなたの子供、それとも（c）あなたの犬ですか？」八〇％以上の確率で、（c）犬が勝つ。

次に私はエグゼクティブたちに、あなたは家族よりも犬を愛していますかと尋ねる。つねに予想どおり、答えは「いいえ」だ。そこで私はたたみかける。「では、なぜ犬がいちばんあなたの関心を引くのでしょう」

彼らの答えはだいたい似たようなものだ。「犬は私を見るといつでも喜んでくれる」「犬は絶対に口答えをしない」「私が何をしても犬は無条件に愛情を示してくれる」。つまり、犬はゴマすりというわけだ。

私も同じ穴のムジナだ。私は愛犬ボーを愛している。私は年間一八〇日ほど家を留守にするが、出張から戻るとボーはいつも狂ったように出迎えてくれる。車を玄関につけると、最初に私がするのは、正面の玄関のドアをあけ、まっすぐボーのところに行って、ボーに言う。「パパのお帰りだよ！」。必ず、ボーはぴょんぴょん跳ねまわる。私は彼を抱きしめ、撫でまわして大騒ぎをする。あるとき、娘のケリーが大学の寮から家に戻っていた。彼女は、いつもどおりボーとじゃれあう私の姿を見た。それから、犬がチンチンするように両手を出して、私に向かって、「ワンワン」と吠えた。

わかった、わかった。

気をつけないと、私たちは職場で犬に対するように人に接してしまう。私たちに対して、ためらうことなく無条件に称賛をふりそそいでくれる人を重用するようになってしまう。するとどうなるか。

有害なおべっか屋の誕生だ。

その結果は一目瞭然。会社の利益となるかどうかはわからないが、あなたの気に入る行動をとるようにと部下を仕向けてしまう。みんながボスをちやほやしていたら、誰が仕事をするのか。さらに悪いことに、それに乗じない、正直で芯の通った社員が不利になってしまう。これはダブルショックだ。えこひいきをしているだけではない。誤った人をひいきしてしまう！

リーダーがこの行動をやめるには、まず、私たちはみな、そのつもりはなくても、好意を示してくれる人に好意をもつ傾向があることを認めることだ。

次に三つの角度から部下に点をつける。

第一は、私にどの程度好意をもっているか（はっきりとわからないのはよくわかる。重要なのは、彼らはどの程度の好意をもっているとあなたが思うかだ。上手なゴマすり屋は、優れた俳優だ。へつらうということは、演じることだ）。

第二に、彼らは会社や顧客に対してどの程度貢献しているか（つまり彼らはA級のプレーヤーか？Bか℃か。あるいはそれ以下か？）。

第三に、私たちは彼らを個人的にどの程度認め、評価しているか。

ここで見ようとしているのは、1と3の相関関係が強いのか、あるいは2と3の相関関係のほうが強いのか、という点だ。もし正直に答えれば、人を認める度合いは、業績よりもどの程度好意を示してくれるかに連動するかもしれない。それがえこひいきだ。

そして、その責めはすべてあなた自身にある。他の人がやったら嫌悪するような行動をしてしまっているのだ。そのつもりはなくても、うわべだけの賞賛の言葉にいい気持ちになってしまう。そしてうわべだけのリーダーとなってしまう。

この簡単な自己診断では問題は片づかない。だが、確認はできる。そこから変化が始まる。

癖15 すまなかったという気持ちを表わさない

すまないという気持ちを表わす、つまり謝罪するというのは、教会の懺悔と同じように洗い清める儀式だ。「申し訳ない」とひとこと言う。それで気持ちは軽くなる。

少なくとも理論上はそうだ。だが、他の多くのことのように、理論上はよくても、実際に行動するとなると難しい。

謝罪することで、私たちは戦いに負けたと思うところがある（成功している人は、合理的には説明できないほど、すべてに勝ちたいという欲望をもっている）。

自分が間違っていたと認めるのがつらいということもある（正しいのなら謝る必要はない）。

許しを乞うのは（立場が下になることだから）、プライドが傷つく。

謝罪するのは権力やコントロールを引き渡すように感じる（本当は、まったくその逆なのだが）。

理由がどうであれ、謝罪を拒むと、職場で（そして家庭で）、相手に悪い感情を抱かせるようになる。他の対人関係の欠点が引き起こすのと同じくらいいやな気分にさせる。傷つける、あるいは落ちこませるようなことをしておいて友人が謝らなかったら、いかに苦々しい気持ちになるか考えてみればいい。そして、その苦々しい思いがどのくらい長いことあなたを悩ますか。

今までの人生をふり返って関係が壊れてしまったときのことを思い返してみると、多くの場合、あなたかあるいは相手が、「ごめんなさい」と言うだけの感情的な知性を絞りだせなかったその瞬間にほころびを見せたのではないか。

職場で謝罪のできない人は、「君のことなんか気にかけてないよ」と書いたTシャツを着ているようなものだ。

負けること、自分が間違っていると認めること、コントロールを引き渡すなどを恐れるあまり、私たちは謝罪に抵抗するが、皮肉なことに、そして当然のことだが、謝罪することによって、そんな心配は実際には不要になる。「ごめんなさい」と言うことで、人々はあなたの味方、パートナーに変わる。

このパラドックスを私が真に理解したのは、二八歳のとき、ニューヨークの超高級フレンチ・レストラン《ル・ペリゴール》で一人で食事をしたときのこと。そのようなレストランに私はそれまで行ったことがなかった。ウエイターはタキシードを着込み、近寄りがたいフランス語訛りで話していた。私はウエイターに、正直に告白した。私はこの雰囲気に気おされていること、チップも含めて一〇〇ドルしか食事に使えないこと、手書きのフランス語で書かれたメニューを読めないことを話した。

「一〇〇ドルに収まる範囲でいちばんよい料理をお願いできますか」と私はお願いした。

その夜私に供されたディナーは、特別コースだった。おまけに、チーズの盛り合わせも出されたし、ワイングラスが空になるとすぐについでもらえた。そればかりか、実にきめ細やかなサービスをしてもらえた。少なくともわたしの予算一〇〇ドルの一・五倍の価値はあったと思う。私が自分は田舎者だと認めたら、レストランのスタッフはそれに応えて、私を太陽王ルイ一四世のようにもてなしてくれた。

この経験から、自分の手の内をすべて見せてしまえば、隠しておくよりも相手ははるかによく扱ってくれるという確信がすっかり私の頭に染みこんだ。

成功してきた人がさらにもう一段成功するお手伝いをするとき、私はこの原則を最初の一歩としている。彼らが改善するための手助けを申しでてくれた職場の人すべてに、一人ひとり顔を合わせて謝罪するように、と私は彼らに教える。

謝罪することは、人間のもつ武器のなかでもっともパワフルで共感をもたらすものだ。それは、愛の告白と同じくらい強い力をもつ。いわば「アイ・ラブ・ユー」の裏返しだ。愛することが、「あなたのことを大切に思っています。そしてそれで私は幸せなのです」という意味であれば、謝罪が意味するのは「私はあなたを傷つけました。そのことを申し訳なく思っています」だ。いずれも、魅惑的で抗しがたい。二人の関係を永遠に変えてしまう。新しい、そして何かすばらしいものに向かって二人で歩みだすようにさせる。

謝罪のいちばんよいところは、過去を水に流させる点だ、と私は顧客に話す。実際、「私は過去を変えることはできません。私が言えるのは、私が誤ってしたことをすまなく思っているということだけです。あなたを傷つけて申し訳ありません。それに対して申し開きできることはありませんが、今後私はもっとよい人になるように努力します。どうすれば改善できるか、教えてください」と言っているのと同じことだ。

罪を認め、謝罪し、助けを求めるその言葉を聞けば、氷のように冷たい心の持ち主でも抵抗できない。それを職場で一緒に働く人に対して言えば、その言葉はあなたと彼らのあいだの関係を錬金術のように変えてしまう力をもつ。

私の顧客のベスは、ある大企業のなかでもっとも高い地位にある女性だった。上司は彼女を非常に高く買っていた。部下もそうだった。だが、何人かの同僚からは激しく嫌われていた。彼女と一緒に働く人たちに調査をした結果、ハーベイという事業部門長と、とくにとげとげしい関係にあることがわかった。ベスは頭のよい、知ったかぶりをする若いやり手で、社内に刺激を与えるためにCEOが外部から連れてきた女性だった。ハーベイは、彼女が傲慢で、会社の歴史や伝統を大切にしないと感じていた。二人はつねに勢力争いをしていた。それが彼女のもっとも悪い面、つまり意地悪で復讐心をもつという性格を表面化させていた。この行動を変えるべきだと私たちは話し合った。

私がベスに最初にするように言ったことは、謝罪だった。ハーベイに対して。そう言ったとたん、彼女の毛が逆立つのが見えるようだった。私は彼女にこう言った。「もし謝罪できないのなら、あなたがよくなることはないでしょう。そうであれば、私はもう失礼します。私にはあなたのお役に立つことができませんから」。ハーベイに屈するというのは彼女にとってあまりにも不愉快なことだったので、私は彼女に台本を書き与えた。謝罪のなかに疑念やためらいが出ては困ると思ったからだ（それでは、効果はぶち壊しだ）。ベスの名誉のために言うと、彼女は台本に従った。

彼女はこう謝罪した。「あのー、ハーベイ。私はみんなからフィードバックをたくさんもらいました。最初に言いたいのは、フィードバックのほとんどに納得しているということです。次に申し上げたいのは、改めたいと思っている点があるということです。私はあなたに対して失礼なことをし、会社にも、会社の伝統にも失礼な態度をとっていたと思います。申し訳ありません。この行動に申し開きはできません。そして……」

ハーベイは、彼女が謝罪を言い終わる前に遮った。彼女は警戒の目で彼を見て、新たな戦いに備えて身構えた。そして彼女は、彼の目に涙が浮かんでいるのに気づいた。ハーベイが最初に口にしたのは、「ねえ、ベス。あなただけじゃないよ。私もだ。あなたに対して紳士的に接しなかった。今言ってくれたことを私に話すのがどんなに大変だったかわかる。問題はあなただけじゃない。私も問題だった。二人一緒に、これからよい方向に変わっていこうじゃないか」

これがこのプロセスのもたらすマジックだ。あなたが他人に対して頼りにしていると言うと、相手は喜んで助けてくれる。あなたがもっとよい人になろうとする過程で、彼らも必然的にもっとよい人になろうと努力する。こうして人は変わり、チームがよくなり、事業部が栄え、会社が世界で成功を収めることになる。

ない。なぜ謝罪が効果的か、わかってもらえたと思うが、実際にどうすればよいのか、詳しくは7章で説明しよう。

癖16　人の話を聞かない

これは、確実に、私がいちばん多く聞く不満の一つである。人はあらゆる失礼な行為をがまんしたとしても、注意を払わないことに関してだけは特殊な思いを抱く。たぶん、私たちの誰もが簡単にできてしかるべきことだからだろう。耳を傾け、話している人の目を見て、自分の口をつぐむのに、何か特別な努力が必要か？

人の話を聞かないことは、山ほどのネガティブなメッセージを送っているに等しい。

1　あなたのことは気にかけていない。
2　あなたの言うことは理解できない。
3　あなたは間違っている。
4　あなたはバカだ。
5　あなたは私の時間を無駄にしている。
6　1～5のすべて。

と言っているようなものだ。

話を聞かなかったあとに人があなたにふたたび話しかけてくれるのは奇跡に近い。話を聞かないことでおもしろい点は、たいていの場合、それが無言の見えない行動であることだ。聞いていないことに人はほとんど気づかない。聞かないのは、退屈しているから、注意をそらすものがあるから、何を言おうかと頭のなかで忙しく考えているから。だが、誰もそれに気づかない。

聞いていないことに人が気づくのは、ものすごくイライラしている様子を見せるときに限る。早く肝心なポイントを話してもらいたいと思う。と、人は気づく。それであなたのことをよく思う人はまずいない。相手に向かって「次!」と叫んでいるようなものだ。

世界的に有名で権威のある研究機関のトップたちを相手に仕事をしたときのことだ。彼らの抱えている問題は、若くて優秀な人材が定着しないことだった。彼らの欠点は、プレゼンテーションを聞いているときにわかった。一人残らず、時計を見たり、若い科学者に先に進むようにと身ぶりで示し、くり返し「次のスライド。次のスライド」と言う不快な癖を身につけていた。このいやな癖が問題のすべてを説明してくれた。

マネジャーが不平たらたら、早く次に進むようにとプレッシャーをかけるなかでプレゼンをした経験があるだろうか。そう、この会社の若い科学者はそう感じていたのだ。

この研究機関のトップたちがすべきことは、若い科学者がプレゼンをしているあいだ、がまん強く聞くことだった。

ボスたちがそうも気短になるのは容易にわかる。彼らはみんな頭の切れる人たちで、MITやハーバードの大学院卒というピカピカの学歴を誇っている。その結果、自分たちよりも下の人間が話しているあいだ、静かに座っていられなかった。これから聞かされる話はもうすでに知っていると感じることが多かったし、頭の回転がものすごく早いので、一を聞いただけで十を知ることができる。この話をある製薬会社のトップに話すと、彼は後悔しつつこう認めた。「私は、もっとひどいことをしていましたねえ。『次のスライド！』と叫ぶ代わりに『最後のスライド、最後のスライド』と叫んでいました」

エグゼクティブは、自分たちが変わる必要があることを学んだ。世界は変わっている。昔は、大企業に働く若い科学者の雇用機会は限られていた。他の大企業に転職するくらいなものだった。有能な人材が会社を去るのを見て、エグゼクティブは徐々に、時代が変わったことを学んだ。今日では、若い科学者には、起業したばかりの小さな会社で働いたり、自分でベンチャー企業を立ちあげたりする選択の道がある。彼らは白いシャツを着込んだ年寄り連中の捕虜ではない。ジーンズ姿で働き、金曜日にはビールパーティ。そして、ものすごく若いうちに巨万の富を築くケースが多い。**過去には、非常に有能な人も尊敬に値しない行動に耐えなくてはならなかったが、これからは、彼らは会社を辞めていく。**それが現実だ。

誰かの話を聴いているときに、頭のなかであるいは実際に、指先でトントンと机を叩いている自分に気づいたら、指を動かすのをやめなさい。誰かの話を聞いているときに、イライラしている様子を表に出すのはやめなさい。「次！」と言う（あるいは考える）のをやめなさい。その行為はたんに失礼で不愉快なだけでなく、部下に会社を辞めようと確実に思わせてしまうものだ。

癖17　感謝の気持ちを表わさない

デール・カーネギーはよくこう言っていた。「英語のなかでもっとも耳に心地よく聞こえる単語が二つある。その人の姓と名前だ」。彼は、姓と名前を会話のなかでふんだんに使うことで、その人との距離が狭まり、打ち解けやすくなると主張している。他の人の口から自分の名前を聞くのを嫌いな人はいない、というわけだ。

カーネギーが正しいかどうかはよくわからない。私は、もっとも耳に心地よい二つの単語は、「サンキュー（thank you）」だと思う。相手を打ち解けさせ、耳に快いだけでなく、ものすごく多くの問題を回避するのに役立つ。謝罪と同様、感謝することは、対人関係で魔法の力をもつ意思表示だ。ほかに何か気の利いたことがなければ、ありがとうと言えばいい。それを聞いて不快に思う人はいない。

「ありがとう」と言うのには何の技もいらない。口を適切に動かし、声帯を動かし、唇から発すれば、声が届く距離にいる人が喜んで受け入れてくれる。

それでも、この基本的な行動をするのが難しいと思う人がいる。何か役に立つ提案を受けとったり、頼みもしないアドバイスを受けたり、何か嬉しいお世辞を言われたとき、彼らは、どう反応したらよいのか困ってしまう。多くの選択肢がありすぎるからだ。コメントに対して反論する、疑問を呈する、言い換える、明確化する、批判する、敷衍して説明する、など。彼らは何でもするが、正しい言葉を発することだけはしない。「ありがとう」と言わない。

あなたには、こんな経験があるだろうか。パーティに出かけたとしよう。あなたが男でも女でもどちらでもいい。近所に住む女性が目を奪うようなドレスを着ているのを見て、あなたは「とても素敵だよ、バーバラ。そのドレス、豪華だね」

「ありがとう」の代わりに、彼女は女学生のようにどぎまぎして、こう返す。「まあ、この古いのが？　クローゼットの奥にあったボロなのよ」

あなたのほうでは調子が狂ってしまう。彼女は長々とドレスについて話すが、あなたはびっくりして彼女を見るだけ。素敵だと褒めたのに、彼女は反論しようとしている！　彼女はこう言っているのに等しい。「これが素敵なドレスだと思うなんて、何か勘違いしているわ。私がもっている他の素敵なドレスに比べたらどうってことないのに。あなたがもう少し賢かったら、このお粗末な古いボロは、私の最高に洗練されたファッションセンスを示すものじゃないことがわかるはずよ」

もちろん、彼女はそれほどきついことを言うつもりはないだろう。だが、ありがとうと言わないと、このように場をしらけさせてしまうのだ。問題になるはずのないことで問題をつくり出してしまう。

なんと言ってよいのかわからないときには、とりあえず、「ありがとう」と言うようにと私は教えている。

現実に、「ありがとう」以外の言葉を言うと、問題を引き起こす可能性がある。意図的であってもなくても、話している相手を攻撃しているように見えてしまう。

私がいつも用心している問題フレーズは、「え、どういうこと」だ。実に巧妙で誠意のない言葉だ。あなたにはこういう経験がないだろうか。上司に対してまじめに提案をする。「ボス、こういう点をお考えになりましたか?」。ボスはあなたを見てこういう。「君が何を言おうとしているんだかわからない」

ボスは、わからないと言っているのではない。彼は、あなたがわかっていない、と言っているのだ。つまり別の言い方をすれば「君は間違っている」と言っているのだ。

ボスが言うべき言葉は「ありがとう。その点は考えていなかった」だ。提案されたアイデアについて考えようがどうしようが、関係ない。重要なのは、「ありがとう」と言うこと。そうすれば、みんながあなたに話そうという気持ちをもちつづける。「ありがとう」と言わなければ、人は貝のように心を閉ざしてしまう。

このことを私たちは本能的に知っている。ごく小さいときから、私たちは「お願いします」「ありがとう」と言うのは礼儀の基本だと教えられる。それなのに多くの人が感謝の言葉の力を尊重しないのはなぜなのか不思議でならない。もっと不思議なのは、感謝の気持ちを表わすのを遅らせることだ。完璧なタイミングが来るまで待つべきだと信じている。ドラマチックにありがとうと言わないと効果がないとでもいうように。問題は、いつ完璧なタイミングがくるかがわからない点だ。だからこの考えは意味をなさない。

　謝意を表さない人にコーチしたときのことだ。

　彼はそれが自分の強みだと言った。その証拠に、と彼は妻の話をした。彼は長年、オフィス兼書斎を自宅にもちたいと願っていた。何年もそのことを話していたが、家を改築するのに必要な時間もエネルギーもなかった。だが、妻はそれをやり遂げた。

　彼女は増築の設計をしてくれる設計士を見つけ、工務店を見つけ、家の改築ローンの手続きを銀行で行ない、市町村の建築認可委員会の煩雑な承認プロセスを経て認可をとりつけ、壁を壊し、基礎をつくり、新たに増築するのを監督した。

「なぜ、それを私に話すのですか?」と私は尋ねた。

「部屋はもうすぐできるが、私は妻にまだ感謝の言葉を述べていない。完成した暁には素敵なギフトをあげて感謝する予定だが」

「なぜ今感謝しないのですか」

「待ちたいからさ。仕事が終わったときのほうがもっと印象的だろう」

「そうかもしれません」と私は言った。「でも、もし今お礼を言って、あとで完成したときにもっと大きなジェスチャーでもう一度お礼を言ったら、彼女は腹を立てると思いますか?　二回感謝したら彼女は怒ると思いますか?」

　感謝の気持ちは、何度示しても問題にはならない。それなのに、どういうわけか、感謝の気持ちを表わすのをけちったり渋ったりしてしまう。特別のときのためのとっておきのボルドーワインのように。感謝の気持ちは減るものではないし、お金のかかることでもない。

ここであげた20の悪い癖のなかで、これがいちばん克服しやすいものだ。何かありがたいと思うものを見つけなさい。その「責任者」を見つけなさい。そして彼あるいは彼女に、「ありがとう」と言いなさい。今すぐにやること。

癖18　八つ当たりする

八つ当たりするのは、「人の努力や功績を認めない」「責任を回避する」「人を傷つけるコメントをする」「感謝の気持ちを表わさない」「人の話を聞かない」、それに怒りを加えて混ぜあわせたようなものだ。八つ当たりそのものは明らかに不当なことだ。

忠告をしてくれる人に対して不公平な報復的行動をとるとか、耳に痛いことを話してくれる社員にたっぷりとお説教をするというだけではない。

自分にとって不都合なことやがっかりしたことがあったせいで、一日中ささいなことに八つ当たりすることもある。こういうときは、指摘されるまで、一日中、誰かに八つ当たりしていたことに気づかない。

あなたのアシスタントが、ボスは忙しくてあなたとの時間がつくれないと伝えてきて、あなたが不満げに鼻を鳴らしたとしよう。ボスがあなたに会わないのはアシスタントのせいではない。だが、あなたがムカついているのを見て、アシスタントはそうはとらない。

取引案件がうまくいかなかったと部下が会議で報告したとき、あなたが思わず口にしてしまう「クソ！」などの罵りの言葉。もしあなたが穏やかに「何がうまくいかなかったんだい？」と尋ねていたら、何の問題もなかっただろう。部下は、何が起こったかを説明し、会議の席にいた人はみな、それから何かを学ぶことができる。ところが、あなたが罵りの言葉で一瞬ちょっと短気なところを見せてしまうと、間違ったシグナル「悪いニュースを伝えて驚かせると、ボスは怒るぞ」が送られてしまう。

だが、悪いニュースに限った話ではない。人がよかれと思って注意してくれるときもつねにそうだ。運転しているときに前方の信号が赤になった。朝出かける直前にソックスの右と左がちぐはぐだとわかった。なんでもいいのだが、私たちはよかれと思って注意してくれる人に向かって当たり散らす。

もし、どんな情報もすべてシャットアウトしたいのなら、八つ当たりするという評判を確立してしまうことだ。

一方、この悪い癖を直したいと思うのであれば、「ありがとう」とだけ言えばよい。

私の例をお話ししよう。私はほぼ毎週出張に出るが、週末には必ず自宅に戻ることにしている。その結果、日曜日の午後あるいは月曜の朝には車で空港に向かう。頻繁にくり返し、熟練しているから、空港に向かって出発する時間をギリギリまで引き伸ばす。当然の結果だが、いつも大急ぎで、空港に向かうはめになる。ある日空港に向かっているとき、妻のリダは隣の座席に座っていた。二人の子供、ケリーとブライアンは後部座席に座っていた。いつものように、私は遅れそうになり、ものすごいスピードで運転して、あまり注意を払っていなかった。リダは（厄介なことに、博士号をもつ臨床心理士だ）こう言った。「気をつけて！　赤信号よ！」

私は、行動科学の熟練したプロフェッショナルであり、情報をもらうことの大切さを他の人に説く人間だから、当然、私は彼女に向かって叫んだ。「わかっている！　見えないとでも思っているのか！　僕は君と同じくらい上手に運転できますよ！」

空港に着くと、リダはどういうわけか、いつものお見送りの儀式をしなかった。彼女はいってらっしゃいとキスをしなかったどころか、ひとことも言わなかった。彼女は車に向かって歩き、運転席について走り去った。

ふむ、彼女は僕に腹を立てているのだろうか、と私は考えた。

ニューヨークに飛ぶ六時間のあいだに、わたしは損益分析をした。「彼女が『赤信号よ』と言うコストは？」。ゼロ。「それによって得られる利益は？　それによって何が救われたか？」。多くの利益が頭に浮かんだ。私の命、妻の命、子供の命、そして罪のないほかの人の命。

誰かが何かを与えてくれて、それによって多大なものが得られ、コストがまったくかからないとき、適切な反応はただ一つ。「ありがとう！」だ。

私は自責の念と恥ずかしい気持ちを抱きながらニューヨークについた。私はリダに電話をして、損益分析の話をした。「次に君が僕の運転を助けてくれたら、僕は『ありがとう』とだけ言うことにするよ」

「もちろん、そうでしょうよ！」と彼女は言った（皮肉を言うのはタダだ）。

「まあ、見ていろよ。次にはちゃんとやるから！」

数カ月が過ぎて、このことを長く忘れていた。ふたたび、空港に向かって超スピードで走っていて、注意を払っていなかったときに、リダが言った。「赤信号よ。気をつけて！」。私の顔は真っ赤になった。息遣いが荒くなった。私はしかめつらをしながら叫んだ。「あ、り、が、と！」

私は完全からはほど遠い人間だ。が、改善の途上にある！

次回誰かがアドバイスをするか、運転などのように重要なことで「あなたのために」何か注意してくれたら、八つ当たりをしてはならない。ひとことも言わないこと。何を言おうか考えないこと。「ありがとう！」という言葉以外には。

癖19　責任回避する

責任回避も恐ろしい複合欠陥だ。「負けず嫌い」と「言い訳をする」をたっぷりあわせる。それに「ありがとうと言わない」と「きちんと他人を認めない」を混ぜる。「八つ当たりする」と「腹を立てる」をちょっとふり掛ける。これで責任回避の一丁上がり。自分の過ちを他人のせいにする行為だ。

責任回避をするかどうかで、私たちはリーダーを判断する。頭脳、勇気、アイデアに富むなどのプラスの資質と同じくらい重要視する。責任逃れをするリーダーに、献身的に尽くす部下はいない。

ここに挙げたほかの悪い癖は、認識しづらく、うわべが上手にとり繕われているが、責任回避は違う。明らかに魅力のない癖だ。人前でゲップをするのと同じくらい明らかだ。責任回避をすれば誰もが気づく。そして、誰もいい印象をもたない。

責任回避は、他人の手柄を横どりすることの裏返しだ。成功の輝かしい名誉を他の人から奪う代わりに、失敗の恥を誰かに押しつける。

リストにある20の悪い癖の場合、自覚することはめったにないが、責任回避に関しては、おもしろいことに、他人に指摘してもらうまでもない。みんなよく自覚している。失敗の責めを受けるべきだとわかっている。だが、そうできない。そこで、誰か犠牲者を見つける。

言い換えれば、対人関係の「犯罪」を犯している自覚があるのに、それでもやってしまうということだ。

この点が、メディア業界のエグゼクティブ、サムを個別にコーチしたときの難しい点だった。彼は会社で躍進中のスターだったが、CEOは、サムにはリーダーとして何かが欠けていると思い、私を雇った。私の仕事は、なぜサムの部下が彼に従おうとしないかを探すことだった。

彼の職場の人に話を詳しく聞くと、何がいけないのかをすぐに理解できた。サムは有能な人材を探しだすことにかけて非の打ちどころのない才能をもっている。彼は実に社交的で、それが、維持費の高いお抱えプロデューサーや脚本家を上手に扱うのに役立つ。どのプロジェクトを採用して実行させるかの判断に関しては、すばらしい手腕をもっていた。彼が失敗することなどありえないように思えた。そして、彼もその完全無欠のオーラを広めたいと思っていた。彼の無敵な自画像は、彼が会社のシニアなポジションに彗星のごとく駆けあがっていったことを見れば説明がつく。彼は明らかに勝ち組の一人で、先が約束されている人だった。

だが、完全無欠でなければならないという思いがサムのアキレス腱だった。失敗は許されないと考える人間は一般に、自分の間違いを認めることができない。サムに関するフィードバックによれば、彼は自分のプロジェクトが問題にぶち当たったり、アイデアがうまくいかなかったりするときには、必ず「作戦行動中行方不明」になってしまうことだった。優秀な人材を発掘するのに長けているのと同じくらい天才的に、ときに失敗が現われてくるとその責任を誰かに押しつけてしまうのだ。

これは彼なりの責任回避のやり方だった。言うまでもないが、スタッフは彼を慕うこともなく、リーダーの資質があるとも思わなかった。

彼とフィードバックの結果について話すために席につくやいなや、彼はこう言った。「結果を聞く必要はありません。あなたが何を言おうとしているのか、わかっています。私は責任を受け入れるのが下手だと言われています」

「そのとおりです」と私は言った。「みんな、あなたが責任回避をすると考えています。その結果、みんなの敬意を失っているのです。責任逃れをするかぎり、この会社でも他の会社でも、トップに上り詰めることはないでしょう。あなたは自覚していながら、なぜそれでもしてしまうのですか？」

サムは無言だった。フィードバックが机の上に置かれたあとでも、サムは自分の過ちを認めることが容易にできなかった。だが、部屋にはサムと私の二人しかいない。罪をなすりつける相手はいない。

彼のオフィスを見回して、野球の記念品がいくつか飾ってあるのに気づいた。そこで、彼の気分を和らげようと野球になぞらえて話すことにした。

「完璧な人などいません」と言わずもがなのことから始めた。「私たちがつねに正しいということはありません。タイ・カッブやテッド・ウィリアムズのようなメジャーリーグの偉大な打者が絶好調のときでも、塁に出ようとして六割はアウトになっています。あなたがテッド・ウィリアムズよりも優れていなくてはいけない、とどうして思うのですか？」

「思うに、私は完璧でいたいんですね。だから、完全でないことは他人に押しつけてしまうのです」と彼は言った。

一時間かけて、サムが完全無欠を望むあまり、職場の人の目にはもっと欠陥があるように見えてしまうというパラドックスについて話した。正しい決断をくだすという評判を維持しているとサムは思っていたが、他の人はみな、彼が責任を回避していると見ていた。それは実に醜い癖で、サムのよい点をすべてかき消してしまう。

皮肉なことに、完全無欠など、もちろん絵空事でしかない。つねに正しくあれ、とは誰も期待しない。だが、失敗したときに、それを潔く認めることは、誰もが期待する。ある意味では、失敗はチャンスだ。自分がどういう人間で、どういうリーダーかを見せるチャンスだ。消費者は企業がちゃんとやっているときには、とくに気にしない（消費者はそれが当然だと思っている）。何か手落ちがあったときに、どのように正そうとするかで企業を判断する。職場でも同じこと。過ちを潔く認めるほうが、成功に浮かれ騒ぐよりもずっと大きな印象を与える。

責任回避がキャリアを危うくすることに気づいた瞬間から、サムの変革プロセスが始まった。難しい作業ではなかったが、時間がかかった。サムは一緒に働く人すべてに対して、過去の行ないを謝罪する必要があった。彼は悔い改めると約束し、職場の人に、よくなる手助けをしてほしいと頼み、どうすればよりよいリーダーになれるか教えてほしいと言った。責任転嫁するそぶりを少しでもみせたら指摘してほしいと頼んだ。正しい指摘かどうか疑わしいときにでも、指摘をしてくれた人に感謝した。弛まず、やりつづけなければならない。少しでも後退すれば、変わろうという努力のすべてが水泡と帰す。サムが根気強くやりつづけたおかげで、時間とともに、責任回避のレッテルは消えていった。一八カ月後、私が最後のレビューを職場の人にしたときには、サムの責任を受け入れる態度のスコアはほぼ満点だった。

もし責任回避があなたの問題であれば、あなたは自覚していると思う。私がここで伝えたいのは、あなた以外の人は、誰も、だまされていないということだ。そして、あなたは自分の身を護っていると思っているかもしれないが、実際には自殺行為をしているということを認識してもらいたい。

癖20 「私はこうなんだ」と言いすぎる

私たちは誰でも、これが「私」という行動を山のようにもっている。よいものも悪いものもあるが、日常的にとる行動で、変えることのできない自分の一部だと思っている。

電話を折り返すのが苦手なタイプだとしよう。ほかにやることがありすぎるせいなのか、たんに無作法なのか、あるいはもし本当に話す必要があるならつながるまでかけてくるだろうと信じているためかはわからない。だが、電話を折り返さないたびに、自分自身に許可証を発行している。「な、僕はそういう人間なんだから。しかたないだろ」。それを変えようとするのは、深部にある真実の自分に逆らうことになる。それでは、まやかしになってしまう。

いつもグズグズしていて、他人のスケジュールを狂わせてしまう救い難いグズだとしても、それが真の「私」だから、そうしてしまうのだ。

いかに人を傷つけるとしても、意味のないことだとしても、つねに自分の意見を言うのは、私が「私」である権利を行使しているだけだ、と考える。

たんにその欠点が「私」そのものの一部だからというだけで、時間とともに、一線を越えて、欠点のせいにするようになっていくのがわかるだろう。この自分自身の性格に忠実であろうとする誤った行動――「私はこういう人間なんだ」と思いすぎること――は、長期的に行動を変えようとするときの最大の障害となる。

何年か前のこと、スタッフの功績を認めるのが不得意なトップ・エグゼクティブにコーチをしたことがある。彼に対する評価を見て、私はこう言った。「これは実に珍しい。七つの項目で今までで最高の評価を得ています。それなのに、他人の功績を認めるという点では、誰一人、あなたがこの点に強いと評価する人はいません」

「どうしろというんですか。そうする価値もない人に褒め言葉をかけてまわれというのですか」と彼は言った。「私らしくないことはしたくありませんね」

「それがあなたの言い訳ですか。あなたはあなたらしくない、と見られたくないということですか？」

「そう。今言ったとおり」

彼は他人の功績を認めないとして惨憺たる評価を得たことを必死で弁護しようとして、私たちはしばらく押し問答をくり返した。彼の求める水準は高く、それをクリアする人はいない。やみくもに褒めると、本当に褒める価値があるときにその価値が薄れてしまう。一人だけ褒めたらチームの力が弱まる。延々とこのように見事な屁理屈、自己正当化が続いた。

ついに私は彼をとどめて言った。「あなたが何とおっしゃろうと、他人を褒めないことがあなたの問題だとは思いません。また、他人を褒めたら、あなたがあなた自身でなくなるという理屈も信じません。本当の問題は、あなたがご自身のことを自分で限定し狭めてしまっていることです。あなたはなんでも『私らしくない』ことはまやかしだと限定しています。誰かを褒めるとき、あなたは『私らしくない』と考えている」

私は彼に質問に答えさせることで働きかけることにした。「なぜ、それがあなたらしくないのですか？」

彼の評価を見ると、彼は非常に優れた資質をたくさんもっている。それについては、そのとおりだと彼は受けとめた。私の仕事は、彼自身の定義にもう一つ、他人がよくやったときに認めるのが上手なボスである、という姿をつけ加えさせることだった。

私は彼に尋ねた。「なぜこういう姿もまたあなたらしい側面であってはいけないのですか？　そうすることは不道徳なことですか？　違法なこと、倫理に反することですか」

「いいや」

「そうすれば人はいい気分になるでしょうか」

「ああ」

「正当に評価してあげれば部下はもっと成績をあげるでしょうか？」

「かもしれない」

「そうすればあなたのキャリアのプラスになりますか」

「たぶん」

「ではなぜそうしないのですか」

「なぜなら」彼は笑った。「私らしくないから」

この瞬間、彼の変わる可能性が見えた。自分自身の定義にきっちり忠実であることは、意味のないくだらないことだと、彼は気づいた。もし彼が過剰に「自分らしくある」ことをやめれば、自分自身をまやかしだと見ることはなくなる。自分自身のことを考えるのをやめて、ほかの人のプラスになるような行動をとることができるようになるだろう。

案の定、「自分らしく」することをやめたときに、彼の正当化したことはすべて途中で消えてしまった。彼の直属の部下は実際には、有能で勤勉で、ときおり褒め言葉をかけてしかるべき人たちだということが彼にも見えてきた。実際には一〇〇%完璧でないときでも、部下が何かを達成するとおめでとうと言い、よくやったと背中を叩き、よくやってくれた人のことを会議で暖かく言及するようになり、提出されたレポートに「すばらしい！」とメモを書いて戻すようになった。そうすることによって、彼が高い水準を求めるボスであるという評判が損なわれはしなかった。その代わりに得られた、部下の士気の高まり、業績の向上は、すばらしいものだった。一年もしないうちに、功績を認めるという項目の彼の評価は、他の項目の評価と同じレベルに上がった。それもこれも過剰に「私らしさ」にこだわることを捨てたおかげだ。

この皮肉な点に彼も気づいた。自分のことを考える時間が少なくなり、スタッフがどう感じるかに注意を払えば払うほど、彼の得るところが大きくなった。彼の管理職としての評価はうなぎのぼりとなった。彼のキャリアもしかり。

これはおもしろい方程式だ。「―《マイナス》私のこと＋《プラス》彼らのこと＝成功」

誤った、あるいは無意味な「私らしさ」にしがみついて、変わることに抵抗しているなと気づいたら、このことを思いだしてほしい。あなたらしさは、あなたのことではない。他の人があなたをどう考えるか、なのだ。

5

21番目の癖――目標に執着しすぎる

対人関係の問題で、目標に執着することを本章で特別にとり上げたのにはわけがある。目標に執着することと自体は欠点ではない。また、これまでに挙げた20の悪い癖と異なり、目的に執着するのは他人に対して何かをするという類のものではない。しかし、目標の執着はしばしば、不快な行動の原因となる。目的にこだわるあまり、私たちはそうであってはならない人間になってしまう。

目標に執着することは、成功を求めて努力させる要因となるが、大きな矛盾をはらんでいる。たとえどんな障害があっても仕事を完遂させよう、しかも完璧にしよう、という気持ちにさせるのがこの執着心だ。

通常、これはすばらしい特性だ。一〇〇％完全に達成しようとする努力に対して批判はしづらい(その逆が、だらしない仕事ぶり、ということであればなおさら)。だが、度がすぎると、目も当てられない失敗を引き起こしてしまう。

広い意味で「目標に執着する」ということは、自分の目的達成に夢中になるあまり、さらに大きなミッションを犠牲にしてしまうような行動を指す。

人生に何を求めるのかを誤解するところからこれは始まる。もっとお金があれば本当に幸せになれる（少なくとも今よりは幸せになれる）と考える。あと一〇キロ痩せたら、出世して取締役になれたら、と考える。そして、これらの目的に向かって禁欲的に励む。お金を稼ぐのに夢中になって、愛する人たち——家族——に楽をさせたいと思うまさにその家族を、無視してしまう。体重を減らすことにとらわれすぎて、極端なダイエットに走り、体によいどころか害を与える。出世を重ねて、将来さらに高いポジションにつくためには、職場の人たちの支援と忠誠心が必要だというのに、彼らを踏みにじってしまう。目的に執着しすぎると、こういった結末を迎えるかもしれないということは、ずっと後になるまでわからない。正しい方向をめざして出発したのにもかかわらず、誤った町にたどりついてしまう。

他人が何をしてもらいたいと思っているのか、を誤解することも原因となる。ボスが今年は売上伸び率一〇％を達成しようと言う。その目標に到達できそうもないことが明かになると、目標に執着する人は、たとえ不正な方法を用いてでも目標を達成しようとする。これは、とても危険な行動だ。それに、不正を働いてでも目標を達成しようとする人々は、もっと詳細に見ていけば、実際には一〇％の成長にこだわっているわけではないことに気づく。本当の目的は、ボスを喜ばせることだ。問題は、この事実を理解しないか、認めようとしない点だ。価値観がおかしくなってしまうのも無理はない。

目標に執着すると、何が正しいのか誤っているのかの判断が歪んでしまう。

その結果、目的に向かって頑張っていく過程で、私たちは礼儀を忘れてしまう。目標達成に役立つ人には、よくする。役立たないと思えば、脇に押しのけてしまう。そのつもりはなくても、自分のためになることだけに捉われた陰謀家になってしまう。

私がコーチングを担当したエグゼクティブ、キャンディスの話をしよう。彼女は、三八歳で、幸せな結婚生活を送っており、元気な二人の子供に恵まれていた。彼女はものすごくエネルギッシュで有能だったために、会社は彼女に秘書を二人つけるほどだった。スタッフは、彼女の独創性や自制心、そして、彼女が生みだす画期的な成果に敬意をもって接していた。彼女はつねに目標以上の数字を達成していた。オフィスには業界誌が表彰した「今年最高のマーケティング・エグゼクティブ」などの額や記念品がところ狭しと置かれていた。ＣＥＯはいずれ彼女を後継者にしたいと考えていた。

さて、そんな彼女の何がいけないのか。キャンディスは有能なスタッフを定着させられずにいた。ほかの部署への異動願いを出すか、会社を辞めていく人があとを立たなかった。私の仕事は、どこから見てもスターである人物となぜスタッフは働きたくないと思うのか、その理由を探しだすことだった。

彼女とともに働く人たちに話を聞くと、誰も彼女の強い野心をとがめようとはしなかった。反対に、彼女の実に明確な目標設定を称えた。彼女は、自分の分野で「スーパースター」でありたいと願っていた。そして、その目標を達成する途上にあった。だが、その目的に没頭するあまり、キャンディスは、生来の明るい楽観的な性格から暖かさをぬぐい去っていた。部下に対して厳しく冷酷な存在になっていた。スタッフの一人は私にこう語った。「彼女の隣に置いたら、六缶入りのビール・パックを冷やせる」

もう少し深く探っていくと、キャンディスについて誰もが一様に口を揃えることがあった。彼女は成功の瞬間にはいつも表舞台に立ち、中心にいようとするということだった。彼女は脚光を独り占めしていた。キャンディスがスタッフを褒めたり認めたりしないわけではなかった。スタッフがすばらしいキャンペーンを企画すれば、彼女は惜しみなく賞賛の言葉を浴びせる。だが、その成功を上司に報告するときには、彼女が中心人物となる。

それが彼女の欠点だった。目標に執着しすぎたために、キャンディスは他人の手柄を横どりする人に成り下がっていた。

彼女の目標は**有能なリーダーになることではなく、スターになること**だった。それは誤りだということを彼女が悟れば、すべてがうまく収まるだろう。そうすれば、同僚や部下の功績をくすねる真似などしなくなるだろう。彼らの功績を認めることはリーダーとしての彼女にプラスになるとわかるだろう。

前に書いたとおり、目標に執着しすぎることを特別に強調したのは、こういう理由だ。それは欠点ではない。それは欠点をつくり出すものだ。称賛に値する能力と優れた意図を、もはや立派とはいえないようなものに貶めてしまう要因だ。

夢を追い求めるのはいいが、追いかけるあまり悪夢になってしまってはしかたない。

ウォール街には、目標にとりつかれた犠牲者がごろごろいる。猛烈に働く投資銀行のディーラーに「マイク、どうして働いてばかりいるんだ?」と尋ねたことがある。彼はこう答えた。「なぜかって? この会社が大好きだからだとでも思っているのかい。お金をもっと稼ぎたいから、こんなに一生懸命に働いているんだ!」

私はさらに質問を重ねた。「君には本当にそんなにお金が必要なのかい?」

「今はね」とマイクは顔をしかめた。「三回目の離婚をしたばかりなんだ。毎月離婚手当を三カ所に払っているから、ほとんど破産寸前さ」

「どうしてそんなに離婚するんだ?」と私は尋ねた。

寂しげなため息とともに彼は答えた。「三人の妻はみんな、私がいつも働いてばかりいると不平を言いつづけた。これだけの金を稼ぐのがいかに大変なのか、彼女たちはまったくわかっていないんだ!」

目的達成にまつわる脅迫観念の研究でもっとも有名なのは、一九七三年、プリンストン大学のダーリーとバッソンが行なった「よきサマリア人」のケースだろう。神学の研究をする学生グループは、キャンパスの反対側に行って、よきサマリア人に関する説教をするようにと言われた。研究の一環として、この学生グループのうち数人は、すでに時間に遅れていて、彼らの到着を待っている人がいるから、急ぐ必要があると言われた。キャンパスの反対側にあるチャペルに行く途中、ダーリーとバッソンは、一人の役者を雇って、咳きこみ苦しそうにしている「犠牲者」の役を演じてもらった。神学生のうち九割は、苦しんでいる人の助けを求める声を無視して、キャンパスを急いで横切ろうとした。研究論文によれば「実に、神学生は、よきサマリア人の寓話について説教をしようというのに、急ぐあまりその犠牲者を文字どおりまたいで行ってしまった！」

私が想像するに、これらの神学生で「悪い人」は誰もいなかったと思う。ただ、目標達成に捉われるあまり、彼らの判断力は狂わされてしまったのだ。

キャンディス、マイク、神学生たちには何が起こってしまったのか？

キャンディスは、トップに上り詰めようとしていたが、彼女がトップにたどりつくのを支援してくれる人を踏みにじっていた。マイクはお金を稼ぎだしていたが、妻を失っていた。神学校の学生は、説教の時間には間に合ったかもしれないが、説教する内容を実行しなかった。

解決策は単純だが容易とはいえない。一歩退き、深呼吸をして、よく見定める必要がある。そして、誤った目標に向かって驀進してしまうのはどういう状態のときかを調べることだ。

自問してみよう。時間のプレッシャーにさらされているとき？　急いでいるとき？　あるいは、重要だと言われたことをしているとき？　人があなたに依存しているとき？

答えは、たぶん「いつも」だろう。四六時中、私たちはこういう状況に直面している。それは消えてなくなることはない。だからこそ、仕事をよく考え、自分が望む人生と照らしあわせて、「私は何をしているのだろう？」そして「なぜ、私はこれをしているのだろう？」と考えることがいよいよ重要となる。

自分に向かって、こう自問自答しよう。「私は課せられた仕事を達成しているか――それで、組織のミッションを忘れているということはないか？」

家族を養うためにお金を稼いでいるか――そして、養おうとしている家族のことを忘れていないか。

説教の時間に間に合うようにしている――が、説教している内容を実行するのを忘れていないか。

ものすごく努力してすばらしいプロフェッショナルな手腕をもちながら、死の床について、「私は何をしてきたのだろう」などとつぶやくようなことはしたくないだろう。

セクションⅢ

どうすれば もっとよくなれるのか

対人関係を変え、その変化を永遠のものにするための
7つのステップを学ぶ

深呼吸をして。

前のセクションで、脅してしまったかな？　あまりにもひどい人ばかりいる職場の姿を描いて、明日会社に行こうかどうしようかと、あなたを悩ませてしまっただろうか。

いや、それほど、ひどくはない。

一歩下がって、対人関係の欠点をみてみれば、二つのおなじみの要因から生じている。情報と感情だ。

ジャーナリスト兼作家のトム・ウルフは「情報の抑えがたい欲望」と名づけた理論をもっている。彼は、人は他人が知らないことを話したい、たとえそれが彼らにとって最善の結果を生まない場合でも話したいという強い欲望をもつという。ジャーナリストはこの情報の抑えがたい欲望がなければ、生き延びられないだろう。その欲望がなければ、人はおもしろい話のネタを話さないし、取材にも応じない。会社の秘密を漏らすことも、誰かが話した絶妙な表現を教えてくれることもないだろう。

同様の抑えがたい欲望が、日常生活のなかでも渦巻いている。ディナー・パーティで内緒話をして、友人を驚かせたがるのはそのためだ。給水機のまわりで社員が集まりゴシップに花開かせるのもそのせいだ(噂話の当人にその話が伝わるとわかっているときですら)。友人が彼らの健康の話や、恋人との仲睦まじい話を、事細かに話したがるのもそのせいだ。この欲望のせいで、毎日の会話が「情報過多」という事態になってしまう。私たちには知っていることをこれ見よがしに、人に話したいという強い欲望がある。そして、私たちは往々にして度を過ごしてしまう。

二〇の悪い癖をよくみれば、そのうちの少なくとも半分は、情報の抑えがたい欲望に根ざしていることがわかるだろう。私たちが何かひとことつけ加えようとするとき、善し悪しの判断をくだすとき、人を傷つけるコメントをするとき、「もう知っているよ」と言うとき、「うまくいくわけないよ。その理由はね」と言うとき、私たちは強制的に情報を分け与えようとしている。私たちは人が知らないことを話そうとする。人をもっと賢くしてあげよう、もっと上手にできるようにしてあげようと思ってする。実は、まったく逆の結果になるのだが。同様に、他人の功績を認めない、手柄を横どりする、謝罪しない、感謝の気持ちを表わさないというときは、情報を出し惜しんでいる。

分け与えるか、出し惜しむか。いずれも薄汚れたコインの両面でしかない。

もう一方の癖は、異なる種類の抑えがたい欲望に根ざす。それは感情に動かされるものだ。腹を立てるとき、えこひいきするとき、八つ当たりするとき、私たちは感情に屈している。そしてそれを白日のもとにさらしてしまう。

情報と感情と。それを分け与えるか出し惜しむか。

いずれもそれ自体悪いことではない。もし情報を分かち合う、あるいは、出さずにいることを知らないでいたら、この世はもっと危険で、おもしろみの少ない世界になってしまうだろう。人の役に立つ情報を分け与えるのはよいことだ。人を傷つけるのであれば情報は出さないほうがよい(だから、秘密は守られるべきなのだ)。感情に関しても同じ。ときどきは分かち合うことも重要だ。が、まったくその価値がないときもある。

こんなことを言うと情報過多になって話が複雑になる危険はあるが、もう一つ別の角度をつけ加えたい。情報や感情の問題では、分かち合うことが適切なことかどうかを考慮すべきだ。

適切な情報は、明らかに他の人の役に立つ。しかし、やりすぎたり、誰かを傷つけたりするときには不適切になってしまう。ライバル会社が大きな利潤をあげたことを話すことで、部下がもっと一生懸命に働く気になるのであれば、それはよいことだ。だが、それが他人の評判を汚すものであれば、情報は不適切となる。指示を与えることはたいてい、ある程度までは適切だ。あなたの家に行く道順をたんに教えるのと、途中間違えそうな曲がり角のことをすべて話すのとは違う。後者は不適切だ。あまりにも詳細に話され警告を与えられたら、あなたは迷い、どこにいるのかわからなくなる。あるいは、行こうという気持ちが萎えてしまう。

感情も同じこと。愛は適切な感情である。怒りは不適切な感情である。だが、「愛しているよ」という言葉もあまり頻繁に言ったり、まずい瞬間に言ったりすれば、不適切となる。逆に、適切な瞬間に小分けにして出せば怒りは有益なツールとなりうる。

情報や感情を表に出すとき、「これは適切だろうか、どの程度伝えるべきか？」を考える必要がある。

デリケートな問題を広く一般化してしまったきらいがあることは認識している。だが、これらの問題を理解する背景にはなったと思う。心に深く根づいた心理学的「腫瘍」を切開しようとしているわけではない。基本的な行動に関して無遠慮な問いかけをするだけだ。

適切か？　どの程度伝えるべきか？

このセクションには七つの章がある。そこに書かれたことに従っていくときに、何を言うにせよ、するにせよ、一瞬立ち止まってこのように自問し、ガイドラインとして使うのはさほど悪いことではないと思う。フィードバックからフィードフォワードまで、あなたの欠点を見つける方法、それが重要かどうかを見極める方法、不快な行動を変える方法について話していこう。それによって、あなたた自身がよくなるだけではない。職場の人がその変化に気づいてくれることと思う。それはとても重要なことだ。

6 フィードバック

フィードバックの簡単な歴史

人類初の人間がひざまずき、泉の水を飲もうとして水面に映し出された自分の顔を見たときから、フィードバックはつねに存在していた。とはいえ、管理職の一助として使われる人材開発のための正式なフィードバックは、二〇世紀半ばまでなかった。

私にとって重要なフィードバックが出てきたのはもっと最近の話で、ここ三〇年ほどのことだ。それは、「三六〇度フィードバック」と呼ばれる。組織のあらゆるレベルの人からコメントを求めるためにこう呼ばれる。三六〇度のフィードバックは、成功している人々が職場での人間関係改善のために何をすればよいのかを知るのに、最善の方法だと思う。

成功している人々にとって、ネガティブなフィードバックには二つの問題がある。それは、（a）彼らは私たちから聞きたがらない、そして（b）私たちは彼らに話したがらない、という大きな二つの問題点だ。

ネガティブなフィードバックを聞きたがらない理由を理解するのは簡単だ。成功している人々は、自分たちの功績を信じられないくらい錯覚している。成功している人々のグループのうち九五％の人が、そのグループの上位半分に入ると信じている。統計的にはばかげているが、心理学的には真実だ。ネガティブなフィードバックを与えるということは、彼らが間違っていることを「証明する」ことだ。成功している人に、あなたは間違っていますよと証明するのは、彼らを変えさせようとすることにほかならない。そりゃ、無理な話だ。

フィードバックの客観化をねらって、きわめて健全なガイドラインをつくったとしよう。つまり、業務について話し、人物について話さないようにするのだ。これは、理論上はやさしいが、成功している人に対してはうまくいかない。成功している人の場合、彼らの人となりとその行動とのあいだには切っても切れない関係がある。だから、もっとも重要な活動に対してネガティブなフィードバックを受けとったとき、彼らがそれを個人攻撃としては捉えないだろう、と考えるのはあまりにもウブだ。

基本的に私たちは、自分の思い描く自分の姿と一致していればフィードバックを受け入れるし、一致していなければ拒絶する。

また、人がフィードバックを与えたがらないのも容易に理解できる。大組織では、成功している人は権力を握っている。給料、昇進、雇用の保証に力をもっている。成功していればいるほど、彼らは権力を握っている。権力があり、しかも、ネガティブなフィードバックを受けとればかなりの確率で

「八つ当たりする」と予測できるなら、裸の王様が裸のままでいるわけがよく理解できるだろう（ここで質問。ボスの間違いを証明しようと努力したことが、昇進に結びついたためしがありますか？）

対面で行なうネガティブなフィードバックには、ほかにも問題がある。それは、明るい将来ではなく、過去の事実（それも失敗の過去）に焦点をあてる点だ。未来は変えられるが、過去は変えられない。ネガティブなフィードバックは、私たちが間違っていたことを証明するためのものだ（少なくとも、私たちの大半はそう受け止める）。失敗をしたという思いを強めるか、少なくとも失敗を思い出させてしまう。それに対する私たちの反応が前向きであることなど滅多にない（ここで質問。あなたの配偶者やパートナーがあなたの欠点を指摘して過去を思い出させたら、上手に受け止めることができますか？）

何よりもまず、ネガティブなフィードバックによって私たちは内に引きこもってしまう。攻撃に対して身を固め、殻に閉じこもり、世界を遮断してしまう。そうなってしまったら変化は起こりえない。だが、フィードバックの欠点について語るのはこれでおしまいにしよう。ネガティブなフィードバックが機能不全を引き起こすことを証明したいわけではない。フィードバックは実に役立つ。フィードバックは、私たちに「現在地」を教えてくれる。フィードバックがなければ、コーチングの仕事もままならない。コーチを受ける人のどこが変わってほしいとみんなが思っているのかを知る術がない。同様に、フィードバックがなければ、成果もわからない。スコアをつけることができない。よくなっているのか悪くなっているのかを知ることができない。売れ筋商品を知るために営業員がフィードバックを必要とするように、リーダーは、部下からどのように受け止められているのかを知るためにフィードバックを必要とする。私たちは今どこにいて、どこに行く必要があるのか、そして進歩の度合いを測るために、私たちはみんなフィードバックを必要とする。

私たちは正直で役立つフィードバックを求めているが、それを手に入れるのは難しい。だが、誰にでもできる方法がある。

四つの約束

コーチングをするとき、私はまず、顧客であるエグゼクティブと一緒に働く人たちから秘密厳守でフィードバックをもらう。今までいちばん少なかったのは八人で、多いときには三一人に面接してフィードバックをもらっている。平均はだいたい一五人。会社の規模と顧客が担当している仕事内容によって面接の数は変わる。面接を始める前に、私は誰に話を聞いたらよいか、顧客に決めてもらっている。面接では基本的なことに絞って、それぞれ一時間ほどかけて話を聞く。つまり、顧客がちゃんとやっていることは何か、変わるべき点は何か、どうすれば（すでに成功している）顧客がさらによくなれるか、といったことを聞く。

私がコーチングする顧客は、大企業のＣＥＯか、ＣＥＯになる可能性の高いエグゼクティブのいずれかである。もし顧客がＣＥＯであれば、誰に面接すべきか意見を聞く。顧客がＣＥＯ候補ならば、

CEOから面接のリストの承認をもらわなければならない（重要人物に話を聞きそこなっている、とCEOに思われたくないからだ）。顧客がフィードバックの有効性を認めようとしないのはたいがい、「妥当でない人」の意見が混じっている、と思うためだ。だから私は顧客にフィードバックを依頼する人を選んでもらい、フィードバックの有効性を認めざるをえないようにもっていく。

顧客が友だちに頼んでしまい、本当に重要なフィードバックが無視されてしまう問題はないのかとよく質問される。理論上はありうるとは思うが、今までそうした経験はない。

面接では、顧客の職場の一人ひとりに、私を援助してほしいと協力をとりつける。職場の人たちには手助けしてもらいたいのであって、改善プロセスを妨害されたくはない。私のコーチングのプロセスを知ってもらうために、職場の人たちに私はこう話す。「これから一年ぐらい、顧客のために働くことになります。もし顧客がよくならなければ、私はコーチ料を受けとることができません。『よくなった』と決めるのは私ではありません。顧客でもありません。あなたや職場でこのプロセスに関与する方々によって『よくなった』かどうかが判断されます」

こう話すと、たいていの人はよい反応を示してくれる。雇う側に立って、私が報酬を得るかどうかを決める権限をもつということを聞いて喜ぶ。それに、もし顧客に変化が起これば、彼らは目覚しく改善したボスと職場環境を手に入れることができるのだ。

それから、私は職場の人たちに四つのお願いをする。私はそれを「四つの約束」と呼んでいる。それは、次のようなものだ。

1 過去のことは水に流してください。
2 真実を話してください。
3 サポートし、手を貸してください。皮肉、否定的な態度はとらないで。
4 あなたも、改善したいことを選んでください。そうすれば、誰もが「改善する」ほうに注目し、善し悪しの「判断をする」ことが少なくなる。

たいがいの人は、この四つのリクエストに同意してくれる。すげなく「ノー」と言われたこともあるが、そうした人たちは、過去を「水に流す」ことができず、顧客がよくなるように手助けする気にならなかったのだ。彼らは、心理的に私の顧客を「償却」してしまっていた。すべての面接は極秘なので、この事実は、顧客には話さない。私がこのような人たちに唯一要求するのは、最終的なフィードバック・レポートに参加しないことだ。顧客を助けようとしないのに、批判することを許す必要はないだろう?

あなたが、私の手助けなしに自分の行動を改めようと考えているなら、自分であなたの仲間に同じことをしなければならない。あなたを助けてくれるように約束をとりつけるには、次のような方法をとればよい。

最初の約束――過去を水に流すことができるか?

あなたが過去に犯した罪は、いまさら訂正するには手遅れだ。消そうとしても無理だ。だから、過去を水に流してほしいと頼む必要がある。単純なことだが、容易ではない。母親や父親が完璧な親でなかったといって絶対に許さない人は多い。理想的な子供じゃないことで子供を許すことができない人、配偶者が完璧なパートナーじゃないからといって許さない人もいる。そして実に多くの場合、完全ではない自分自身を許すことができない。しかし、この最初の約束はとりつけなくてはならない。それなしには、批判的な態度から手助けしようという気持ちに切り替わらせることができない。友人が実に上手に言い当ててくれた。「許すとは、過去がもっとよかったら、と思う気持ちを捨てることだ!」

第二の約束――真実を話すと誓うか?

こういう点がいけないと指摘を受けて、一年間せっせと努力したのに、そのあげく、本気でそう言ったわけじゃなかったとわかるなんて冗談じゃない。あなたが聞きたがっているだろうと思うことをちょっと言ってみて、あなたをおちょくってみた、なんて願い下げだ。それは時間の無駄だ。私はウブではない。人は不正直になることを知っている。だが、もしあなたが彼らに正直になってほしいとお願いする、いや、要求すれば、正しい方向をめざしているという確信をもって進むことができる。そして、最後になって、とんでもない展開にびっくりさせられることがないと確信できる。

第三の約束――皮肉、冷ややか、批判的にならずに、手助けしてくれるだろうか？

この約束は、とくに、あなたの配下の人に対しては多くを望むことになる。人は職場の上司や先輩を尊敬したり憧れるというよりも、懐疑的になったり腹を立てたりするほうが多い。だから彼らに、批判的になりたい気持ちが少しでもあれば、それを取り除く必要がある。そうすれば、彼らは手を貸そうという気持ちになりやすい。ある時点までくると、彼らは、私の顧客である彼らの上司が改善することで、自分たちも得るところがあると気づくようになる。もっと親切でもっと優しい、もっとよい上司を手に入れられると気づくのだ。

第四の約束――彼らも何か自分のことで改善しようと思うことを一つ選ぶだろうか？

これはもっとも微妙な点で、職場の人に要求過多に聞こえてしまう。だが実際には、彼らと顧客が対等になること――いや、絆と言ってもよいかもしれない――を求めているのだ。ある日職場に出社して、今日からダイエットするぞと宣言したとしよう。多くの人は、大あくびでそれを聞き流す。だが、あなたが自分の計画を発表し、同僚に助けを求めたら、たとえば、食事の習慣をモニターして、きちんとやりつづけられるように手助けしてほしいと言ったら？　ふつう人は友だちを助けてあげたいと思うから、もっと関心をもってまじめに反応してくれるだろう。最後に、お返しをする形でこういったらどうだろう。「ところで、あなたも何か変えたいところがありますか？　お返しに、私もあなたのお手伝いをしましょうか?」。そうすれば、サポートを得るのに問題はなくなる。突然、あなたとその人のあいだは対等になる。同じようによくなろうと苦労し、努力する仲間となる。

たとえば、あなたもあなたの配偶者も体重が一〇キロオーバーしていることを気にしているとしよう。あなたがダイエットを始めて一〇キロ落とそうとしたら? パートナーも一緒にダイエットしてくれたら、成功の確率は上がるのではないか? 突如、あなたたちは、二人一緒に一日の食事の内容を計画し、たがいに励ましあうようになる。目標と対比してどうか、おたがいに体重計でチェックする。夕食の席であなたはダイエットに沿った食事をし、パートナーは、体重オーバーの原因となった食事をとりつづけるというのでは、二人はまったく逆方向を向くことになる。それではめざすところに到達するのは難しい。あなたたちの一方、たぶん両方がつらい思いをするだけだ。

この第四の約束が、プロセスを双方向のものにする最後のポイントだ。

そして、もし一二カ月から一八カ月のあいだ、みんなについてきてほしいと思うのなら、これは実に重要だ。このことを私は顧客から早いうちに学んだ。最初のフィードバックを誰と話せばよいか考えていたとき、顧客の進捗状況を評価する人を選ぶのが当然ではないかと思った。そもそも、職場の人が顧客のどこを変える必要があるかを話してくれるのだ。顧客がもしよくなったとしたら、それを私に伝えてくれるのにいちばん適した人たちではないか? そこで、彼らを担ぎだして、彼らに私の条件に沿ってやってもらえばよいと思った。私は、職場の一人ひとりに私の顧客が変わろうとする計画について話し、手伝ってほしいと頼んだ。私は科学的に厳密かつ実践的にやっていった。そして、最初のレポートカードに記入した全員にすべてのレポートカードに記入してもらおうと思った。そうすれば、結果はもっと有効で信頼できるものになる。しかし、他の人を巻きこむことから得られる二次的効果を理解するまでには少し試行錯誤が必要だった。とくに、第四のまわりの人も自分のことで何かを変えようと思ってもらう点には少し時間がかかった。が、このことは経験そのものを豊かにしてくれた。職場の人のサポートを得て顧客がよい方向に変わっただけでなく、顧客をサポートすることで職場の人も学び変わったのだ。これは実に意味深い、それとわかりづらい動きだったが、変化は一方通行のものではないことを証明してくれた。変化は、変化する人と、それに気づく人の二種類の人が関与するものだ、ということを証明してくれた。

あなたが独力で矯正プロジェクトにとりかかるのであれば、第四の約束を忘れないように。あなたと、変化が起きたかどうかを決める人と、両方の変化に同じウエイトを置くように。あなたとあなたを手助けしてくれる人とは両方とも方程式の対等な一部分だ。対人関係において「他の人」のことを無視しておいて、「対人的」な何かを達成した、あるいは「交流」にかかわったと思ってはいけない。

そこで初めて、あなた自身に対するフィードバックを求める準備がととのったといえる。

真実を語ってくれる人を探すのはさほど難しくない。どこで探せばよいかをわきまえればよいだけのことだ。

この四つの約束を並べたのは、私の方法の厳格さを自慢するためではない。フィードバックをお願いする人を決めたら、適用すべき基準なのだ。

あなたのリストに最初にくるのは、たぶんあなたのいちばんの親友だろう。私たちはみんな職場に親友をもっている。競い合うことなく、成功を話しても下心なく聞いてくれて、心から気にかけてくれるような人だ。この定義からして、このような人は、四つの約束を守ることを誓ってくれる。

もし親友であれば、一緒に過ごした過去に苦い思いを抱いていないだろう。だから、過去のことをもちだしたり、非難したりしない。

肩の力を抜いて、腹蔵なく話してくれる。嘘を言う理由がない。名誉にかけてありのままの真実を話そうとする。

そして、サポートしてくれる。

私たちに喜んで協力して、変化のプロセスに参画してくれるだろう。

私ならそういう人を最初に選ぶ。あなたは違う人を選んでもかまわない。

最近、仕事上で接触のあった何十人かのリストを作成してみるのもいいだろう。同僚、部下、顧客、取引先、長きにわたる競争相手。誰であれ、あなたの行動をきちんと観察できる立場の人であればよい。それから四つの約束がうまくとりつけられるかどうかを各人ごとに見ていく。四つの約束を守ってくれそうな人であれば充分フィードバックを依頼するに足る人だ。

覚えていてほしいのだが、このプロセスは、（とくに最初のうちは）難しくない。フィードバックをもらうのはやさしい。難しいのは、フィードバックに対処するときだ。

フィードバックを求めておいて自分の意見を言うのはやめよう

何年も前のこと。私は著名な法廷弁護士とエレベータで乗り合わせた。彼は当時、ゆうに八十代だったと思う。エレベータの扉が開き、タバコを吸いながら男が乗りこんできた。弁護士は慌てふためいた。彼はタバコの煙アレルギーだったので、煙を吸わないですむように、エレベータから飛びだそうとした。が、遅かった。ドアは閉まってしまった。

「大丈夫ですか?」とタバコを吸っていた男が弁護士に尋ねた。

「君、エレベータのなかではタバコを吸ってはいけないんですよ」と彼は男に言った。「それは違法行為だ」

すると男は、こう答えた。「何? あんた弁護士か?」。彼は謝ろうともタバコをもみ消そうともしなかった。彼は、明らかにタバコを吸う権利を主張して、弁護士と論争してやろうという態勢に出た。

「信じられない」と弁護士は言った。「まるで私が悪いことをしたかのような態度だ。君が法律を破っているというのに、たまたま私が居合わせたために、君が犠牲者になったかのような言い方だ」

それは、正しかろうと誤っていようと、いや、誤っているときにはとくに、人がいかに自己弁護をしたがるものかを思いださせるささやかな、しかし、けしからぬ事件だった。

誰かが私にアドバイスを求め、私がそれに応じて何か言うと、私のアドバイスの質について好ましからぬ意見を言う。そのたびに私はこのエレベータでの出来事を思いだす。「信じられない」。弁護士の言葉が私の耳に鳴り響き、私も同じことを言う。「私の意見を尋ねておいて、私と論争しようとするのだから」

これは、誰かがアドバイスやフィードバックを与えて役立とうとしてくれたのに、口答えする行動となんら変わりない。友だちに「こういう場合、どうすればいいと思う?」と尋ねるときには、答えをください、答えをもらっていろいろと考えて、そのアドバイスに従うかもしれませんと伝えている。論争を始めるぞ、と宣告しているわけではない。

だが、誰かにフィードバックを求めておきながら、すぐさま自分の意見を言うのは、まさにそれをしているのにほかならない。とくに否定的な意見の場合にはそうなってしまう(「それについてはどうかなあ……」)。何を言おうと、いかに優しくほのめかすように言おうとも、それは自己弁護になる。正当化、否定、否認、異論あり、と言っているように聞こえてしまう。

それはやめよう。アドバイスの一つひとつをプレゼントや褒め言葉のように扱い、ただ「ありがとう」と言おう。誰もあなたがアドバイスの一つひとつに従って行動するなどとは期待しない。よく聞くことを習慣とし、納得できるアドバイスならそれに沿って行動するだけで、まわりの人はもう大喜びのはずだ。

フィードバックの瞬間――よいフィードバックを自分ひとりで得る方法

専門家を雇って質のよいフィードバックを得る余裕のある人はそう多くはないと思う。

エグゼクティブにコーチングをするとき、私は最初の数時間を使って、三六〇度フィードバックを行なう。そのプロセスを複雑化したり神秘化して隠すつもりはない。それは実に単純な作業だ。顧客であるエグゼクティブの助けを借りて、顧客を日々観察する立場にあり顧客と一緒に働く人の名前を洗いだす。この人たちが評価者だ。そして、彼らが私の四つの約束を守れるかどうかを見る。それからリーダーシップに関する質問表に記入してもらう。ときには、会社の価値観や目的を反映するために、その会社用に質問表をつくり変えることもある（たとえばＧＥでは、異なる事業間で協力することや情報を共有することに高い優先度がおかれている。一方で、顧客満足が重視される会社もある）。

尋ねる質問はいたってシンプル。エグゼクティブは、

- ビジョンを明確に伝えるか
- 敬意をもって人に接するか
- 反対意見を求めるか
- アイデアを出すことを奨励するか
- 会議で他の人の意見をよく聞くか

といったようなものだ。次に、エグゼクティブを数字で評価するように依頼する。そうすることで

統計的な像が浮かびあがる。これで、たいていは一つか二つ、対処すべき問題点が明らかになる。調査によると、アメリカ企業の五〇％は社員の業績や勤務態度を評価するのにこのような方法をとっている。このようなフォーマットが手に入らないこともあろうかと思い、巻末に七二問のリーダーシップ・チェックリストを用意した。そのリストを見れば、この分野の専門家はどのような作業をするのかがつかめると思う。

だが、あなたに「フィードバックの専門家」になってもらおうとは思っていない。どの会社でも私は新参者だから、こういうやり方をするしかない。顧客とそれまでのつき合いはないし、過去に仕事をしたことがない。私が顧客に会う前に知っているのは、その顧客のボスが話してくれた情報だけだ。だから、詳細に調べるしか選択の余地がない。

とはいっても、人事部員が三人以上いる規模の会社であれば、三六〇度フィードバックに類似した何かに参加した経験があるはずだ。

たとえそうした経験がなくても、フィードバックという言い方をするかどうかは別として、フィードバックにはなじみがあるだろう。

私たちはみんなボスから業績評価を受ける。これはフィードバックだ。

給料の見直しも経験する。これはもっとも直接的なフィードバックだ。

営業に従事していれば、仕事ぶりに対する顧客調査を読む。これもフィードバックだ。

四半期ごとの営業会議に出て、達成目標、予想数字と対比された営業結果を見る。これもまたフィードバックだ。

私たちは日がな一日、仕事ぶりについて聞かされる。このフィードバックを受け入れ、言われたとおりに改善するよう努力する（たとえば、営業数字が落ちていれば、数字を上げようといっそう努力する）のは、そのプロセスを受け入れているからだ。権威ある人が私たちを「格付け」し、それで私たちはいっそう努力しようという気になる。

対人関係となるとそうはいかない。あいまいで、主観的で、数量化できない。そしていろいろな解釈をくだすことができる。だからといって、重要性が薄れるわけではない。対人関係は、すばらしいと、まあまあすばらしいとの違い、金メダルをとるのと銅メダルでがまんすることの違いを生みだすものだ。それが私の主張であり、本書の根底をなすものだ（昇進すればするほど、あなたの「課題」は対人関係の行動に関するものになっていく）。

さて、スキルも余裕もなく、仲間がホンネではどう考えているのかを一人ひとり聞きだすチャンスもないとき、どうすれば喉から手が出るほどほしいフィードバックを入手できるだろうか。私たちはフィードバックがどういうものかを知っている。だが、それをどうやって手に入れるかは知らない。

基本的にはフィードバックは三つの形で現われる。人に頼む、頼まない、観察する。どれもうまく使うことができるが、誰にでもできる、というわけではない。三つを詳しくみていって、どれがあなたに適しているかをみていこう。

頼んで得るフィードバック、どのように尋ねるかを学ぶ

頼んで得るフィードバックとは、まさに文字どおり。人に頼んでよくない点についてコメントをもらう。単純に聞こえるだろう？　ね？　だが、私はそれほど楽観的には考えない。

あなたが、私のフィードバックの集め方を真似るのは無理というつもりはない。あなたのことを知っている人を何十人か集め、四つの約束が守れるかどうかを見て、あなたがもっと改善すべき点をアンケートに記入してもらうことは充分可能だ。

私が懸念するのは、あなたが（a）適切な人に質問をするか、（b）適切な質問をするか、（c）得た回答を正しく解釈するか、あるいは（d）正しいとして受け入れるかどうかが確かでない点だ。

私の経験では、フィードバックを依頼するのにいちばんよい方法は、極秘のフィードバックにすることだ。極秘にすれば、誰も恥ずかしい思いをしないですむし、自己弁護に走ることもない。感情のもつれも発生しない。というのも、誰かがあなたを攻撃しても、誰を責めるべきか、誰に復讐すればよいのか、わからないからだ。攻撃されたと感じないですめばいちばんいい。誰かわからないがよかれと思っている人の正直なコメントをたんに受け入れるだけ、というのが最高だ。

ただし、極秘のフィードバックは独力でやるのが不可能だ。極秘にするには（そして感情のもつれを回避するためには）、偏見をもたない第三者、つまり私のような立場の人がアンケート調査を集計

する必要がある。

そうでなければ、一人ひとりに尋ねるしかない。だが、それにも多くの障害がある。

私の経験では、誤ったフィードバックの頼み方なら何百とあるが、正しい方法はただ一つしかない。

ところが実際、多くの人は間違ったやり方しか知らない。誰かに「私のことをどう思う?」と聞いてしまう。

「私のことをどう感じる?」

「私のどこが嫌い?」

「私のどこが好き?」

どれも、人から正直な感情を引きだそうとする質問ではあるが、上司と部下のように力関係が存在する場合には致命的な結果となる。力の関係があれば、さまざまな要素が答えに影響を与える。なぜなら、その答えが結果をもたらすからだ。あとになって、それで悩むことになると思えば、誰も真実を話さない。力関係の影響を受ける部下にとって、ありのままの真実を話してもボスが怒らないという保証はどこにもない。出世競争のはるか後ろに追いやられるか、ひどい場合には、クビになるかもしれない。

それを考えれば、この「私のことをどう思うか?」という質問は、まったく見当違いなものだとわかるだろう。仕事の場では、あなたは私を好きになる必要はない。仕事が終わったあとも一緒につるんで行動する仲間である必要はない。必要なのは、うまく一緒に仕事ができるかどうかだ。たがいのことをどう「感じる」かは、まったく無意味なことだ。

職場の仲間のことを考えてみてほしい。そのうち何人があなたの友だちだろう？　どのくらいの人に対して、あなたは本当の感情を明らかにする気があるか？　何人くらいに対して実際感情の点から考えたことがあるだろうか？　その答えは、「あまり多くない」ではない。実際、ごく少ない人数だろう。それでもあなたは多くの人とうまく仕事をしていると思う。ごく少数の友人と、仕事を一緒にうまくやっていける多数の職場の人との違いがわかれば、人があなたのことをどう感じているか、どう思っているかは、改善しようとする努力に重要な要素ではないことがわかるだろう。

あなた自身に対するフィードバックを頼むときにうまくいくのは、一つの質問だけ――たった一つだ！「どうすれば私はもっとよくなれるだろう？」という聞き方だけだ。

言い方を変えるのはかまわない。「職場でもっとよい同僚になるにはどうすればよいのだろう？」「このグループのリーダーとしてもっとよくなりたいのだが、どうすればよいのだろう？」などは許される。それは状況による。しかし、これで感触はつかめただろう。自分が変わろうとして頼むフィードバックでまったく純粋に問題を引き起こす心配のないものは、（a）批判ではなく、アドバイスを求めるもの、（b）ネガティブな過去にとらわれるのではなく将来に向けたフィードバックを求めるもの、（c）あなたがそのフィードバックに対応すること、そして、あなたが本気でもっとよくなりたいと努力しているということを言い表わすものでなければならない。

頼まないフィードバック、不意打ちのできごと

ときどき、何か、あるいは誰かが、私たちに不意に、自分の真の姿を悟らせてくれることがある。頻繁ではないが、そんなことが起きたときには、「自分はラッキーだ」と思って感謝するべきだ。

心理学者は、自分自身のことを説明するにあたって、ありとあらゆる認識の枠組みを使う。なかでも興味深いのは、単純な四つの象限から成る「ジョハリの窓」だろう（ジョーとハリーの二人の名前にちなんでつけられた）。これは私たちの自己認識を四つの部分に分ける。他人が自分のことで知っていること、知らないことに分類し、自分自身が知っていることと知らないことに分類する。

次頁の図からわかるように、他人が知っている自分のことは公の知識である。自分は知っていて他人が知らないことはプライベートな知識。自分も他人も知らないことは……知ることが不可能なので、関係ない。

おもしろいのは、他の人に知られていて自分が知らないことだ。その情報が私たちに知らされた瞬間、それは劇的な変化をもたらす「ダマスカスの道（悔い改める道）」のときとなる。この瞬間に、人が自分のことを実際にはどう見ているのか、盲点となっていたことを知り、自分自身についての真実を発見する。この盲点を知る瞬間は滅多にあることではなく、そのときには貴重な贈り物をもらったと思うべきだ。傷つくだろう、たぶん（真実とはそういうものだ）。だが、それは、私たちに貴重

ジョハリの窓

A 自他ともに理解していること 自分は知っている 他人は知っている	B 自分だけ気づかないこと 自分は知らない 他人は知っている
C プライベートな知識 自分は知っている 他人は知らない	D 自他ともに知らないこと 自分は知らない 他人は知らない

なことを教えてくれる。

私も人生で何度か遭遇したことがあるが、もっとも大きな不意打ちをくらったのは、私が二十歳代の終わりごろ、UCLAで博士号の取得をめざして勉強していたときだった。当時は、自由恋愛とウッドストックの時代だった。私はまわりの人よりも、多少洞察力があり、進んだ人間だと思っていた。深く人間を理解すること、自己実現、まだ発見されていない深遠な意義などにどっぷり漬かっていたからそう思っていた。私は、非常に聡明なロバート・タンネンバウム教授の少人数クラスに在籍していた。タンネンバウム教授は、UCLAのみならず、心理学の分野で世界的に尊敬される教授だった。彼は「感受性訓練」の言葉をつくり出し、このテーマに関して非常に大きな影響を与えた論文を発表している。

彼は私にとって神のような存在だった。

彼のクラスでは、何でも論じてよいことになっていた。それをよいことに、私はロサンゼルス市民の、浅薄な、物質的な面を毒づいた。ロサンゼルスの市民がいかに「おかしく」なっているかを三週間というもの、一人しゃべりつづけた。スパンコールのついたブルージーンズ、金色のロールスロイス、美しく手入れされた大邸宅。「彼らにとって重要なのは、他人にすごいと思わせることだけだ。彼らは人生で意義深い、重要なものは何かを理解していない」（ロサンゼルス市民に関して私がエキスパートになるのは容易なことだった。なんせ、私はケンタッキーの小さな町の生まれだ）。

三週間にわたって私のおしゃべりに耐えたあと、タンネンバウム教授はこう尋ねた。「マーシャル、君は誰に向かって話しているんだい？」

「私はこのグループに向かって話しているつもりです」と私は答えた。

「グループのなかの誰に話しているんだい？」

「全員ですが」。教授がこの質問で何を引きだそうとしているのかわからずに、私は答えた。

教授はこう言った。「君が認識しているかどうかは知らないが、君は話すとき、いつもただ一人のほうを向いて話してきた。君はただ一人に向かってコメントを言ってきた。そして、君はその一人の意見に関心をもっているようだ。その人は誰だろう？」

「興味深いことをうかがいました。少し考えさせてください」と言ったあと、（慎重に考えた末に）わたしは、「先生です」と言った。

教授はこう言った。「そのとおり。私だ。この部屋にはほかに一二人いる。なぜ君はほかの人たちには興味を示さないのかい？」

墓穴を掘ってしまったからには、もっと早く掘ってしまおうと考えた。「タンネンバウム先生。あなたなら私の話すことの真の重要性を理解していただけると思います。先生なら、他の人にすごいと思われようとして動きまわることの馬鹿さかげんを真実理解してくださると思います。人生で本当に重要なものは何か、深い理解をおもちだと思います」と言った。

タンネンバウム教授はこう尋ねた。「マーシャル。この三週間、君がやってきたことは、私にすごいと思われたい一念だったということはないかい？」

私はびっくりした。「とんでもない！」と私は言った。「私が話したことをひとことも理解していらっしゃらないようです。他の人にすごいと思わせることの愚かさについて私は説明してきたのです。私が言おうとしたポイントをご理解なさらなかったようで、正直申し上げて、とてもがっかりしました」

彼は私をじっと見つめて、あごひげをなでつけ、こう結論づけた。「いいや。私は君のことを理解していると思うよ」

私はあたりを見回して、一二人の学生が顔をなでながら「ああ、そうだよ」と言っているのを見た。

それからの六カ月というもの、私はロバート・タンネンバウム教授を憎んだ。多くのエネルギーをつぎこんで、彼の問題は何かを探しだし、なぜ彼はわかろうとしないのかを理解しようとした。半年ほど腹を立てていたが、他の人によく見られたいという問題を抱えているのはタンネンバウム教授でもロサンゼルスの市民でもないということが、徐々に見えてきた。本当の問題を抱えている人間は、私だった。私は、鏡を見て、私を見つめ返す鏡のなかの人物を嫌っていたのだ。

当時の私はいかに頭がからっぽだったかを思いだすたびに、今でも恥ずかしさに身が震える。だが、こういうつらい、不意打ちのフィードバックは必要だ。世間は実のところ私をどう見ているのかを明らかにしてくれる。よりよい姿に変わるためには必要なことだ。この痛みがなければ、変わろうという気持ちにならないかもしれない。

この不意打ちのできごとは、私の自己中心的な浅はかさをさらけ出してくれただけでなく、キャリアを形成していくうえで重要な二つの教訓を与えてくれた。

1　自分の問題を他人のなかに見るほうが、自分のなかに見つけるよりもずっとやさしい。

2　自分自身で問題を否定したとしても、他人にとっては火を見るよりも明らかだ。

これがジョハリの窓の簡単な教えだ。自分が知らないことを、他人がよく知っていることがある。私たちはそこから学ぶことができる。

人間として私たちは、自分が考える自分の姿と他人が見る自分の姿とのギャップにつねに悩まされる。私がタンネンバウム教授から学んだ教訓は、他人の目のほうが、自分で自分を見るよりもはるかに正確に把握しているということだった。

これが、頼まないで得るフィードバックの価値だ。一対一で個人的にコーチングするときには、タンネンバウム教授が教えてくれた、現実を理解するつらい経験を顧客のためにつくり出そうとする。相手が無防備でいるところを突いて、Bの視点からのぞき込み、他人が知っていることで彼らが知らないことを見られるようにと努力する。

もし私たちが立ち止まって、人の話を聞き、他の人が自分の何を見ているかを考えることができれば、すばらしいチャンスだ。こうありたいという自分の姿と、外に向かって自分が見せている姿を比較できる。そうすれば、口で言う価値観と実際の自分の行動のギャップを埋めるために必要な変化を起こしはじめることができる。

もうご存命ではないが、私はいまだに「ありがとう。タンネンバウム先生」と感謝する。

観察によるフィードバック　新たな目で世界を見る

私の顧客の一人、仮にバリーと呼ぼう、は職場で悟った非常に貴重な体験を話してくれた。それは会社のシニア・エグゼクティブで、彼より職位がほんの少し上にいる人のことだ。

この点は重要だ。というのも、バリーはＣＥＯと親しい大事な顧客を何人か担当していたので、会社の誰よりもＣＥＯと近い関係にあった。バリーはＣＥＯと出張に行き、少なくとも一日に一度はＣＥＯと話していた。同僚のなかには、ＣＥＯにいつでもコンタクトできる関係にあるバリーのことを嫌う人もいた。ＣＥＯと「特別な関係」があるために、バリーはいつも彼らを出し抜き、ＣＥＯにおべんちゃらを使って出世をしていると思っている人もいた。それは必ずしも真実ではない。少なくともバリーは根も葉もないことだと思っていた。彼は、ＣＥＯが自分をえこひいきしていると感じたことは一度もなかった。それは嫉妬以外の何ものでもなかった。だが、ＣＥＯとの関係がバリーと職場の人とのあいだを歪ませたであろうことは知っておかなくてはならない。不思議なことに、バリーは、職場の人がそういう目で見ていることにまったく気づいていなかった。彼はみんなに好かれていると思っていた。

そして、ある日「フィードバックの瞬間」がやってきた。

グループ会議で、バリーは、シニア・エグゼクティブのピーターが、明らかに彼を無視していることに気づいた。バリーが発言するたびに、ピーターはそっぽを向いた。その場にいる他の人は誰も気づいていなかったが、バリーは気づいた。そこで、彼は会議のあいだ中、ピーターの行動に注意を払った。そして直感が正しかったことを再認識した。ピーターは発言するとき、会議室を見回して出席者の目を見ながら話す。ただ一人、バリーを除いて。議論がバリーの責任分野に及んだときにも、ピーターは目をそらした。ピーターの言うことなすことすべてが、バリーなんか消えてしまえと言っているようだった。

そのときに初めて、バリーは気づいた。「なんてこった。僕の仕事を邪魔しうる立場にあるピーターが、僕のことを心底嫌っている」と。

「その瞬間まで、まったく気づかなかった。私たちは同僚で、仕事をうまく一緒にやっているとばかり思っていました」とバリーは私に話してくれた。

バリーの気づいた微かなシグナルは、貴重なフィードバックと言ってよいだろう。観察によるフィードバックは、明白ではなく、頼んで得たものでもなく、証明するのが難しいものだが、それでも重要なフィードバックだ。バリーに同僚との関係が損なわれていることを知らせ、早急に手を打つ必要があることを教えてくれたのだから。

喜ばしいことに、バリーはこのフィードバックにすばらしい対応をした。誰かが悪意を内に秘めていることを知れば、ふつうなら自己弁護に走るところだが、バリーは違った。仕返しをするどころか、ピーターを味方にひきつけようとして行動を始めた。

「ピーターとの接し方はいくつか考えられました。びくびくしながら彼と接する。彼と働かないようにする。無視する。彼をひそかに傷つけるように画策する。あるいは、私には彼のサポートが必要なのだから、彼に私は敵ではなく味方ですよとわかってもらおうとする。私は彼と友だちになろうと決めました。ビジネスを彼のほうに流すようにして、案件を彼の部門にわざわざ持っていくようにしたのです。彼と私が関与することはすべて彼に報告するようにしました。フォローアップをして、私がとりかかっている案件に彼の意見を求めました。彼のアドバイスを求め、敬意を示し、私を無視せず対応してくれることを期待しました」と彼は話してくれた。

一年以上かかったが、このバリーのりっぱな行動のおかげで、二人の関係は、嫌悪から仕事上の関係に変わっていった。二人はすぐに飲み友だちになったわけではないが（それは、高望みにすぎるというものだ）、ピーターはもはやバリーを毛嫌いすることはなくなった。もっと重要なことだが、二人はうまく協力して働く間柄に変わった。

この話をもち出したのは、（a）一人から得られるフィードバックがいかに難解であいまいなものであっても、複数の人から得られる正式なフィードバックに負けず劣らず重要なものになりうること、（b）フィードバックは必ずしも、人に尋ねる（促す）こと、人が進んで話してくれることに限らない、ということを教えてくれるからだ。最高のフィードバックが観察から得られることはよくある話だ。それを受け入れて、変えようと努力をすれば、誰かがずけずけと言ってくれるのと同じくらい効果がある。

私たちは気持ち半分であっても、一日中、まわりを観察してフィードバックを得ている。仕事を終えて家に帰り、居間に入ると、一二歳の娘がすぐさま二階の自分の部屋に駆けこむ（あれ、何かしたかな、と考える）。

顧客や取引先に電話をするが、電話を折り返してくれない（おや、何か気に入らないことがあるのかな、と考える）。

アイコンタクト、ボディランゲージ、反応時間などで、人はフィードバックのようなものを毎日与えてくれる。観察で得られる、この何気ないフィードバックをどう解釈するかはなかなか難しい。何か変だなと感じることと、何が変で、どう修正すればよいのかを学ぶことは同じではない。

ありがたいことに、こうしたフィードバックの瞬間はふんだんにあり、ちょっとした練習でパターンが見えてきて、どう始めればよいのかがわかる。以下にあげた五つの点は、自分の身のまわりにもっと注意を払ってフィードバックを得る方法だ。

1　人があなたについて何気なく言うことをリストにまとめる

創造性を培う教科を担当する先生が、次のような課題を学生に与えた。校外の人通りの激しい往来で、人が何をするかを一時間観察してすべて書きだすようにと言った。一時間後、学生はそれぞれ一五〇以上のことを観察して表に書きとめた。次に、先生は、また学生を一時間外に出させたが、今度は観察しておもしろいと思ったことだけを書きだすように指示した。学生の観察リストはぐんと短くなった。突如、道を横切る男はおもしろくなくなった。だが、歩道にキャンディの包み紙を投げ捨てる、つまりゴミの投げ捨てという違反行為をした男は、興味をひくようになった。先生は、観察することと、判断を加えながら観察することは別ものだということを理解させようとしたのだ。

　私たちの生活においても同じことがいえる。私たちはつねに観察している。だが、目的をもって、あるいは判断を加えながら観察することはそう多くない。

　一日かけて、人があなたについて言うコメントをすべて書きだしてみよう。たとえば、「お、マーシャル、それは、賢いな！」とか、「マーシャル、遅刻だよ」「私の話聞いていないの、マーシャル」など。どんな言葉でも、たとえ少しでもあなたのことやあなたの行動に関するコメントがあれば、書きだす。一日の終わりに、そのリストを見直して、それぞれのコメントがポジティブなものかネガティブなものかに分類する。ネガティブなコメントを見ていると、ある一定のパターンが見えてくるだろう。愚図だ、不注意だ、フォローアップをしない、というコメントが複数あったとする。ここからフィードバックの瞬間が始まる。人に尋ねたわけではない、ということは、何の意図にも左右されずに、自分のことを学ぶチャンスだ。正直な真実を見ることができる。

同じことを翌日も、翌々日もしてみよう。

できたら家庭でもやってみよう。

やがて、友だちや家族がフィードバックを与えていると気づかぬままに、自分に関する多くのデータが集められるだろう。そして、どんな問題があるのかがわかる。

私の友人は、これを職場と家庭で一週間試してみた。ネガティブなコメントでいちばん多かったのは、「ええ。そうおっしゃっていましたね」という言葉だった。「もう前に聞いたよ」と言われているのと同じ。つまり、同じことをくり返すのを、人が不快に感じていた、ということがわかる。

これを直すのは簡単だが、リストを作成して何度もくり返し出てくるネガティブなコメントを見つけようとしなければ、彼はついぞ知ることがなかっただろう。真実を直視する勇気があるなら、同じことをやってみればいい。

2　音を消す

ときどき、顧客に次のような演習をしてもらうことがある。職場で他の人と働いていて、ちょっと飽きてきたなと思うとき、音を消して映画を観ているつもりになってくださいという。他の人の話している言葉は聞こえない。これは同僚の行動に対する感受性を高めるための演習だ。何が起こっているのか、自分で考えなくてはならない。最初にわかるのは、音を聞いているときと変わらない。みんな自分を売りこもうとしている。だが、研ぎ澄まされた目で見てみると、他の人の前で人は動作やジェスチャーで物理的に優位に立とうとすることが見てとれる。もっとも権限をもつ人のほうに体を向ける。力の弱い人からは身を背ける。手の動きやジェスチャーでライバルの話を遮る。音があるときにも人は同じことをしているのだが、音が消えるとそれが明瞭になる。

同じことをあなたも一人でやって、フィードバックを得ることができる。音を消して、他の人があなたにどう物理的に対応するかを観察してみよう。彼らは身を乗りだしてあなたの話を聞こうとするか、それとも身をそらすか。あなたが話しているときに彼らは耳を傾けているか、それとも、指で机をトントンと叩きつけて早く話が終わらないかと待ち受けているか。あなたによく思われようとしているか、それともあなたの存在にほとんど気づかない様子か。これらの情報だけでは、あなたの問題を特定できないが、出てくる事象がポジティブであるよりもネガティブなほうが多い場合には、あなたは思ったほど職場の人に強い印象を与えていないことがわかる。なんとかしなければならないことがわかるだろう。

「消音」演習の応用編として、会議のときにいちばん早く会議室に行ってみよう。そして会議室に入ってくるとき、人はあなたに対してどう反応するか音を聞かずに観察してみよう。彼らの行動が、あなたをどう考えているかのヒントになる。あなたを見て微笑みかけ、あなたの隣の椅子を引いて座るか？　あなたの存在をほとんど認めずに部屋の反対側に座るか。一人ひとりがどう反応するかをメモしよう。大半の人があなたを避けるようであれば、それは、頭をガンと打たれるような、深刻な事実を告げる気がかりなパターンだ。あなたは、事態に真剣にとり組む必要がある。

「消音」演習は、何を変えなくてはいけないかをはっきりと教えてくれるものではない。だが、少なくとも「どうすれば私はよくなれますか」の質問を誰から始めればよいかはわかる。そう、会議室にいた人たちから始めればいい。

3　文章を完成させる

著名な心理学者ナサニエル・ブランドンは、文章完成のテクニックをどう適用すればよいかを教えてくれた。創造的な発想を深く掘り下げるのに適したすばらしい方法だが、人が変わろうとするときにも役立つ。

何か一つ、よくなりたいと思う目標を選ぶ。体重を減らしてスタイルをよくしたい、部下の仕事をもっと認めてあげる、ゴルフのハンディを下げるなど、重要だと思うことならなんでもでいい。それから、その目標を達成すると、あなたや社会にどのようなよいことが起きるかを書きだす。たとえば、

「体重を減らしてスタイルをよくしたい。体重が減れば、私にとってプラスになるのは……」と始めて、文章を完成させる。

これは簡単な演習だ。「私は体重を落としたい。体重が減れば、私は……長生きできる」。これで一つ。その調子で続けよう。「体重が減れば、もっといい気分になれる」。これで二つ。「体重が減れば、私は家族や友人のよいお手本になれる」。このようにして、もう思いつかないというところまで書いていく。

文章完成の演習でおもしろい点は、深く考えていくにつれ、会社のことからだんだん個人的なことに移っていくところだ。最初のうちは、「もし私がもっと手順よく仕事を進められれば、会社はもっと利益をあげることができるだろう……私のチームの生産性はもっとあがるだろう……他の人たちが仕事をもっと楽しむだろう……」など。しかし、終わりのほうになると、「もし私がもっと手順よく仕事を進められれば、私はもっとよい親になれるだろう。もっとよい配偶者、もっとよい人間になれるだろう……」

あるとき、この演習をアメリカ海軍大将にしてもらった。彼は頑固な典型的海軍タイプで、最初はこの演習をやりたくないと拒んだ。理由はよくわからない。だが、やがて彼は折れて、やることに同意し、「他人に批判的なところをなくしたい」と言うようになった。初めのうちは、この誇り高き大将が抵抗を感じている様子が手にとるようにわかった。最初の文章は皮肉たっぷりだった。「もし私があまり他人に批判的でなくなったら、国防総省のバカどもとそれほど問題を起こすことはなくなるだろう」。二番目の文章も皮肉なコメントだった。三番目はそれほど皮肉がきつくなくなった。六番目の文章にきたとき、彼の目には涙が浮かんでいた。「もし私があまり他人に批判的でなくなったら」彼は続けた。「子供たちがまた私と話してくれるようになるかもしれない」

これは、独力でフィードバックを得ようとするのに、風変わりなばかげた方法に見えるかもしれない。変えたいと思うことからスタートして、それからそれが重要かどうかを見る。だが、これが、うまくいくのだ。あなたが書きだす項目がだんだん予想していなかったものになり、もっと個人的で、あなたに重要なものになっていけば、貴重なフィードバックが得られたと思っていい。あなたが本当に望み、改善しなければならない対人関係のスキルは何かがわかったのだ。その場合、当を得た問題を直そうとしている、と確認できたと思っていい。

4　自分が誇張して話すことを聞く

ここではあまり心理学に深く足を踏みこみたくないのだが、あなたは友人が自分はいかに時間に正確かを自慢するのを聞いたことがあるだろうか。「僕のことなら心配いらないよ。いつも時間どおりに行くから」。ところが、彼が時間どおり現われることは絶対にない、とわかっている。

友人がいかに整理整頓が行き届いているかを自慢するのを聞いたことがあるか。その人がまったくだらしないことを知っているのに？

あるいはフォローアップをちゃんとする、と本人は言うのだが、ご冗談でしょ、というような場合。

現実の社会では、彼らが強みだと自慢することが、彼らの実にひどい弱みであるということがよくある。

私たちは誰しもこの現象から免れることはできない。友人にあるのなら、自分にもあると思っていい。自分自身に耳を傾けてみよう。あなたは何を自慢するか？　この「強み」と思いこんでいる点を友人が評価するように厳しく自己評価してみると、実は「弱み」である可能性が大いにある。あなたは自慢などすべきではない。歪んだ形ながら、あなたは非常に正直なフィードバックを自分で自分に与えたと思っていい。

このことをちんぷんかんぷんの心理学用語で難しい話にしてしまいたくないが、同じことは、あなたが卑下した言い方をするときにも生じる。

会議で誰かが「私は、在庫管理には詳しくはないのですが」と切りだしたら、そのあとに続くのは、賭けてもいいが、自分は在庫管理の専門家だと思っていることがありありとわかる言葉のはずだ。

友人が、「私が注意を払ってなかったのかもしれないけれど」と言って議論を始めようとしたら、友人はあなたが思う以上に細心の注意を払っていたことを示すつもりでいるのは間違いない。

私の耳がぴーんと立つのは、「この件に関して私の自尊心はどうでもよいのですが」ときたときだ。すぐさま、それはすべて、彼の自尊心にかかわることだとわかる。

自分のことを言いつつも自分では信じていない、この見せかけの謙遜は、毎日の会話のなかでライバルよりも優位に立つことを狙った修辞的な仕掛け、議論の駆け引きだ。それが悪いわけではない。

だが、社内の出世競争の渦中にある人は、このように他人が卑下したら、要注意。口では何を言おうと、彼らはまったく逆のことを信じている。

同じことが自分自身についてもいえる。自分が卑下することを言ったと思ったら、注意しよう。それは自分自身へのフィードバックにほかならない。もし、無造作に「私は人にお礼を言うのがあまり上手ではない」と卑下したら、あなたがそう思ってない可能性が大だ。もちろん、その卑下が真実の場合もある。あなたが自分自身でまだ認めようとしていないこと、つまり充分に感謝の気持ちを表わさないことを、ものすごく正直に口にしている可能性もある。

私としては、耳にするコメントをすべてひねって問題にするつもりはない。だが、卑下することは、見せかけかどうかにかかわらず、私たちの頭に警戒音を鳴らす正直なフィードバックだ。「ちょっと、ちょっと。これはもしかしたら、観察の価値あることかもしれないよ」と。

5　家庭を見る

私がコーチングした、ある投資銀行のエグゼクティブ、マイクの話をしよう。マイクはものすごく競争心が強い人間だった。職場の人にマイクの対人関係の欠点について調査をしたところ、「直属の部下と職場の人に敬意をもって接する」のスコアは、驚いたことに〇・一%だった。これは、一〇〇〇人のマネジャー中、最下位という意味だ！

しかし、マイクはそれと同じくらい驚くべき数字を取引であげていた。ものすごい利益をあげて会社に貢献していたから、CEOは彼を経営委員会のメンバーに昇格させた。この昇格はマイクの人生の絶頂の瞬間だったが、彼の欠点をもさらすことになった。会社のリーダーたちは、それまでマイクとの接触がなかったから知らなかったが、突然、彼の「突撃しろ、さもなければ、とっとと失せろ」というスタイルを目の当たりにするようになった。彼の頭と口のあいだには、何の関門も設けられていないことを会議で初めて知った。彼は誰に対しても不機嫌で攻撃的だった。彼のいちばんの支持者であるCEOに対してすら、口答えをした。CEOは私を呼び、マイクを「直す」ようにと言った。

マイクに会ってたちまちわかったのは、彼が成功を喜ぶことだった。彼は年収四〇〇万ドル以上を稼いでいた。自分はプロフェッショナルだという確信が、彼の動脈をジェット燃料のように流れていた。彼の業績を問題視して、画期的な変化を遂げさせるのは難しいと私は考えた。彼は会社のために稼ぎ出しており、そのことを自負していた。そこで私は彼と座り、最初にこう言った。「これ以上お金を稼ぎだすお手伝いはできません。あなたはもう多額のお金を稼ぎだしている。ですから、あなた自身のことについて話しましょう。あなたは、家族に対してどのように接していますか?」

彼は家庭ではまったく別で、りっぱな夫であり父親だと答えた。「私は仕事を家庭にもちこまない。私はウォールストリートの戦士だが、家では借りてきた猫だ」と言った。

「それはおもしろいことをうかがいました。あなたの奥様は今ご在宅ですか?」と私は言った。

「ああ」と彼は答えた。

「奥様に電話して、あなたが家庭では職場とどう違うのか聞いてみましょう」

そして、彼の妻に電話をした。夫の言葉に大笑いするがようやく止まると、彼女は、マイクは家でもいやなヤツよと言った。二人の子供も電話に出て、母親に同意した。

私は彼にこう言った。「どうやらパターンが見えてきましたね。申しあげたとおり、どうすればもっと稼げるのかについては、お手伝いできません。でも、次の質問をして、あなたに考えていただくことはできます。あなたの葬式に参列する人は、あなたが本当に死んだかどうかを確認するためにやってくる人だけ、というような事態を本当に望んでいるのですか？　今のままなら、そうなるでしょうね」

初めて、マイクは恐怖に襲われたようだった。「私はクビになるのだろうか？」と彼は尋ねた。

「クビになるだけじゃない。あなたが出て行くときには、みんなが廊下で踊りだすでしょう」と私は答えた。

マイクは一分ほど考えると、こう口にした。「変わろうと思う。そう思う理由は、お金のためでも、会社のためでもない。二人の息子のためだ。彼らが二〇年後、今私があなたから受けているようなフィードバックを受けることになったら、私は恥じ入るしかない」

一年のうちに、彼が人に敬意をもって接するスコアは、五〇％を超えるところまであがった。つまり、彼は会社の高い規範よりも上についたということだ。彼はもっと大きな称賛を得て当然だ。どぶの底から這いあがってきたのだから。彼の収入はさらに増え二倍になった。だが、それがこれと直接関係しているかどうかはわからない。

教訓――**職場でのあなたの悪い癖は、家の玄関のドアを開けたときに消えるわけではない。**

箴言――**誰もが変わることはできる。だが、変わりたいと思わなければ変われない。**働く場ではなく、生活の場にいる人に接触して、このメッセージを伝えることができる場合もある。

リーダー（および部下）のための行動計画――**あなたの行動が職場の人や顧客からどう見られているのか本当に知りたいのであれば、鏡をのぞき込んで自分の姿に自惚れるのをやめなさい。**職場の人に鏡をもってもらい、彼らには何が見えるのかを話してもらうこと。彼らの言うことを信じないのなら、家に帰って、同じ質問をあなたの愛する人や友人にしてみなさい。彼らは邪心をもたず、心からあなたの成功を望んでいる人たちだ。私たちはみな真実を知りたいと願う。このやり方なら成功間違いなしだ。

観察によるフィードバックを五つあげたが、これはあなたのまわりの世界をこっそりと注意して見る方法だ。

他人のコメントを書き出してネガティブかポジティブか分類することで、自分はどう見られているのかを判断でき、何を直すべきか目的意識をもつことができる。判断と目的という二つの新たな武器を手にして、あなたは世界を新たな目で理解することができるようになる。

音を消すことで、本能にさからって聴覚を使わないために他の感性を磨くことができる。

文章を完結させるテクニックでは、逆の分析をする。つまり、最終の結論をみて、それを達成するにはどのようなスキルが必要かを考える。

自分のことを大げさに話すのは正確なコメントかどうかと考えるとき、あなたは世界を逆の立場から見るようになる。そして、あなたも他人と大差ないことに気づく。

最後に、あなたの行動が家庭ではどうかをチェックすることで、変わる必要があることを自覚するばかりでなく、なぜ変わることが重要であるかを理解するようになる。

これらの演習の裏にある論理はシンプルだ。あなたの世界を新たな角度から見ることができれば、あなた自身を新たな角度で見ることができる。

ここではフィードバックに多くの時間を費やした。だが、フィードバックは私たちの活動の基礎でしかないことを心に留めておいてほしい。私たちはまだ、スタートを切ったばかりだ。

私が整形外科医だとしたら、フィードバックはＭＲＩのようなものだ。ＭＲＩは深部組織の損傷を示し、何が壊れているのかを知らせる。だが、患部を直すには手術が必要だし、患者はよくなるために何週間もかけてせっせとリハビリをしなくてはならない。

フィードバックは何を変えるべきかは教えてくれるが、どうすればよいのかは教えてくれない。だが、何を変えればよいかがわかれば、あなたはもう自分を変え、他人の見る目を変える作業にとりかかったも同然だ。さあ、次のステップに進む準備が整った。次のステップ——それはみんなに、謝罪することだ。

7 謝罪する

魔法の動き

今まで読んできて明らかだと思うが、謝罪は、人間関係を回復するために人がとりうる最高の行動だと私は考えている。よくなろうと努力するエグゼクティブにコーチングをするとき、謝罪はその要となる。なぜなら、謝罪なくしては、過ちを犯してきたことを認めることにならず、外に向かって変わろうとしていることを宣言できないし、とりわけ重要なことだが、あなたとあなたが大切に思う人々のあいだに感情的な契約をとり交わすことができないからだ。誰かに対して、「ごめんなさい」と謝ることとは、その契約書を血で綴るようなものだ。

ハーヴィー・ペニックの本には、「魔法の動き」という題の短い話がある。ペニックがゴルフのスイングの基本を語った、忘れることのできない話だ。クラブをテイクバックするにつれて、ウエイトを左足から右足に移す。そして、右のひじを下ろしてクラブをボールに向けてスイングするときに、ふたたび左足に移す。これを学べば、ペニックは「魔法のようにボールが打てるようになる」と言っている。

言うならば、謝罪は、私流の「魔法の動き」だ。簡単なことに見える。だが、過ちを認めることや「ありがとう」と言うことのように、一部の人には難しいことだ。しかし、それができる人にはすばらしいことだ。

この魔法の動きがもたらす浄化力がこれ以上ないほど生き生きと現われた例はないと思うのが、9・11同時多発テロ調査委員会の前で証言したリチャード・クラークの言葉だ。ホワイトハウスのテロ対策担当の特別補佐官だったクラークは、委員の前で何時間かテロについて語った。彼の証言の多くは論議の的となったが、同時テロの犠牲者の遺族らに向かって次の言葉を発した一瞬、すべてがかき消された。「あなたの政府はあなたの役に立つことができませんでした。守ってくれると信じてくださったあなたの役に立つことができませんでした。そして、私はあなたの役に立つことができませんでした」。この謝罪は、ニューヨーク・タイムズ紙が書いたように、歴史に残る偉大なビデオ映像となるだろう。

クラークがスタンドプレーをしたと考える人もいた。彼には謝罪する権利がないと思う人も、冷静に行なうべき行動に高ぶった感情を混ぜてしまったと言う人もいる。だが、私は彼に拍手を送る。クラークの行動は、政府と市民の両方が必要としていたことだった。彼は、「過去をやり直すことはできません。だが、最悪の事態は終わりました。でも、私はいまだにたいへん申し訳なく思っています」と言ったに等しい。その謝罪は、彼と彼が語りかけた人々に、かすかにほろ苦いものではあるが、終止符を打つようなものだった。終止符が打たれれば、先に進むことができる。

クラークの謝罪は、テレビで連日放送された。彼が自己の過失を認めた感情的に訴える力の大きさに、驚く人がいたとは不思議でならない。それはまさに、私が顧客に考えこまずにするようにと仕向けていることだ。言わんとするメッセージが浸透するのには、私が望む以上に時間がかかるようだ。

一九九〇年代後半にコーチングしたテッドがその例だった。テッドは成功を絵に書いたような人だった。頭脳明断で、人柄がよく、勤勉に働き、期待どおりの業績をあげ、りっぱな価値観にもとづいて生活するタイプだ。上司に目をかけられて大事にされ、同僚から敬われ、部下から愛されていた。この完全と思える姿には一つだけ、頻繁に起こる欠点があった。顧客や同僚へのフォローアップがまったくできなかったのだ。この欠点が目立つようになるには何年もかかる。蜜月のような関係から始まり、やがてはすべて衝突で終わってしまうことの説明がこれでつく。彼は親しい人を遠ざけてしまう。悪意や傲慢さからではなく、つい無視してしまうためだ。彼は不在中に電話をもらっても、折り返しかけることをしない。彼から電話をして、近況を聞くことなどけっしてしない。用事があるときにだけ注意を向ける。このような悪意はなくても人を傷つけるパターンは、時が経つにつれて浮かびあがってくる。自分のことを心にかけず、大切にしてくれなくて寂しいと思うのは、そうしてもらえなくなったときだ。だが、テッドはこれをくり返しやっていた。彼は、取引案件や利害関係がなくても友だちだ、人間として大切に思っている、ということを示す方法を、ずっと昔に学んでおくべきだった。

私たちは、「謝罪」、「宣伝」、「フォローアップ」の魔法の動きを使って、テッドがこの点を職場で改善するように手助けした。だが、ここで言いたかったのはそのことではない。

テッドと私は連絡をとりつづけてきた（もちろん、私が彼に電話をする場合がほとんどだったが）。だが、二〇〇四年の三月、彼が電話をかけてきて、驚くべきニュースを伝えてきた。

「マーシャル」と彼は言った。「僕のことを誇りに思ってくれると思う。僕は大の親友との関係をぶち壊してしまったんだ」

「はあ」と私はためらった。「で、私があなたのことを誇りに思う理由は……」

「なぜなら僕は謝罪して、友情を回復したんだ」と彼は言った。

彼の話はこうだ。テッドの二〇年来の親友は、彼の近所に住むヴィンスという男性だ。二週間ほどのあいだにヴィンスはテッドに五回電話をかけたのに、テッドは一度も電話を折り返しかけなかった（会社で学んだ矯正策は、明らかに私生活では活かされていなかった）。ヴィンスは何よりも忠誠心と友情を大切にする気性の激しいシシリア人だったので、傷つき、テッドと話をしなくなった。テッドはそれに気づいたが、ヴィンスに連絡をとって謝罪できずにいた。彼らの妻は友情を回復させる段どりをした。テッドがヴィンスに悔恨の思いを伝える手紙を書けば、すべて丸く収まると考えたのだ。ところが、テッドはこれも台無しにしてしまった。ヴィンスは期待して手紙を待っていたのに、テッドは地方への出張もあって仕事が忙しく、数週間のあいだ手紙を書かずにいた。ついに、ヴィンスは怒りを爆発させた。電話を折り返さない、ディナー・パーティで彼を無視した、けっして彼のほうから電話をしてこないなどなど、テッドの今までの無礼が二人の友情をぶち壊した、ととげとげしい手紙を書いた。これはテッドに非常に大きな苦痛を与えた。あまりのことに、彼はすぐさま返事を書いた。その手紙の全文をここに紹介する。謝罪文のお手本となるようなものだ。

敬愛なるヴィンス

ゴッドファーザーのなかでヴィト・コルレオーネは五大ファミリーと座ったときに「どうしてこうなったんだ」と言った。

君の手紙を数分前に読んで、僕が変わろうとする努力、つまりもっとちゃんと返事をする努力の第一歩として、責任を認めるためにペンをとった。僕が考えるに、三つのことがあると思う。

第一に、君の電話に折り返し電話をしなかったことについては、君の言うとおりだ。まったくそのとおり。失礼なことをしてしまった。友人、いや、まともな市民がすることではない。そのくらいわかっているべきだった。そのせいで、僕が君のことを心にかけていないという不幸にも誤った印象を与えてしまった（君の気休めになるとは思わないが、この欠点については、僕は民主的だ。僕は母にも、兄弟、義理の両親にも電話を折り返さない。僕の妻は、「私にもよ」と言う。これは自慢できることではけっしてない。ただ、電話を折り返す人のリストのなかで優先順位の低い下のほうに君の名前があったわけではないということを、名誉にかけて伝えておきたかったんだ。いや、そもそも僕にはそんなリストがない。僕は誰も平等に扱っている。つまり、誰に対しても失礼な態度をとっている）。このことについて、僕は君に謝罪したい。僕はこの点を改めていくつもりだ。

第二は、君が僕の家に来てくれたときに、ひどいホスト役だった点だ。当然、僕は君を無視するつもりも、会話の外におくつもりもなかった。だが、僕がどう思っていようとそれは関係ない。君がどう感じたかが重要なのだ。とくに今問題になっているのは、歓待したかどうかなのだから。ボストン・セルティックスの監督レッド・アワーバックはよくこう語っていた。「コーチが何を言うかは重要じゃない、選手が何を聞くかが重要なんだ」。明らかに、君はあの日の夜、楽しまなかった。その点、僕は心からお詫びします。僕は自分のことを、ちゃんと人に配慮をする、心の広いホストだと思いたい。だから、君のコメントを、自分を改めるためのシグナルとして受け止める。

三番目の、僕が友人に電話をかけることをしないという指摘だが、これも君の言うとおり。まったくそのとおりだ。君が言うとおり、人は友情を保つために努力する人もいれば、しない人もいる。

君が腹蔵なく話してくれたことすべてのなかで、この三番目の指摘はいちばん僕にとってつらいものだった。なぜなら、それは事実であり、しかも簡単に直せることだからだ。これを指摘したのは君が初めてではない。なぜこうなったのかを探るには子供時代のことをふり返ればよいのだろうが、昔をふり返って誰かに罪をなすりつけるのは、無駄なことだ。僕は五二歳だ。母や幼少期のしつけや、三年生のときに食べたまずいツナ・サンドのせいにするわけにはいかない。僕にできることは、僕の行ないを改めると約束するだけだ。一歩ずつ。君がくれたシグナルを手がかりに、よき友としてすべきことをしていくつもりだ。僕はまず君に対して変わるところから更生の道を始めたいと願っている。

いろいろとやってしまったけれど、それでも僕は君との友情をとても貴重なものだと思っている。ものすごく大切に思っている。僕たちは何年ものあいだ、ともに笑い、楽しい時間を過ごしてきた。隣人として、たがいに大事にしてきた。それなのに、僕がトンマで、君がいちばん嫌うようなことをしたために、僕たちの友情が突然消えてしまうなんて。僕ができるのは、君に許しを請うことだけだ。その願いを受け入れてくれるのであれば、今までのようなことはしない。もっと高い目標をめざせると思う。僕はかつてのような二人の状態に戻りたいと願っている。君の率直な、痛いほど率直な手紙のなかに書かれていたような理想の友情を強く願い切望している。

このことについて、赤ワインを飲みながら話せたら嬉しいのだが？

すばらしい手紙だろう。だが、読まれなければどうしようもない。ヴィンスは封を開けずに送り返してきた。二人の妻はふたたび仲裁に入り、ヴィンスにお願いだから手紙を読むように頼んだ。ヴィンスの心が和らいだとき、友情の修復が始まった。やはり、心からの謝罪には誰も抵抗できないのだ。

昔のテッドのように、過ちを認め、謝罪の言葉を言えない人たちのことを、つねづね不思議に思う。どうやって彼らはこの世を渡り歩いているのだろう？ 壊れた関係をどうやって修復するのだろう。他の人に本心からどう感じているのかをどうやって示すのだろう。まず、「ごめんなさい」と言わずに、どうやって、不快な行ないを改めるつもりだと表明できるのだろう。

テッドにヴィンスの件でおめでとうと言うと、彼はこう言った。「あのさあ、仕事でこれをやっていなかったら、僕はヴィンスに謝罪できなかったと思うよ」

「なぜ今はできるのですか？」と私は尋ねた。

「効き目があることを知っているからさ」

これは、謝罪という魔法の動きを学ぶ、とても大きな理由になるだろう。だが、もっとも説得力があるのはそれが、とても簡単にできる、という点だ。あなたがすべきことは、「申し訳ありません。次回からは改めるように努力します」と言うだけだ。

試してみてほしい。お金のかかることではない。あなたが勝手に思いこんでいるプライドすら傷つくことはない。そして、それはあなたの人生を変える。魔法のように。

どのように謝罪するか

リチャード・クラーク、テッドとヴィンスの例で一定のパターンが見えてきただろうか。修復のプロセスは謝罪から始まる。

何をしてしまったか、なぜ謝罪をしなければならないのか、はどうでもいい。誰かに苦痛を与えたことに対する深い後悔の念。もっと心にかけるべき人を無視してきたことを恥じ入る気持ち。何かをしたために誰かの愛情を失った心の痛手。後悔、苦痛、恥、悲しみ。これらは強い感情だ。氷のような心の人でも謝罪せずにはいられなくなるほど、ときには強い力になりうる。だが、それはここではとりあげない。原因、動機は私の関与するところではない。ふつうなら謝罪できない人に謝罪をさせるものであればなんでも、私はよしとする。

謝罪する心の準備が整ったなら、以下の謝罪マニュアルをどうぞ。

あなたは、「申し訳ありませんでした」と言う。

「これからはもっとよくなるように努力します」とつけ加える。絶対に必要なわけではないが、私の考えでは、つけ加えるほうが効果的だ。過去を水に流そうというとき、明るい未来について触れるのはいいことだと思うから。

そして……何も言わない。

説明しない、複雑にしない、限定しない。何を言っても効果を薄めるリスクが伴うだけだ。二〇〇一年に大手投資銀行モルガン・スタンレーが和解して五〇〇〇万ドルの罰金を支払ったときのことが思い出される。同社のリサーチ・アナリストは同社と取引関係のある会社について好意的なレポートを書いたことで利害相反を訴えられていた。五〇〇〇万ドル支払うことでモルガン・スタンレーはスキャンダルを片づけて、前進できるはずだった。それは、確かに謝罪のしるしのように見えたし、感じられた。ところが、同社の当時のCEOフィル・パーセルは翌日のスピーチでそれを台無しにしてしまった。彼は罰金を正当化しようとした。罰金を払ったのは、たんに片をつけたかっただけで、会社は何も悪いことをしていない。少なくとも他社と比べてそれほど悪いことをしていない。他社はもっと多額の罰金を支払っている。と彼は話した。そのスピーチは、いちばん少ない罰金を払ったことを彼が自慢しているかのように聞こえた。共犯者が一〇年ブタ箱に入れられたのに、自分は三年で済んだと自慢しているようなものだ。メディア、証券取引委員会、ニューヨーク州検事総長はすぐさまパーセルの発言に飛びかかった。

見識あるCEOが多くを語りすぎて五〇〇〇万ドルの謝罪を台無しにしてしまうくらいだ。私たちが悔恨の意を表すつもりで「申し訳ありません」と言ったあと、ひとこと余計につけ加えて、ぶち壊しにしてしまうことは、充分考えられる。

謝罪に関して、唯一正しいアドバイスは、**なるべく早くやって、なるべく早く済ましてしまうこと。**改めるためにしなければいけないことはいくらでもある。早く謝罪をしてしまえば、早く次の「宣伝」のステージに進むことができる。

8 公表する。宣伝する

謝罪したあとには、「宣伝」をしなくてはならない。よくなりたいと思っていると話すだけでは不充分だ。どの点を変えるつもりなのか、きっちりと宣言する必要がある。すまなかったと言った以上、それに対してどうするつもりなのか、ということだ。

私は顧客にこう話す。「あなたの行動を変えることよりも、人があなたを見る目を変えるほうがずっと難しい。実際、一〇％よくなったと職場の人から評価してもらうには、一〇〇％よくならないといけない計算です」

この論理の背景にあるのは、3章で説明した「認知的不協和」だ。おさらいをしておこう。私たちは、よきにつけ悪しきにつけ、それまでにできあがった固定観念に一致する形で人を見る。私があなたのことを傲慢でいやなヤツと考えれば、あなたの言動はすべてこの色眼鏡を通じて見てしまう。あなたがすばらしい、聖人のような行ないをしても、私はその行ないを例外と考える。あなたは相変わらず傲慢でいやなヤツのままだ。この状態では、どんなに一生懸命に努力しても、改善したと見てもらうのは不可能に近い。

だが、あなたが変わろうとしていると話すと、これが劇的に変わる。突然、あなたの努力が彼らのレーダースクリーンにひっかかってくるようになる。あなたは、彼らの先入観を少しずつ崩しはじめる。

ものすごく努力していますと、何週間もくり返しくり返し話せば、さらに変わる。よくなるにはどうしたらよいか、アイデアを提供してほしいと頼めば、もっと変わる。ここまでくると、あなたの職場の仲間は、あなたに投資をしたようなものだ。彼らは、彼らが提案したことにあなたが注意を払っているかどうかに注意を払う。

やがて、メッセージがまわりの人たちに浸透し、あなたが新たに生まれ変わる可能性を信じるようになる。これは、森の木が倒れることと少し似ている。ドサッと木が倒れる音を誰も聞かなかったなら、音がしたことになるか？　謝罪、そして変わろうとしていることを広く告げることは、みんなに木がある方向を指し示す方法だ。

「冬眠」の段階を忘れないように

マーケティングに従事している人であれば、画期的な新製品をつくり出しても、消費者にそのメッセージが伝わらなければ意味がないことを知っている。外に向かって、「おーい。ここにあるよ」と叫び、なぜ注目すべきかを説明することが必要だ。

あなたが自己改善の努力を始めるときにも、同じことがいえる。あなたは、新しい「あなた」をつくり出そうとしているところだ。よい宣伝キャンペーンなしに人が買ってくれると思うか?

あなたが何をしているかを知らせるだけでは不充分だ。あなたは「本日限りの特売セール」をやっているわけではない。永続的な変化をめざしている。だからあなたは、しつこく宣伝をしなければならない。一回話したくらいで、みんなが理解してくれたと考えてはならない。宣伝を二回、三回したくらいで満足してはいけない。メトロノームのように規則正しくくり返して、職場の人の頭に徹底的にたたきこむ必要がある。あなたの個人的な目標に人はあなたほど注意を払わない。彼らには彼らの目標があり、ほかに心配することがある。だから、変わろうとするあなたの努力は職場の人にすぐさま受け入れられないだろう。あなたは、「冬眠の期間」を乗り越えて進まなくてはならない。

「冬眠の期間」という表現をはじめて聞いたのは、ワインに詳しい人の自宅に招かれてディナーをご馳走になったときのことだ。ゲストの一人が、フランスの有名なワイナリーの一二年ものの赤ワインをもってきた。みんなそのワインが飲みたくて、うずうずしていた。だがホストは、「今は飲みごろではないかもしれませんよ」と丁寧に言った。「一二年も経っているじゃないか、もういいはずだ」と私たちは言い張った。そしてボトルをあけ、デカンタに移し、曇り一つないグラスに注いだ。グラスをゆったりと回し、深い香りを吸いこみ、うきうきとテイスティングした。

グラスを置き、たがいに顔を見合わせた。私たちはみんな同じことを考えていた。このワインには味わいも特徴もない。

もう一度、飲んでみた。

意見は同じ。ワインはまったく風味がなく、ボトルのなかで死んでしまったかのようだった。

とうとう、ワイン通のホストが説明した。本当に優れたワインは、何十年ともちこたえ、年を追うごとによくなっていくのだが、「冬眠期間」を必要とする。ワインはボトルのなかで数年眠りつづけ、目覚めたときには劇的に改善を遂げている。ワインによって違うが、だいたい六年から一八年のあいだにそれは起こる。このワインはまだ冬眠中だった。彼が言ったように、私たちは待つべきだったのだ。

個人的に変わろうとするときでも、会社を大きく変革しようとするときでも、どんなプロジェクトについても同じことがいえる。優れたアイデアとは優れたワインに似ている。年とともによくなっていく。が、ワインと同様、冬眠期間があり、その間に落ち着き、広く浸透していく。

あなたにはこういう経験はないだろうか？　社内で問題が出てきて、何がどうなっているのかを調査するようにと、ボスからあなたは大きな任務を与えられた。よく訓練されたＭＢＡなら誰もがするように、あなたは、状況を調べ、問題を見つけだし、それをまとめ、改善案を添えて上司に報告する。新しいアプローチの概略を説明し、それを実践するのにふさわしい人に手渡す。

一カ月が過ぎて、何も起こらない。また一カ月。まだ何の進歩も見えない。六カ月たっても問題は手つかずのままだ。

何がいけなかったのか。

簡単なことだ。あなたは、「一、二、三、七」と、途中をはしょってしまった。

プロジェクトが成功するには七つの段階を経なくてはならない。あなたはそのことを理解していなかった。第一の段階は、状況評価。第二は、問題を切り離す。第三は、対策を考案する。そして第七の実践の段階に至るまでにあと三つのステップがある。

残念なことに、多くの人は四、五、六の段階にはあまり注意を払わない。だが、職場の人にあなたの計画を受け入れてもらうためには、ものすごく重要な政治的ステップだ。段階ごとに異なる相手が対象となる。第四段階では、あなたの上司に承認してもらうために上に向かって説得する。第五段階では、仲間に賛同してもらうために横に向かって説得する。第六段階では、直属の部下に受け入れてもらうために下に向かって説得する。これら三つのステップは、何かを成し遂げるために絶対不可欠なものだ。この三段階を飛ばしたり、ざっとやってしまったりするわけにはいかない。少なくともステップ一、二、三、七と同程度の注意を払わなくてはならない。そうしなければ、あなたは、誰にも見られることも聞かれることもなく、存在すら知られないまま、鍵のかかった部屋のなかで一人働くようなものだ。「一、二、三、七」とはしょってしまうと、まちがいなく、そういう結果になる。

あなたがよくなるように手助けをしてもらうようにするのは、会社の問題を人に解決させるのとまったく同じことだ。どんなアイデアでも、それが影響力を得るまでには時間がかかり、しつこく説得することが必要だ。「宣伝する」のは、職場の上、下、横にいる人々を仲間に引きこみ、あなたの考えに賛同してもらうためだと考えればいい。もしそうしなければ、あなたは自分の問題で「一、二、三、七」の手抜きを犯すことになる。一から六まで数えなくては七に到達しない。

自分で自分の報道担当官になる

もし、私たち一人ひとりが大統領のように報道担当官をもち、彼らが一日中どんな敵から発せられる難しい質問にも回答し、メッセージを自分の望む方向に誘導してくれたら、世の中はもっと楽になると思わないか（私たちにとってはすばらしいかもしれないが、誰もが他の人を「誘導」するような世界に住みたいかというと、どうだろうと思ってしまうが）。

それはともかく、政治家が権力維持のために行なう方法から、学ぶところはある。

とりわけ参考になるのは、メッセージを変えない点だ。何を言いたいかが決まったら、それが人の頭にすっかり沁みこむまで、恐ろしく自制心をきかせ、臆面なくくり返す。騒々しいこのメディア時代に学ぶことが一つあるとしたら、それは、シンプルで単刀直入なメッセージはゴミの山をかき分けて人の胸をグサッと突き、大きな影響力をもつということだ。

あなたが変わろうとするときも、同じこと。政治家が新聞の見出しを飾るような新しい法律を導入するときのように、職場で何か新しい試みにとりかかるときには、ドラマチックに発表するべきだ。

劇的な展開のためには、「謝罪」はもってこいのアクションだ。それまでに犯した罪を謝り、これからはもっとよくなるつもりだと人に話すことほどドラマチックなことがあるだろうか。とくにみんなが、あなたは変わりっこないと思っているときには。

そこで立ち止まってはいけない。謝罪して、よくなります、と一度言うだけでは足りない。何度もくり返し話して、人がすっかり理解するまでメッセージをたたきこもう。

政治家が選挙運動中、同じ広告を何度も何度もくり返し流すのはそのためだ。メッセージをくり返す、それもしつこくくり返すことは、効果がある。メッセージが頭の奥深くに沁みこむ。

みずから報道担当官のように行動するには、次のようにすればいい。

- 毎日が記者会見と思ってのぞむこと。職場の人たちはあなたを品定めしてやろう、あなたが失敗するところを見てやろうと待ち受けている。そのつもりで、まわりの人が注意して見守っていることを意識していれば、気をつけなくては、と自分の行動を意識しつづけるだろう。
- 毎日があなたのメッセージを強く印象づけるチャンスだ、と思って行動すること。あなたがとても真剣にとり組んでいることをみんなに思いださせるように。一日でもその努力を怠れば、一歩、二歩逆戻りすることになる。行動を改める約束から後退することになる。

- 毎日がすべての挑戦者を受けて立つチャンスと捉えること。ひそかに、あるいは公然と、あなたの成功を喜ばない人がいる。だから、天真爛漫な気持ちを捨てて、少し偏執的になること。あなたの失敗を望んでいる人に注意を払っていれば、彼らをどう扱えばよいかがわかるだろう。
- この期間を、選挙運動中と考えること。「新たに改善されたあなた」を選ぶのは、あなたではなく、結局のところ職場の人だ。彼らがあなたの有権者だ。彼らの投票なしには、あなたは変わったと言うことはできない。
- プロセスを一日単位で考えるのではなく、週、月の単位で考えること。優秀な報道担当官は、日々起こる火事を消すのにたけているだけでなく、長期的な議事日程もつねに念頭においている。あなたもそうすべきだ。毎日何が起ころうと、あなたの長期的目標は、対人関係の問題を直そうとしていると認めることであり、もはや問題がないと思われるまでやり抜くことだ。

もし、あなたが優秀な報道担当官のようにふるまえたら、「記者団」はあなたの意のままになるだろう。

9 聞くこと

プロゴルファーのジャック・ニクラスは、グリップを正しく握り、正しいスタンスをとれば、ショットの八割は成功すると言っている。つまり、成功は筋肉を一つも動かさない前に決まってしまっているということだ。

聞くことも同じこと。他人から学べるかどうかは、いかに上手に聞くかで八割が決まる。つまり、何もしない前に、成功するか失敗するかが決まってしまう。

聞くことは受身の行動だと、多くの人が勘違いしている。何もしなくてもよい。でくのぼうのように座って誰かの話を聞けばいい、と思っている。

それは真実ではない。上手な聞き手は、聞くことはとても活動的なプロセスだと考える。すべての筋肉、とくに脳みそをよく働かせる。

聞き上手になるには三つのポイントがある。①彼らは話す前に考える。②敬意をもって話を聞く。

③反応するときにはつねに「言う価値があるか」と自問する。それぞれのポイントを一つずつ詳しくみて、上手な聞き手になれるかどうか考えてみよう。

①話す前に考える

聞くときに、最初にとるべきアクションは、話す前に考えることだ。話していれば聞くことができない。だから、口を閉じるのは積極的な選択となる（よくご存じだろうが、ある人にとって、これは、二〇〇キロのベンチプレスをもちあげるよりも難しい）。

フランシス・ヘッセルバイン以上に聞き上手な人を私は知らない。フランシスは、私が最高の英雄と目する一人だ。彼女はガールスカウトのエグゼクティブ・ディレクターを一三年間つとめ、その間に、沈滞していた組織を再生し、参加者と寄付金を増やし、赤字組織を黒字化した。彼女は名誉学位を一七も授与され、一九九八年には大統領自由勲章を受章している（これは市民に与えられるアメリカで最高の勲章だ）。ピーター・ドラッカーは彼の知るかぎりで彼女が最高のエグゼクティブだと言っている。

フランシスは多くのことを実にみごとに成し遂げたが、わけても優れた点が一つある。それは、話す前に考えることだ。その結果、彼女は世界一流の聞き手である。もし彼女に、聞くことは受身の活動かと尋ねれば、ものすごい自制心が必要で、聞いている話に腹を立てているときにはことにそうだ、と答えるだろう。まったく、そのとおり。私たちは怒ったときに何をするか――とにかく話す。

イライラしたとき、私たちは何をするか――話す。

混乱したり、びっくりしたり、ショックを受けたときには何をするか。このときもまた、話す。それは充分予想できることだから、私たちが考えもせず反射的にキツイ言葉を返すのではないかと相手がすくむのが目に見えるほどだ。

ところが、フランシス・ヘッセルバインは違う。この世の終わりだといっても彼女は口を開く前に考える。何を言うかを考えるだけでなく、どう表現するかも考える。

大半の人は聞くことを、話して、い、な、い、ときにとる行動と思っているが、フランシスは、聞くことは二つの部分からなる活動だと理解している。一つが実際に聞くこと。もう一つが話すことだ。話すことで、私たちがどのような聞き手であるかがわかる。何を言うかで、どの程度よく聞いていたかがわかる。これはコインの裏表だ。

このアプローチは非常に能動的で決断力を要する選択だ。その事実を否定できるものならやってみてほしい。あなたの頭脳と口に何かをするなというのは、その二つに何かをするようにというのと変わらない。

これをマスターできたら、あなたは効果的に聞くことができるようになる。

②敬意をもって聞く

人から何かを学ぶには、相手に敬意を払いつつ聞かなくてはならない。これも、想像するほどたやすいことではない。

こういう経験はあるだろうか？　配偶者が話しかけているときにあなたは本を読み、テレビを観る、あるいは新聞をめくっている。突然、あなたの耳に「私の話を聞いていないでしょ」という声が聞こえてくる。

あなたは顔をあげて、こう言う。「いや、聞いているよ」。そして、穏やかに、言われたことを一語一語くり返して、ちゃんと聞いていたことを証明し、あなたの人生の伴侶が間違っていると証明する。同時並行処理《マルチタスク》の名人芸を見せることで、あなたは何を達成しただろうか。それは賢明な対処のしかただったか。いいや。パートナーは、あなたのことをそれまで以上に高く評価するか。ありそうもない。誰かが、すごいと思っただろうか。とんでもない。

パートナーは心のなかでこうつぶやく。「まあ、この人は私の話を聞いていないと思っていたんだけど。問題はもっと深刻だったわ。この人は、どうしようもない、いけすかないヤツだわ」

敬意を払わずに聞くと、こういうことになる。耳を開けているだけでは充分ではない。体全体で聞いている、というところを見せなければならない。

ビル・クリントンはこれにかけては文句なく達人だった。私と妻は公開討論会で何度か元大統領を見たことがある。国家元首であろうが、ベルボーイであろうが、ビル・クリントンは話しかけられているとき、その場にはあなたしか存在しないかのように聞く。彼の目からボディランゲージまですべてのものが、あなたの話に聞き入って身動きできないと伝える。彼は、彼がいかに重要かではなく、あなたがいかに重要かを伝える。

これは実に能動的な、精神的かつ体力的に骨の折れるエアロビクスのような活動だ。想像してみてほしい。ほんのちょっとあなたと話すことが人生の最高の瞬間だと考えて、行列をして待ち構える五〇〇人の人に、ビル・クリントンがしたように一人ひとり声をかけることを。

まずまちがいなく、あなたは汗だくになるだろう。

③「言う価値があるか」と自問する

人の話を上手に聞くには、口を開く前に、「これは言う価値があるか?」という難しい質問に答えなくてはならない。

私たちの多くは、人の話を聞いているようで、実は次に何を言おうか、頭のなかで考えるのに忙しい。

これは二重の意味でネガティブな行動だ。相手の話を聞かないばかりか、相手を不快にするコメントをしようと考えている。ポイントをはずす、無意味なことをつけ加えようとする。最悪の場合には、傷つけるような口調をしのばせることで、相手を不快にさせてしまう。思わしい結果になるとはいえない。それをやりつづければ、聞くことで心配をしなくてすむようになる。誰もあなたに話そうとしなくなるからだ。

相手の話に対応するときには実に多くの選択肢がある。賢いものも愚かなものもある。核心をついたものも、ピントがはずれたものもある。相手を勇気づけるものもあれば、がっかりさせるものもある。感謝の気持ちをわからせることも、ないこともある。

「言う価値があるか？」と自問すれば、あなたの回答を聞いて相手がどう感じるかを考慮せざるをえない。これで少なくとも二歩先を読まなくてはならなくなるが、そうする人は多くない。あなたが話す、相手が話す、という具合にやりとりするだけだ。それは、一手先しか読めない初心者レベルのチェスのようなものだ。それは、聞くことにかけても最低レベルだ。「言う価値があるか？」と自問することで、議論を超えて、（a）相手はあなたのことをどう考えるか、（b）相手はその後何をするか、（c）あなたが次に話すときに相手はどう行動するか、を考えざるをえなくなる。

「言う価値があるか？」からは多くの結果が考えられる。

あるアイデアを思いついて会議で発表したところ、その場でもっともシニアな人（それはあなたではないと想定しよう）にこきおろされた経験はあるだろうか。あなたのアイデアがばかげていて相手が鋭い指摘をしたのか、あるいは、その逆であったかはどうでもいい。ただ、あなたがどう感じたかだけを考えてほしい。相手のコメントによってあなたは敬意の念を増したか？　相手の非凡な聞くスキルに尊敬の念を新たにしたか？　自分の席に戻って、興奮してまわりの人に話そうと思うか？　その人が参加する会議で、また発言したいと思うか？　答えは、ノー、ノー、ノー、そしてノーだと賭けてもいい。

「言う価値があるか？」と自問せずに反応してしまうとそうなる。他人は、あなたが話を聞いていないと思うだけではない。次の三つの連鎖反応を引き起こしてしまう。①彼らは傷つく、②傷つけ苦しみを与えた相手に悪い感情を抱く（つまり彼らはあなたを憎む）、そして③次回から、彼らは発言しなくなる。

これを続ければ、次のようになる。誰もがあなたのことをバカと思う（個人的な判断だから、害を与えるとはかぎらないが、好ましいことではない）。彼らはあなたのためによい業績をあげようとしない（あなたのリーダーとしての評判を傷つける）。あなたにアイデアを提供するのをやめる（あなたの情報量を減らすことになる）。これはリーダーシップの成功の方程式とは言いがたい。

私の顧客の一人に、売上数十億ドル規模の会社のＣＯＯ（今はＣＥＯになっている）がいる。彼の目標は、もっとよい聞き上手になることであり、心の広いボスだと思われることだった。彼に一八カ月コーチングしたあと、私はこの経験で得た最大の学習ポイントは何だったかと彼に尋ねた。彼は「口を開く前に深呼吸して、『言う価値があるか』と自問する。すると、私が言おうとすることの五〇％は、正しいことであっても言う価値はゼロだということを学んだ」と答えた。

彼はフランシス・ヘッセルバインが知っていたことを学んだのだ。「言う価値があるか？」と自問したあとにとる行動で、聞く能力があるかどうかの判断が形づくられてしまう。話すべきか、黙っているべきか。言い争うべきか、たんに「ありがとう」と言うべきか。どうでもよいひとことをつけ加えるか、口にチャックをするか。コメントに評価を加えるべきか、たんに受け止めるべきか。

会議で何を発言すべきかは私のあずかり知るところではない。私が言いたいのは、価値あることかどうかを考慮するようにということだけ。価値があると思えば、自由に話せばいい。

　このことを私の顧客は充分理解した。その結果、彼は聞き上手で心の広い上司だという評価が急上昇した。そして、彼はCEOに就いた。

「言う価値があるか」の意味するところは深い。聞くことだけにかぎったことではない。実のところ、利己的に「それは私にとってどんなプラスになるのか？」と考えるところから一歩進んで、「相手にとってどんなプラスになるのか」を考えることだ。その結果、考え方に意義深い飛躍が起きる。突如、あなたはもっと大きな観点からものを見ることができるようになる。

　何度も言うように、これはシンプルなことだ。そうすることで、何もかもがよくなる。だが、たやすいことではない。職場における対人関係の問題の大半は方程式どおりに動く。あなたが私を怒らせるようなことを言う。私はあなたに言い返す。そして、私たちは対人関係の危機に陥る（別の言葉に言い換えれば、喧嘩を始める）。地球温暖化について話していようが、社員の採用について話していようが、関係ない。内容は何でもいい。重要なのは、容易に、ささいな行動が職場に摩擦を引き起こすという事実だ。それなのに、私たちは行動パターンが摩擦を引き起こさないと、気軽に想定してしまう。だから、話す前に考えるとか、敬意をもって聞くとか、「言う価値があるか」と自問するといったことにちょっと気をつけるだけでいいのだ。いろいろ考える必要はない。実行すればいいだけの話だ。

「ものすごくすごい」と「すごい」を分けるスキル

ニューヨーク市のステーキハウス《スパークス》のバーに二人の弁護士が座っている。一人は私の友人トム。もう一人は彼のパートナーのデイブだ。彼らはテーブルが空くのを待ちながら、グラスを傾けている。急いではいない。スパークスは、ただ座っているだけでも充分楽しい場所だ。有名なステーキハウスで、巨大なダイニングルームがあり、世界的に有名なワインの品揃えがあり、ニューヨークの裕福で、権力があり、華やかな人々が毎晩やってくる。この日やってきた著名人は、スーパースターの弁護士デイビッド・ボイシだった。彼は店に入ってくるとまっすぐバーに向かい、弁護士のデイブに、「やあ」と声をかけた。彼らは裁判を通じて知っていた。ボイシはトムとデイブの仲間入りをして、ドリンクを注文した。数分後、デイブは電話をかけるために席を立った。それは思いがけず長い電話となった。

ボイシはバーに残って、私の友人トムと四五分もつきあった。

二人の弁護士が何を話したかは重要ではない。

重要なのは、その日のことをトムがどう記憶しているかだ。

「僕はそれまでボイシに会ったことがなかったんだ。彼はバーで私の相手をする必要はなかった。彼の知性も、鋭い質問も、彼の話してくれた話もそりゃ、すごかったよ。でも何と言ってもすごいと思ったのは、彼は質問をすると僕が答えるのを待ってくれるんだ。彼は僕の話を聞いてくれただけじゃない。あのレストランには僕しか存在しないみたいに思わせてくれたんだ」

トムの最後の言葉が、「ものすごくすごい」人と「すごい」人とを分けるものは何かを雄弁に語っている。

トムは人のことをそう簡単にすごい、と褒めるタイプではない。彼は三〇〇人の弁護士が働く著名なニューヨークの法律事務所の経営者の一人だ。彼のパートナー、デイブは訴訟で辣腕の弁護士だ。ボイシはもちろん、法曹界のスーパースターで、ビル・ゲイツとマイクロソフトに対して独占禁止法抵触で争うのに、アメリカ政府が契約を交わした人物だ。二〇〇〇年の大統領選挙でアル・ゴアがアメリカ最高裁判所を相手どって戦ったときに依頼したのも彼だった。

バーで何が起こったかを見てみよう。トムは席に座っていた。デイブは何らかの理由で外に電話をかけるために姿を消した。一方、ボイシはその場に残り、トムの心に残る印象を与えた。ボイシにはトムと親友のように接する理由は何もなかった。二人は異なる分野で活躍しているから、法廷で顔を合わせることも、協力しあうことも皆無と言ってよい。つまり、トムに親切にすることで将来何か得るところがあると計算したわけではなかった。それでも、その場でいちばんの重要人物であるかのように扱われているとトムに感じさせた。話に関心を示し、質問をし、そしてもっとも大切なことだが、彼の答えを途中でさえぎることなく聞いた。ボイシはいつものようにしただけ。疑いもなく彼を大きな成功に導いたであろうスキルを使っただけだ。

誰かと一緒にいるときに、その人がその場でいちばん重要な（そしてただ一人の）人間だと思っているように感じさせる能力は、「すごい」と、「ものすごくすごい」を区別するものだ。

イギリス人の友人が話してくれたのだが、ロンドンのレストランである年老いたエグゼクティブがいつも世界屈指の美女をともなって食事をしているのを見かけるという。彼は、ハンサムなわけでも異性を惹きつける魅力があるわけでもない。背が低く二重あごで、太りすぎているし、はげていて、年齢は優に七〇歳を超えている。友人は一人の女性に、どうしてこの男に魅力を感じるのかと尋ねた。彼女はこう答えた。「彼はぜったいに私から目をそらさないの。女王様が入ってきても、彼は目をそらさないで、一〇〇％私に注意を向けていると思う。それって抵抗しがたいわ」

前にも書いたが、ビル・クリントンもこの点において、ものすごく優れている。彼に挨拶をしようと行列に並んで初めて彼に会うときでも、個人的に一対一で接していても、クリントンは相手についてポジティブなことを言うようにしている。それも大げさに言うのではなくて、あなたにわかるように言うのだ。つまり、彼はあなたのことをあなたに自慢するのだ。それは非常に大切な態度だ（あなたがいかにすばらしいかを自分で話すようにさせられるのではなく、誰かがあなたのすばらしさを、あなたのまわりにいる人も聞こえるようにしながらあなたに話してくれたとしたら、どう感じるか想像してみてほしい。すごく、いいよね。心からその人のために何かしたくなるんじゃないか？）。そしてあなたの言葉に満身の注意を払う。クリントンがアーカンソーのつましい生活からどうして這いあがってこられたかが理解できるだろう。

この貴重な対人関係の手法をどうしてみんな、いつも使わないのか、わからない。本当に重要なときには、私たちはやれるのだから。

異性との初デートで気に入られたいと思うとき、注意を払い関心を示す模範生のようにふるまう。適切な質問をし、返ってくる答えには、外科医が患者の脳手術をしているときのように細心の注意を払う。もし本当に賢ければ、あまりしゃべりすぎないように計算しながら会話するはずだ。

ボスとミーティングをするときには、ボスの言葉すべてを途中で遮ることなく聞くだろう。声の抑揚、何気ないふるまいを心に留め、それが意味するところは意図的かそうでないのかを考える。ボスの目と口をじっと見つめ、微笑んでいるのか、眉をひそめているのかを見ようとする。それがキャリアの先行きを教えるヒントであるかのように。基本的に、ボスを部屋のなかでもっとも重要な人物として接する（もちろん、事実そうなのだから）。

今年の目標が達成できるかどうかの運命を握る見込み客を訪問しているときにも同様にふるまう。準備して、見込み客の個人的な情報を得ようとする。顧客の性格を知ろうとして質問する。顔を見て、売ろうとしている商品をどのくらい強く必要としているのかのヒントをつかもうとする。最高レベルの注意力を払う。

「すごい人」と「ものすごくすごい人」とを分けるものは、ものすごくすごい人は、これをいつでもやっているところだ。彼らは、考えるまでもなくやれてしまう。相手のことを考え、気にかけ、敬意を示すことにかけて、スイッチをオンにしたりオフにしたりすることはない。いつでもオンなのだ。出会う人を重要度に応じて、ランクA、B、Cと区別しない。誰にも同じように接する。そして誰もがやがてそれに気づくようになる。

奇妙なのは、成功の度合いにかかわらず、誰でもこのことをすでに知っている点だ。私はコーチングした顧客に、「あなたが今までに出会った成功した人は、対人関係でどんなスキルに優れていますか?」と単刀直入に尋ねることにしている。表現の方法はまちまちだが、この「相手を特別なかけがえのない存在だと感じさせる」点を全員があげた。ふつうは、(私の友人のトムのように) 彼らがそう感じるようにしてくれる人に、ひどく感銘を受ける。

だから、私はとくに新しいことや受け入れがたいことをしなさいと言っているわけではない。もうすでに知っていることだ。

では、なぜやらないんだ?

その答えは、忘れてしまうから。気が散るから。無意識にできるまでしようという意思の強さがないから。

要するにそういうことなのだ。

このスキルの九〇%は、もちろん、聞くことにある。そして、聞くにはわずかな意思の強さで事足りる。集中すればいいだけだ。そこで、私の顧客の聞くスキルをテストする簡単な方法を編みだした。体の柔軟性をチェックするのに、手で足のつま先を触れるかをみるのと同じくらい簡単だ。目を閉じて、ゆっくりと五〇まで数をかぞえてもらう。一つだけ気をつけるのは、その間何も考えてはいけないという点だ。数をかぞえることに集中しなくてはならない。

ものすごく簡単だろう？　試してごらん。

信じられないことに、私の顧客であるエグゼクティブたちの半分以上は、これができない。二〇から三〇くらいまで数えると、しつこい考えが心のなかに浮かんできてしまう。仕事上の問題、子供のこと、はては昨日の夕食にどのくらいの量を食べたかなどを考えてしまう。

これは集中力のテストのように思えるかもしれないが、実は聞くことの演習だ。なにしろ、もしあなたが、あなた自身（あなたが、好きで尊敬する人のはずだ）が五〇を数えるまで聞くことができないのなら、他の人の話をどうして聞くことができるだろう。

他の演習と同様に、この演習も、弱みを表面化させ、あなたを強くさせてくれる。つま先に触るようにと言われて、手が届かないのであれば、体が硬くなっていることがわかる。そして毎日つま先を触るように練習すれば、やがてあなたの体も柔らかくなる。

五〇を数える練習も同じこと。話していないときには、いかに簡単に注意散漫になるかがわかる。だが、集中力の筋肉、つまり集中しつづける能力を鍛えるのにも役立つ。この練習を定期的にすれば、やがて何にも邪魔されずに五〇まで数えられるようになるだろう。この集中力を新たに身につければ、あなたはもっと聞き上手になる。

それから、テストドライブにくり出そう。

この本を置き、最初に出会う人（あなたの配偶者でも、同僚でも、見知らぬ人でもいい）が一〇〇万ドルの価値があるように感じる演習をしてみよう。以下にまとめたささやかな戦術を試してみてほしい。

- 相手の話を聞く。
- 途中で話をさえぎらない。
- 相手の話を途中で引きとって自分が話してしまうことをしない。
- 「そのことは知っている」と言わない。
- 相手に賛同してもいけない（褒められても、ただ「ありがとう」とだけ言う）。
- 「いいえ」「しかし」「でも」という言葉は使わない。
- 注意をそらさない。相手が話しているあいだ、目をそらしたり、注意をほかに向けたりしない。
- あなたが話すときには、気の利いた質問で文章を終わらせる。それは、（a）相手に注意を払っていることを示すため、（b）会話を先に進ませるため、（c）相手に話しつづけさせるため（あなたは聞き役でいる）だ。
- あなたがいかに賢いか、ユーモアのある人間かを印象づけようと躍起にならない。あなたの目標はただ一つ、相手の人があなたに、賢い、ユーモアがあると印象づけていると思わせることだ。

もしこれらが実践できれば、あなたは途方もないパラドックスに気づくだろう。**あなたが輝こうと思う気持ちを抑えれば抑えるほど、相手の目にあなたが輝いて見える。**このことが起こるのをあまりにも多く目撃しているが、これは滑稽なくらいだ。二人の人が議論をしている。明らかに一人が一方的に話して、もう一人はがまん強く相手の話を聞き、質問をするだけだ。あとで、話してばかりいたほうに、相手のことをどう思ったかを聞くと、相手がおとなしかったのは頭が悪い、情報をもっていない、関心がないからだ、とは絶対に解釈しない。逆に、必ず「いやあ、すばらしい人だ！」と言う。

あなたも、あなたのよいところを引きだしてくれて、あなたがその場でいちばん重要な人のように感じさせてくれる人には同じことを言うだろう。

このテストは能動的に聞くための演習でしかない。新たに見つけた魅力を伸ばす、誘惑のセリフを学ぶ、説得の効果をそれとなく高めるためのボディランゲージを使うといった目的のためではない。目的をもって聞くのだからこれは能動的な活動だ。あなたの目的が相手を一〇〇万ドルの価値があるように感じさせることであれば、あなたは大成功を収めるだろう。あなたは、どうすればよいか、すでに知っている。最初のデート、営業訪問、上司とのミーティングなどでやっていることだ。これからは、それをつねに心がけるように、というだけのことだ。

10 「ありがとう」と言う

なぜ、ありがとうは効くのか

「ありがとう」と言うことが効果的な理由は、それがもっとも基本的な感情、感謝を表わすからだ。感謝は抽象的な概念ではない。それは純粋な感情であり、期待するものでも強要を迫るものでもない。感じるか感じないかだけだ。誰かがあなたに親切なことをしてくれたら、相手は謝意を期待する。感謝しなければ、あなたの評価は下がる。誰かに贈り物をあげたときのことを思いだしてほしい。その人が「ありがとう」と言い忘れたら、あなたはどう感じるだろうか。いいやつだと思うか？　それとも感謝の念をもたないひどいやつと思うか？

感謝することは複雑な感情であり、したがって、表現のしかたも複雑になる。しばしばそれは相手に対して屈する行動、やや屈辱的なことと解釈される。だからこそ、親は子供に「ありがとう」と言いなさい、とつねに注意する。反抗的になりがちな子供に教えるのはかなり難しいことなのだ。

さらに、「ありがとう」と言うことは、エチケットの基本であり礼儀にかなったことである。ほとんどのエチケットのルールがそうであるように、紋切り型で、心から言わなくてもかまわない。私たちは何も考えずに一日中このフレーズを使う。会話の締めくくりのように使うことも多い。たとえば、電話で会話を終わらせるとき、「もう用は済んだ。話をやめよう」という意味合いで使っている。だが、「ありがとう」という丁寧な言葉には力があり人は必ず従う。

「ありがとう」と言うことでいちばんよいのは、激論に発展しそうな会話でも終止符が打てる点だ。誰かに礼を言われたあと、何を言えるだろうか。そのことについて議論をふっかけるわけにはいかない。ただ一つの反応は、「どういたしまして」しかない。

「ありがとう」と言う癖をつけよう。次の二つのステップ、フォローアップとフィードフォワードに移るに際して、このスキルは欠かせない。

感謝のコースで「Aプラス」の成績をとろう

私はカリフォルニア行きの飛行機に乗っていた。突然、飛行機がどーんと沈んだ。戦慄するほどの急降下で、多くの乗客が乗り物酔い用に備えられた袋を手にとり、死ぬかもしれないと考えた。パイロットが穏やかに、「些細な問題」が発生したとアナウンスした。着陸装置が作動しないので、安全に着陸できるように燃料がなくなるまで飛行してから、胴体着陸をする予定だという。燃料がなくなるまでぐるぐる旋回するというのはどんなときでも不安なことだ。「死ぬかもしれない！」と考えるその瞬間、人はじっくり人生をふり返る。「後悔することはあるだろうか」と自問する。

少なくとも私はそうだった。いかに多くの人が私に対して親切であったかと考えた。彼らに感謝の気持ちを充分示してこなかった。

私は自分に言い聞かせた。「もし無事に地上に生還したら、その人たちに『ありがとう』と言おう」。これはとりわけ特別な考えではない。両親が死ぬときになって子供たちがもっとも悔やむのは、両親がしてきてくれたことにどれほど感謝しているかを話さなかったことだ。

飛行機は無事着陸した。私はホテルの部屋に入るなり、今までの人生で私を助けてきてくれた少なくとも五〇人に、感情的な、センチメンタルな感謝の言葉を連ねたハガキを書いた。

その瞬間から、私は謝意を示すプロ、お礼を言う名人となった。私はeメール、手紙、セミナーでいつもお礼を言う。電話を切る前に言う言葉は「さようなら」ではなく「ありがとう」だ。心からそう言う。謝意という点にかけては、私は過激な原理主義者だ。公私ともども謝意を述べたい人たちの上位二五人のリストをつくっているくらいだ。「ありがとう。あなたは私がすばらしい仕事をする手助けをしてくれた上位二五人の一人です」という文章と彼らの名前を金文字で印刷した特別な証明書を用意している。

たしかにこれは少しやりすぎかもしれないが、それを恥じる気はない。私には多くの欠点があるが、謝意にかけては自信がある。私は謝意を資産だと考えている。謝意がないのは、対人関係上の大きな欠点だ。謝意に関しては、私は自分にAプラスの成績を与える。

あなたの目標もそうあるべきだ。

目標達成への足がかりとして、次のような演習をしてみよう（さいわいなことに、飛行機のなかで死と隣りあわせになってアドレナリンを大量に発生させることなしに、できることだ）。

人生をどの程度歩んできたかにかかわらず、あなたのキャリアについて考えてほしい。あなたの成功をもたらしてくれたのは誰か？　頭に浮かぶ二五人の名前を書きだしてみよう。「彼らの支援にいかに感謝しているか、伝えただろうか？」と自問すること。ふつうは、怠っているものだ。

何をするよりも前に（次章に読みすすむことも含めて）、これらの人たち一人ひとりに感謝の手紙を書こう。

この演習は、あなたや他の人をいい気分にさせるためだけのものではない（心に平安をもたらしてくれることは確かだが）。感謝の手紙を書けば、あなたは自分ひとりで成功を手に入れたのではないという事実に、謙虚に向かいあう。つねに誰かが手を差し伸べてきてくれたことに気づく。

もっと重要なのは、そうすることであなたの強みと弱みを認識せざるを得ない点だ。助けてくれたことに感謝するとき、あなたは人の助けが必要だったことを認めている。それはあなたの短所を正確に把握する一つの方法だ。ある特定の分野で改善の必要がなかったのであれば、他人の助けを必要とすることもなかっただろう。それが感謝の気持ちを表わす手紙の副産物だと考えるように。あなたの古い弱点（いまだにあなたが考えるよりも弱いままかもしれない）を認めるのに役立つだろう。

こう書きながら、礼状を書くなんて当たり前で、陳腐なことを言っているなあと自分で思った。だが、感謝の行為がいかにおろそかにされていることか、信じられないほどだ。感謝して充分すぎるということはない。

やがて、謝意を示すことも一つの才能だと気づくだろう。叡智、自己認識、成熟などに肩を並べる才能だ。

友人の弁護士が州の最高裁判所で訴訟事件の弁護をした。その裁判には勝てなかったが、あとで判事は彼を呼びよせて、彼の訴訟事件摘要書の質の高さを褒めた。「楽しく読みましたよ。最終的には、説得できませんでしたけれどね」と判事は言った。

友人は、判事にお礼を述べ、それはノートルダム大学の英語の教授のおかげだと話した。その教授は彼を呼びだして、簡潔に書く訓練を何十回としてくれた。

「その教授にお礼を言いましたか?」と判事は尋ねた。

「いいえ」と友人は答えた。「もう二〇年話していません」

「したほうがいいですね」と判事は言った。

その夜、まだノートルダム大学で教えている教授に感謝の手紙を書き、彼は一部始終を説明した。

一週間後、その教授から返事がきた。友人の手紙が実によいタイミングだったと彼は手紙のなかで言ってきた。教授は何十という期末試験のレポートをのろのろと採点しつつ、レポートを読み、採点することに価値があるのだろうかと思っていたところだった。「君の手紙は、私のしていることには意義がある、と思いださせてくれました」と彼は書いてきた。

これが感謝の手紙の美しく、エレガントなところだ。感謝のコースでAプラスの成績をとれたら、それで悪いことが起こることはない。よいことばかりだ。

11 フォローアップ

フォローアップなしでよくなることはない

「謝罪する」「宣伝する」「よく聞く」「感謝する」という技をマスターしたあとには、「フォローアップ」が必要になる。しかも絶え間なく。さもなければ、何をしても「今月の推奨プログラム」みたいなことになってしまう。

私は顧客に、毎月、職場の人全員に、コメントや提案を求めるようにと教えている。たとえば、先にあげた顧客で、問題を共有して仲間を関与させることができないという問題を抱えていた人は、毎月職場の人に次のように話した。「先月、私はもっとみんなに参加してもらいながら仕事をするつもりだと話しましたよね。そのために私が何をしたらよいか、あなたはアイデアを出してくれました。私がそれをちゃんと実践していたかどうか、教えてください」。この質問をすると、彼らは何をしていても手を止める。変わろうとする彼の努力について考え、頭のなかで進捗度合いを測り、彼が継続して改善するようにさせてくれる。

これを毎月すれば、職場の人はやがてあなたがよい方向に変わりつつあることを受け入れるようになる。あなたがそう言うからではない。彼らの口から出てくる言葉だからだ。「よくなってきている」と私が言えば、信じるのは私だ。私が「よくなっていますか?」と尋ね、あなたがそうだと言えば、あなたがそう信じる。

一九七〇年代後半から八〇年代前半にかけて、ニューヨーク市長をつとめたエド・コッチは、会う人ごとに「僕、うまくやってるかい?」と尋ねることで有名だった。

「僕、うまくやってるかい?」と尋ねることで、彼は自分が努力をしていること、気にかけていることを宣伝していた。

「私は立派にやっている」と肯定的に言う代わりに疑問形で言い、彼の運命は彼らの手にゆだねられているのだと話すことで、コッチは市民を引き寄せ、巻きこんだ。人を、人の心を理解する老練の政治家の本能的直感で、コッチは荒削りながら高度なフォローアップをしていた。ニューヨーク市を変革するだけではなく、市民の市長を見る目にも変化を起こそうとしていたのだ。

質問をくり返し、「僕、うまくやってるかい?」をスローガンにしてしまったことで、コッチは自分の努力を市民の心のなかに焼きつけ、ニューヨーク市の改善プロセスは継続的なものであり、魔法のように一夜のうちに変わるものではないことを思いださせた(三期連続してニューヨーク市長をつとめたのは彼が最後だということもこれで納得がいく)。

いちばん重要なのは、「僕、うまくやってるかい?」と言うことで、コッチは「有言実行」をせざるを得なくなった点だ。そう質問して、「あまりよくないね」と答えられたら、次回「僕、うまくやってるかい?」と尋ねたときに同じ答えを聞かないように努力しなければならない。よくなろうとする全体プロセスのなかで、フォローアップはもっとも時間のかかる部分だ。だいたい一二カ月から一八カ月かかる。だがさいわい、それが違いを生みだす部分だ。

フォローアップはあなたの進捗状況を図るものだ。

フォローアップは、あなたが変わろうと努力をしていることをまわりの人に思いださせるだけでなく、彼らはその手伝いをしているのだということも思いださせる。

フォローアップは、やがて職場の人の心のなかに、あなたの努力を刻みこむ。

フォローアップは、変わることができるのかという職場の人が抱く懐疑心を消し去る。

フォローアップは、よい方向に変わるということは継続的なプロセスであり、一時的な宗旨替えとは違うことを認識させる。

なによりもかによりも、フォローアップは、私たちに実行を迫る。変化へのはずみや勇気を与え、変わるために何が必要かを理解させるだけでなく、実際に実行するようにしてくれる。フォローアップのプロセスを経て、私たちは変わっていくのだ。

なぜフォローアップは効果があるのか

重大な告白をしよう。実は、私は初めのうちフォローアップの重要性を知らずにいた。ある大企業で研修プログラムを準備していたときのこと。たぶん予算金額に目を光らせていたのだと思うが、経営陣の一人が当然の質問を投げかけた。「リーダーシップ開発研修を受講した人は実際に変わっているんですかね」

一瞬考え、さらに考え、それからおずおずと私は答えた。「わかりません」

私は何千人を対象に研修をしてきた。講義に対する熱いコメントを受けとってきた（考えてみればそうしたコメントは、受講者が私の研修は価値があると考えただけだ。実際に価値があることの証明にはならない）。自分は変わったと信じる人から何十通もの手紙をもらってきたが、彼ら以外の人が、彼らが変わったと思ったというわけではない。私は世界的な優良企業で仕事をしてきたというのに、誰もそのような質問をすることはなかった。さらに悪いことに、その瞬間まで、その質問は私の頭をかすめもしなかった。

これは人生の転換期とでもいうべき瞬間だった。それまで、私は三六〇度フィードバックの専門家として成功を収めているとみなされていた。三六〇度フィードバックは、参加型経営コンセプトの一種で、管理職が部下を評価する一方的なものではなく、部下にも管理職を評価させる手法である。この分野における私の貢献は、「オーダー・メイドのフィードバック」であった。「わが社における優れたリーダーになるためには？」という質問に答える調査票を作成していた。私は数字をたたくのが大好きなほうだが、研修を行なった会社に戻り、効果があったかどうか、研修で実践を約束した人たちが本当に実行したかどうかを聞いたことがなかった。私の賢い、すばらしい、実践的な話を聞いて効果を理解すれば、彼らは実行するものと想定していた。

そこで、私はその後二年間というもの、フォローアップ・オタクになった。調査結果を掘り返し、「誰か本当に変わったか」の質問に答えるデータを集めるために顧客企業のところに戻った。

リーダーシップ開発研修に年間数百万ドルを投入する大企業八社からデータを集めた結果、少しずつ統計的に有意な数字が得られるようになってきた。これらの企業は、エグゼクティブ開発研修を真剣に受け止めていた。やがて八万六〇〇〇人の受講者からの回答が手に入った。回答データを調査すると、三つの結論が出てきた。

最初の教訓。**すべての人がエグゼクティブ開発研修に反応したわけではない。少なくとも会社が望み意図していた形には反応しない人がいた。**研修で変えることのできるリーダーもいれば、だめなリーダーもいる。よくなりたいと思わないからではない。私のリーダーシップ開発研修セミナーに八つの企業で合わせて数百人のリーダーが受講した。セミナーの終わりに、今学んだことを職場で実践するつもりがあるかを受講者に尋ねたところ、ほぼ一〇〇%が「イエス」と回答した。一年後、これらのリーダーの直属の部下に、上司が研修で学んだことを職場で実践したかどうかを尋ねた。七〇%がイエスと答え、三〇%が上司はまったく何もしなかったと答えた。この七〇対三〇の比率は、私が調査した八社に一貫して見られ、統計的に美しい安定値を示した。エグゼクティブがアメリカ人、ヨーロッパ人、アジア人のいずれであっても、その数値は動かなかった。つまり、その数値は人間の本性を反映したもので、文化的な刷りこみによるものではないということだ。

　エグゼクティブが研修を受け、学んだことを実践すると約束し、それでいて実行しないのはなぜか？　さらにもう少し研究を進めたところ、その結果は、信じられないくらいおもしろみのない、だがこれまた人間の本性を示すものだった。実行しなかったのは、たんに彼らが忙しすぎたからだった。研修が終わってオフィスに戻ると、仕事が山のように待っている。電話のメモや報告書を読んだり、レポートを作成したり、顧客や取引先に電話をかけたり訪問したり……彼らは日々の仕事に没頭してしまう。

　これが第二の教訓を教えてくれた。**理解することと実践することのあいだには、非常に大きなギャップがある。**リーダーシップ開発研修は、人は理解すれば実行する、という一つの大きな誤った仮定にもとづいている。それは真実ではない。私たちは理解してもやらないことが多い。たとえば、太りすぎは健康に悪いとみんな理解しているが、みんなが実際にダイエットをするわけではない。

　これがわかっても、私が本当に知りたい答えにはならなかった。理解した人のなかの七〇%は実行するとわかっただけだ。実行した七〇%の人が本当によくなったのかどうかはわからない。

　そのとき初めて、私の研修の構想にも、人を変えようとするときにも、フォローアップが欠けていることに気づいた。改善プロセスの一環として職場の人に「僕、うまくやってるかい?」と尋ねてフォローアップするように、と口を酸っぱくしてきたというのに。フォローアップすることで顧客がどの程度効果をあげているのかを、私自身フォローアップして計測することはなかった。私は目標を立てなおし、顧客の改善度だけでなく、改善理由を調査しはじめた。フォローアップが違いをつくり出す、という私の直感は当たった。

八つの顧客企業のうち五社に戻って、エグゼクティブのフォローアップ・レベルを調べた。フォローアップを、将来「リーダー」となるであろう人と彼らの職場の人とのあいだの相互作用と定義し、実際に彼らのリーダーシップの効果が改善されたかどうかで測った。フォローアップは、「しばしば相互にやりとりがある」から「わずか、あるいはほとんどない」の五段階に分けて調べた。

結果は驚くほど一貫していた。リーダーが部下にフォローアップをわずかにした、あるいはほとんどしなかった場合には、リーダーの効果にほとんど、あるいはまったく変化が見られなかった。逆に、リーダーがつねにフォローアップをしている場合には、彼らの効果は劇的に改善したと部下から見られていた。

私の結論はすぐにはっきりと出た。**フォローアップなしでは人はよくならない。**これが教訓その三だ。

後知恵で考えれば、合点がいく。また、ピーター・ドラッカーの「これからリーダーとなる人は、質問することを知っている人だ」という言葉にも合致する。ほかのことはともかく、この調査から、定期的にインプットを求めるリーダーはその効果を高めていることが見てとれる。フォローアップをしないリーダーが必ずしも悪いリーダーというわけではない。ただ、彼らはよくなっているとは見られない。

ある意味で、私たちの調査は、有名な「ホーソン効果実験」が見出したことを再確認した形になる。八〇年前、ハーバードのエルトン・メイヨー教授はウエスタン・エレクトリックのホーソン工場で実験を行なった。その結果、ボスが労働者の仕事に関心を示し関与する度合いが高いと労働者の生産性は向上するとしたのがホーソン効果だ。ボスが見ていると知っているときには、社員はもっと注意して仕事をするという基本的なものから、ボスが社員の福利厚生に配慮していると思うと工場全体のモラルがあがりよく働くようになるというものまで、さまざまある。

同じ結果が私のフォローアップ調査でも得られた。フォローアップは、あなたがよくなろうとしていることを示す。職場の人にフォローアップすれば、彼らの意見を大事にしていることが伝わる。毎月のように定期的にフォローアップすれば、プロセスを真剣に受け止め、職場の人の意見を無視していないとわかってもらえる。ここがフォローアップの重要な部分だ。職場の人にコメントを求めながら、それを無視するかフォローアップしないリーダーは、もっとよいリーダーになろうという気持ちがあまりないのだと受けとめられる。実に論理的なことだ。

この経験から私は第四の教訓を得た。**よりよいリーダー（あるいはよりよい人）になることはプロセスであり、一過性のイベントではない。**それまでエグゼクティブ開発研修は、研修プログラム、やる気を起こさせるようなスピーチ、集中的に行なう合宿研修など、イベントに焦点を合わせていた。八つの顧客企業の経験から、真のリーダーシップ開発は時間のかかるプロセスであると私は悟った。一日では達成できない。ニトログリセリンの錠剤を飲めば「できる」ようなものでもない。

プロセスは体を動かす運動によく似ている。太りすぎで体型の崩れた人がセミナー・ルームに集められていると想定しよう。彼らは運動が重要だという話を聞き、それからビデオテープを観て運動のしかたを学ぶ。数分ほど実際に簡単なエクササイズをやってみたりする。その場にいた人全員が一年後も太りすぎているとしたら、あなたは驚くだろうか？　健康体は運動の理論を理解することからは生まれない。定期的に運動することによって生まれる。

そう。それがフォローアップをしないエグゼクティブ研修ということだ。研修プログラムに出席するだけではよくはならない。研修で学んだことを実践して初めてよくなる。そして、「実践する」という言葉のなかには、フォローアップも含まれている。フォローアップは、よい方向に変わることを継続的なプロセスにする。あなただけでなく、あなたのまわりにいるフォローアップをするチームにとってもだ。継続的に進歩する努力に他の人を巻きこめば、あなたは継続的な成功を約束されたようなものだ。ダイエットを始めて、あなたにとって大事な人が毎月末あなたの体重をチェックしてくれるとわかっていたら、あなたがダイエットをやりつづける可能性は高いだろう。

夜のフォローアップ習慣

私のフォローアップ方法を紹介しよう。

私にはコーチがいる。コーチの名前はジム・ムーア。昔からの友人でコーチングを職業としている。私が世界のどこにいようとも、毎晩私に電話をかけてきて質問をするのがコーチとしてのジムの仕事だ。質問の大半は健康と運動に関するものだ。毎晩質問は同じ。私は正直に答えなければいけない。

これが健康的になろうという目標をフォローアップする私の方法だ。

最初の質問は必ず、「今日は幸せないい日だったかい？」で始まる。私にとって幸せであることはもっとも重要なことだからだ。そうでなければ、ほかのことなどどうでもいい。この質問のあとに次の質問がくり返される。

1　今日はどのくらい歩きましたか。
2　何回腕立て伏せをしましたか。
3　何回腹筋運動をしましたか。
4　高脂肪の食事をとりましたか。
5　どのくらいアルコールを飲みましたか。
6　何時間寝ましたか。
7　どのくらいテレビを観たり、インターネットを漫然とのぞいたりしましたか。

8　執筆にどのくらい時間をかけましたか。
9　リダ（妻）に何かよいことをしたり、言ったりしましたか。
10　ケリーとブライアン（子供）に何かよいことをしたり、言ったりしましたか。
11　たいした意味もないのに自分は正しいとムキになって証明しようとしたことが何回ありましたか。
12　どうでもよい、あるいはあなたのコントロールがきかないトピックに何分くらい時間を使いましたか。

以上が私の質問一式だ。これらの質問は些細な軽いものに聞こえるかもしれない。けれども、深刻な質問では、私はとくに手助けを必要としない。私は働いているあいだずっと、人々に人間関係について話し、その人たちにとって非常に重要な分野でよくなるためのお手伝いをしている。私は年がら年中「深刻」なほうは充分やっている。

だが、私のライフスタイルは健康を損なうようになっている。私は一年のうち二〇〇日は出張していて、飛行場、自動車、コンファレンスセンター、ホテルの部屋で過ごす。妻が教えてくれなければ、どのタイムゾーンにいるのかほとんどわからないままだ。「通常の」スケジュールがあり、一日三食きちんととり、自分のベッドで毎晩休み、「日課」と言えるような運動をする、規則正しい生活を送る贅沢が私には許されない。日常的に出張に出ているという以外に私の人生には日常ということがない。

ジムが毎晩尋ねる質問は、私にとっては実行するのが難しいことばかり、強い意志を必要とするものばかりだ。些細な軽いものではない。重要なことばかりだ。毎晩の電話が私にとっては強制的フォローアップだ（ついでだが、私がジムの質問に答えたあと、ジムは私からの質問に答えるようになっている）。

これは効果がある。私は以前よりも自分を律して執筆するようになった（この本がその証拠だ）。体重を落とし、カフェインの摂取量を減らし、テレビの前で過ごす時間を減らした。この何十年かのあいだでいちばんいい体型になった。

フォローアップの価値に関するプロとしては、驚くべきことではない。しかし、重要なのは、私以外の誰かを巻きこむところにある。毎晩同じ質問を自問して回答を日誌に記入するというやり方もある。でも、私にとってそれはフォローアップとは言いがたい。日記にデータを入力するようなものだ。そして、成功を生みだす確率ははるかに低い（日記をつけはじめてまもなくやめてしまった経験をもつ人はどのくらいいるだろう？）。

ジムは私の友人で相手の感情を大切にする男だ。私はジムをがっかりさせたくない。ジムはつねに私を励まし、アドバイスをくれる。ジムを巻きこむことで、ここに書いたフォローアップのプロセスに沿った形になった。おかげで私は進歩の度合いを計ることができる。私がよくなろうと努力していることを他の人に思いださせることができる。また、私は自分でよくなっていると定期的に確認できる。他の人を巻きこむのは、鏡を手渡してもらい、鏡に映る自分の姿を好きになるよ、と請けあってもらうようなものだ。

あなたもこうすればいい。あなた専用の「ジム・ムーア」をもてばいい。誰かに毎晩電話をしてもらう、しかもお金を払わずに！というのは、相手に申し訳なく思うかもしれない。毎日電話をしてくれるスタミナがあり意思の強い人はそうそういない、と思うかもしれない。

だが、そうだろうか？　私たちの多くは、似たようなことをすでにやっている。

忙しいのに、どこにいようと一日の終わりに年老いた両親に電話し、どうしているか聞く人を私は多数知っている。

近所の忙しいお母さんグループだが、一緒にマラソンや慈善目的の一〇キロレースに出ている人たちを知っている。彼女たちはたがいに毎晩電話をして翌日何時に集まるかを決め、トレーニングの予定を決め、やる気を保とうとしている。

職場の人だが、ヨガに夢中のグループがいる。彼らも忙しい毎日を過ごしているが、仕事のあと、週五回ヨガのクラスに出る時間を捻りだし、クラスのあとに集まって彼らの生活について話しあっている。

わたしたちがこうするのは、両親を心にかけているから、ランニングに真剣で他の人よりよくなりたいと思うから、ヨガで生活の変化を楽しむからだ。だから私たちはきちんとそれをする。

この厳格な姿勢を生活のなかのフォローアップにも広げて、励行することは可能だし、実際そうすべきだ。なにしろ、私たちの行動を変え、対人関係を変えることは、両親のお世話をしたり、健康を維持するのと同じくらい重要なことだろう？

ほとんど誰でも、あなたのコーチとして機能することが可能だ。配偶者、兄弟、息子や娘でもいいし、同僚、親友でもいい。母親や父親でもいい。彼らはあなたが子供のときにはやかましく小言を言っただろう。ふたたび、あなたに「口やかましく」言うことができれば大喜びをすると思う。しかも、今回はあなたの許可を得ての話だ。

あなたがコーチを選ぶときの基準は三つ。

①**コーチがあなたと接触するのが大変ではないこと**（携帯電話のおかげで、これはもう問題ではなくなってきているが）。技術的な問題を、フォローアップしない口実にしたくない。

②**コーチはあなたの生活に関心をもち、あなたのことを心から思う人でなければならない。**チェックリストに沿って、あなたが歯をフロスしたかとかビタミン剤をとったかという問いに答えているときにあくびをするような人はごめんだろう。私の場合、ジム・ムーアは古い友だちだし、私の故郷ケンタッキーの出身だ。おしゃべりは楽しい。たがいに電話をしあうのは、いやなことではない。

③**コーチは前もって決められた質問しか尋ねてはいけない。**あなたの答えにいいとか悪いとかの判断を加えてはならない（注意――コーチが配偶者や両親だった場合、判断を加えないようにしてもらうのは、望みすぎかもしれない）。

その後は、単純なプロセスだ。あなたの生活のなかで、満足しておらず、改善したい点を選ぶ。選んだ分野で改善したい毎日の課題を一〇ほど挙げてリストにする。あまりにも大きな課題だと一日中負担になってしまうので避けるように。そして、あなたの「ジム・ムーア」にそれぞれの課題について一日の終わりに質問してもらうようにする。それだけだ。どんな練習でもそうだが、結果はすぐに現われない。だが、毎日のフォローアップをつづけていけば、リストに挙げた課題をこなすようになっていく。結果は形になって現われてくる。あなたは変わるだろう。もっとハッピーになるだろう。そして、まわりの人も気がつくようになる。

12 フィードフォワードを練習する

私たちの現在地。

あなたは、あなたの前進を妨げている対人関係上の悪い癖が何かに気づいた。

あなたは、職場で、家庭で、あなたにとって大切な人に不快な思いをさせた誤った行動について、謝罪をし、「申し訳ありませんでした。これからはよくなるように努力します」と言った。そして、彼らはそれを受け入れてくれた。

あなたは、あなたのやり方を変えるつもりだ、と宣伝しつづけた。大切な人々に定期的に接し、あなたがよくなろうと努力していることを思いださせるようにしている。あなたの目的に触れ、単刀直入に「私の調子はどうですか?」と尋ねている。

あなたは、聞く、感謝する、という重要なスキルをマスターした。いまや、質問に答えてくれた人の回答によしあしの判断を加えず、途中でさえぎらず、議論をふっかけず、また、否定せずに聞くことができる。口をつぐみ「ありがとう」以外の言葉は言わずにいることで、これを達成している。

あなたはまた、まめにフォローアップすることを学んだ。フォローアップは、継続的な、終わることのない宣伝キャンペーンの一部だと考え、（a）あなたが実際によくなっているかどうかを人から聞きだし、（b）あなたがまだ努力をつづけていることを思いださせる。

これらのスキルを身につけたところで、「フィードフォワード」に移る準備がととのった。

コンセプトも、やることも、あまりにも単純なので、フィードフォワードなんて偉そうな名前をつけて呼ぶのに顔が赤らむ思いだ。だが、シンプルなアイデアがもっとも効果的だということはよくある。非常に簡単にできるから、試さない手はない。

フィードフォワードには、四つの単純なステップがある。

1 あなたの生活にとって重要なことで、プラスとなる違いをもたらしてくれるもので、変えたいと思う行動を一つ選ぶ。たとえば、「私はもっと聞き上手になりたい」など。

2 その目的をあなたの知っている人に直接説明する。誰でもいい。配偶者、子供、上司、親友、職場の人。誰を選ぼうが関係ない。その人がその道の専門家である必要もない。たとえば、「私はもっと聞き上手になりたい」と言えば、組織で働く誰もが、それはどういう意味かを知っている。聞くことの「専門家」でなくても、聞き上手とはどういうものかを知っている。同様に、その人があなたをよく知っている必要はない。まったく知らない人から真実をつくアドバイスを受けることもある。私たちはみんな人間だ。何が真実かを知っている。有意義なアイデアが出てくれれば、それを誰に教わったかはどうでもいい（考えてみると、見知らぬ人は、あなたと過去の関係がまったくなく、過去の失敗をもちだして非難することもないし、というか、それをそもそももちだすことがない。フィードフォワードの「パートナー」としては理想的かもしれない）。

3

その人に、こうなりたいと思っていることを達成するのに、これから先、役立ちそうな二つの提案をしてもらう。この場合、あなたは聞き上手になろうとしている。もしあなたのことを知っている人、あるいは過去にあなたと働いたことのある人に話すのであれば、過去のことには触れないというのが唯一の基本ルールだ。すべて、これから先のことだけだ。

たとえばこう言えばいい。「私はもっと聞き上手になりたいと思っています。私がもっと聞き上手になるのに役立ちそうで、私がこれから先実行できるようなアイデアを二つ教えてくれませんか」

相手はこう答えるだろう。第一に、相手に注意を集中すること。そのためには態勢をととのえる、つまり、聞く態勢をつくること。たとえば椅子に姿勢を正して座るとか、体を乗りだすとかだ。第二に、相手の話を途中で遮らないこと。相手の話にいかに反対しようとも。

この二つのアイデアは、フィードフォワードになる。

4　アイデアを注意して聞くこと。メモをとってもいいが、善し悪しの判断をする、ランクづけをする、提案を批判する、などの行為はどういう形であれ、許されない。これが唯一の基本ルールだ。「それはいいアイデアだ」というようなポジティブなことも言ってはならない。あなたに許される唯一の回答は、「ありがとう」だけ。

それだけだ。二つのアイデアを話してもらう。聞く。ありがとうと言う。そして、別の人にこの同じプロセスをくり返す。フィードフォワードのアイデアを聞く相手を一人に限定することはない。あなたのどこを改善すべきかを教えてくれる最初のフィードバックをたった一人の人に頼ったら、あなたのどこが悪いのか正確な全体像を捉えるチャンスは大幅に減る。それと同じようなものだ。フィードフォワードは何人でも好きなだけ多くの人にすることができる。あなたが使えそうな、あるいは切り捨てるようなアイデア（だが、あなたを混乱させないものにかぎる）を提供してもらえるかぎり、フィードフォワードをやめる必要はない。

私がここで概略を述べたことは、毎日、四六時中交わされるべき、あるいは交わすことの可能な会話の基本的なルールだ。こういう会話がなされることはほとんどない。というのも、職場での会話は、アイデアを二つだけもらう、聞く、ありがとうと言う、といった制限つきで行なわれることがないからだ。職場で通常の丁寧な、礼儀にもとづいた行動をするときにも、私たちは真っ正直に会話をする義務があると思う。なぜかわからないが、誰かと率直な会話を「交わす」とき、私たちはこれを議論と解釈する。そして、成功したいと思うから、議論で勝たなくてはならないと想定する。勝つためにはあらゆる議論のトリックを使う権利があると考える。自分の「論点」の正しさを強めるために、過去のことをもちだすのもその一つだ。

それを考えれば、とげとげしい状況ではなくても、率直な、よかれと思って始めた会話が、相手を傷つけ、誤解を生み、非生産的な憤りに移っていくのは何の不思議もないだろう。

フィードフォワードはこのジレンマを解決してくれる。

フィードフォワードは通常フィードバックと考えられることを劇的に改善したもので、一九九〇年代のはじめ、ジョン・カッツェンバッハとの議論から形づくられていった。通常のフィードバックの方法で組織の改善分野を探しだそうとすると、どうしても限界があることに私たちはイライラしていた。アンケートによる質問は、過去のできごとを何度も何度も思いださせる結果になる。職場での議論が、悪夢のような言い争いに変わっていき、はるか昔に誰が何を誰にしたかといったことを思いださせてしまう。フィードバックは過去に何が起きたのか、組織で何が起きているのかを探るのに、実に役立つツールだが、将来のためのアイデアを提供してくれるとはかぎらない。

一方フィードフォワードは、反対方向に働くフィードバックである。つまり、フィードバックがよきにつけあしきにつけ、あなたが過去にどう行動したかを教えるものであれば、フィードフォワードは将来実践できるアイデアという形で現われる。フィードバックが過去形であるなら、フィードフォワードは未来完了形だ。

フォードフォワードのもっとも優れた点は、ネガティブなフィードバックに直面したときの二つの大きな問題を克服することだ。強い立場にある成功した人々は、ネガティブなフィードバックを聞きたいと思わない（口でなんと言おうと、ボスは批判よりも褒め言葉を喜ぶ）。そして、彼らの部下も話そうとしない（ボスを批判するのは、いかにボスが「話してくれよ」と熱心に言ったところで、キャリア上ろくなことにはならない）。

フィードフォワードは、話を二人の人間がよく知っている要素に落としこむ。もう明らかだと思うのだが（そうでなければ、あなたか私が充分注意を払っていなかったということなのだが）、本書、そして本書に書いたよくなるためのプロセスは、一つの不変のコンセプトにかかっている。

私は、あなたがよくなるために何を変えるべきかを決めない。

あなたが、決めることもない。

彼らがする。

彼らとは誰か？

あなたのまわりのすべての人だ。あなたのことを知っていて、心にかけ、あなたのことを思い、口やかましく言ってきた人たちだ。

あなたがもっと聞き上手になりたいと思ったとしよう。コーチが、どうすればもっと聞き上手になれるかを説明することも可能だ。アドバイスは、まさにそのとおり賛同できるもので、議論の余地のないものだろう。だが、それは一般的なものでしかない。まわりの人に「あなたの話をもっとよく聞くために私にできることは何かありますか？」と聞くほうがはるかによい。彼らの立場から、聞き手としてのあなたをどう見ているか、あなたに特定した、具体的なアイデアを出してくれるだろう。それは、コーチが言う漠然としたアイデアとは違う。彼らは聞くことに関する専門家ではないかもしれないが、彼らは、その瞬間には、あなたがどう聞くかあるいは聞かないかについては世界の誰よりも知っている。

あなたの行動で影響を受けるすべての人があなたの味方になり、あなたがよくなるように手助けをしてくれるようになるまでは、よくなるプロセスが本当に始まったとはいえない。

だからこそ、フィードフォワードが非常に重要なのだ。

フィードフォワードは通常のフィードバックが生みだす障害の多くをとり除いてくれる。

成功する人たちは批判を聞くことをとくに好むわけではないが、将来に向けてのアイデアを得ることは大好きな人種だ。ある一定の行動を変えることが彼らにとって重要ならば、その行動を変えるためのアイデアには何でも食らいつく。そして、アイデアを与えてくれる人に感謝こそすれ、恨むことはない。この点については議論の余地がない。成功する人は自分で決断することを強く望み、彼らが「気にかけている」問題に関するアイデアを受け入れる傾向にある。彼らは「強制された」と感じるアイデアは拒絶する。

これがうまくいくのは、「将来は変えられるが過去は変えられない」からだ。フィードフォワードは願望、夢、不可能なことを克服することは扱わない。

人が「正しい」形になるように手助けをするのは、彼らが「間違っている」と証明するよりもはるかに生産的だ。だからフィードフォワードはうまくいく。フィードバックでは誤りや欠点を話すことが多いが、フィードフォワードでは、問題ではなく解決策に焦点を当てる。

もっとも基本的なことだが、フィードフォワードがうまくいくのは、「フィードバックと違い、その人に固有な問題として捉えない」からだ。フィードフォワードは侮辱や非難とは見られない。改善したいと思っていることに対して、役に立とうとして言ってくれることに気を悪くするのは難しい（とくにその提案を実践することを強制されないのであれば）。

技術的な面から見てフィードフォワードがうまくいくのは、フィードフォワードを受けるときには聞き手でいればいいからだ。私たちは、どう反応しようかと心配せず、聞くことだけに専念できる。「ありがとう」以外の言葉を発してはいけないのだから、何か気の利いたことを言おうと気をもむ必要がない。途中で話を遮ることも許されない。だから、あなたはもっとがまん強い聞き手となる。フィードフォワードを実践すると、他の人が話しているあいだ、「口をつぐみ、聞く」ようになる。

だが、フィードフォワードは一方通行ではない。人からよいアイデアを引きだすのと同時に、その人を守るようにつくられている。

尋ねられて役立つ提案をするのが楽しくない人など、そもそもいるのだろうか。ここで肝心なのは、

「尋ねられて」の部分だ。フィードフォワードでは、尋ねることを強制する。そうすることで、役立つアイデアを出してくれる人の輪を広げることができる。もちろん、尋ねるからには、他の人に答える許可を与えることになる。この許可がいかに貴重か、評価しても評価しすぎることはない。私たちはみんな、私たちが自分を「理解」するよりもはるかに私たちを「理解」している賢い、好意の友だちをもっている。彼らは喜んで手を貸してくれるだろう。人は他人を助けるのが好きなものだ。だが、頼まれもしないのに手を差し伸べるのは失礼だとかでしゃばりだと思って、彼らは差し控えている。自分から尋ねることで、この問題は解決する。

また、このプロセスには苦痛の恐れがない。私の依頼にしたがって二つのアイデアを出せば、あなたは私から謝意を受けるだけだ。恨まれることはない。議論もない。仕返しもない。さらに、あなたが正しくある必要はない。あなたの提案がよいアイデアだと証明する必要はない。私が善し悪しの判断をくださないからだ。私がするのは、受け入れるか無視するかだけ。恐怖や自己弁護をとり除く賢いやり方じゃ、ありませんか？

何にもまして、フィードフォワードは私が大いに好むところの双方向の動きを職場につくり出す。優位に立つ人が批判をするのではなく、二人の職場の仲間がたがいに助けあう。情けは人のためならず、とはこのことだ。

セクションⅣ

「自分を変える」ときの注意すべきポイント

変化のためのコーチ法をどのように使うか、
今やっていることのなかで何をやめるべきかを学ぶ

13 「自分を変える」ときのルール

大きな改善を遂げるのにかかった所要時間の短さでランキングをつけるとしたら、ある大手製造企業の一事業部門の責任者だった男性をトップに挙げる。仮にハーランと呼ぶことにしよう。

ハーランは四万人の部下をもち、この巨大な事業部門ですばらしい仕事をしていた。ハーランは直属の部下から、優れたリーダーだと思われていた。ＣＥＯは、彼が組織を横断的に見る目を養うことにもっと注力して、会社全体にわたってリーダーシップを発揮してほしいと願っていた。

私はハーランにこの演習の流れ――よくなろうと決意し、フィードバックを与えてくれた人すべてに謝罪し、彼らによくなるための努力をすると宣言し、彼らの目からみて改善度合いはどうかと定期的にフォローアップをする――を説明した。ハーランが私の顧客のなかでトップだったと言ったが、彼がいかに早く「わかって」くれたかが記憶に残っている。彼は私の方法を一切合財受け入れ、即座に実行に移した。通常どおり一八カ月かかる仕事だと思っていたのだが、一二カ月もすると、ハーランのフィードバックはそれまでで最短の時間で最大の改善をすでに示すようになっていた。

私はハーランの本社に飛び、彼のオフィスにふらっと入っていってこう言った。「これで終わりです。今までに見たことがないほどの大きな改善を達成しましたよ！」

「なんだって？　まだ始めたばかりじゃないか」

「職場の人とたっぷり時間を使ってフィードバックを集めました。それを忘れないでください。そう、私たちが一緒に過ごした時間が短かったのは確かです。しかし、このスコアを見てください。昨年あなたが抱えていた問題はきれいになくなっています。職場の人はあなたのことを、信じられないくらいみんなを関与させるようになったし、会社全体のことを考えて働いていると見ています。あなたはもう改善しています。私の仕事はひとまず終わりです」

ハーランはこの点について納得してくれた。私はすごくいい気分だった（本当のことを知りたいのなら、悦に入って浮かれているといってよい状態だった）ので、彼の貴重な時間を少し無駄遣いすることにして、質問をした。「このプロセスからあなたは何を学びましたか？」

彼の答えは私の不意をついた。

「君の仕事で重要なのは、マーシャル、顧客の選択だと思ったよ。君は失敗することがないくらい顧客を『厳選』している。すべて君に有利なようになっている」

私が驚いたのは、彼が自分自身について話さなかったからだ。彼は私のほうにお鉢を回してきた。そして、彼はさらに意義深い話をしてくれた。

「君がそのような選択をすることに私は敬意を表する。というのも、私もそうしているからだ。もし私のまわりによい人材がいれば、私は安泰だ。だが、もし間違った人に囲まれたら勝ち目はない」

ハーランがすばらしい顧客だったのは、これも理由の一つかもしれない。彼は、見たとおりシンプルな私の方法のあれこれを見透かして、私のささやかな秘密、私は自分で楽ができるようにしている、という点に注目していた。私はおめでたい人を相手にしない。成功の非常に高い確率をもつ顧客としか仕事をしない。そうしたいと思わない人はいるだろうか。

ジャック・ウェルチはエスクァイア誌の取材で、子供のころ草野球で学んだことをこう語っている。

「小さいうちは、チームに選ばれるのはいつも最後の最後。選ばれたとしても守備はライトだ。大きくなるにつれ、あなたがほかの子を選んでライトに置くようになる。大きくなって一つ学ぶ。いちばんうまい選手を選べば、試合に勝てる、ということをね」

年輪を重ね、成功の仕組みはどうなっているのか、どうしてある人は成功し他の人は成功しないのかを考えるとき、つねに勝つ人は共通の特徴をもっていることに気づく。そういう人たちは自分に有利な状況をつくり出す。それを恥ずかしいとは思わない。

人事採用で次善の人では満足せず、最高の人材を採用するのが、それだ。

貴重な社員を競争相手にとられないよう会社にとどめるためには、いくらでも金を払うのが、それだ。

ぶっつけで交渉する代わりに充分な準備をするのが、それだ。

成功している人について研究すれば、彼らはものすごい障害や不利な条件を乗り越えようとしたのではなく、高いリスク、得ることが少ないことを避けて、すべてが有利になるように全力を尽くしていることに気づくだろう。

たとえば、大きな成功を収めて組織のトップについた人は、最高のアシスタントを手にしているのはなぜか考えたことがあるだろうか。その答えはいたってシンプルだ。成功しているエグゼクティブは、優秀なアシスタントが日々の雑事から自分たちを守ってくれることを知っているからだ。トップ・エグゼクティブがトップクラスのアシスタントに恵まれているのは意図的ではなく幸運のせいだと考えるのなら、自分に有利な状況をつくり出す勉強をもう少ししたほうがいい。

この勝利の戦略は、成功している人々にとっては明白なことなので、これを口にするのも恥ずかしいくらいだ。読者から「当たり前だろが！」という声が聞こえてくるようだ。だが驚くべきことに、自分に不利な状況をわざわざつくり出す人がいる。

一方、対人関係の行動で問題を抱えた人は、人生の真の目的は何かを見失う。次のステップに進むことを妨げているのは何かを、見つけることも、受け入れることもなかなかできない。その問題を直すのにどのようなやり方をとればよいのかもわからない。そして、間違ったことを直そうとしてしまう。言い換えれば、自分で自分に不利な状況をつくりだしてしまう。

次の七つのルールは改善プロセスをスムーズに行なうためのヒントだ。これに従えば、あなたは自分に有利な状況をつくり出すことができる。

ルール1　行動を変えることでは直せない問題かもしれない

何年か前、医療関係のトップ企業のＣＥＯをコーチングする依頼を受けた。彼のフィードバック・レポートはすばらしいものだった。職場の人も直属の部下も、心からこの男を好いていた。彼と接したことがある人で彼を悪く言う人は誰もいなかった。対人関係でこれほど完璧な評価を得る人はそれまで見たことがなかった。

「いったいどうなっているのですか？」と私は尋ねた。「なぜ私はここに呼ばれたのですか？」。会社を変えつつある技術革新を前にして途方にくれている。その結果、部下とコミュニケーションをとるのが難しくなってきた、とＣＥＯは話してくれた。

「あなたはすばらしい方です。あなたと仕事ができたらと思います。でもあなたの病気は私が治せるものではありません。テクノロジーに強い人間を横に座らせて教えてもらう必要があるでしょうが、あなたは私を必要としていません」。彼は胸に痛みを感じた健康オタクのようなもの、たんなる筋肉痛を肺がんだと思っているようなものだった。

対人関係の問題を他の問題ととり違えることはしばしばある。この医療関係の会社の場合、それが明白だった。しかし、行動上の欠点と技術的な欠点の見分けがつきづらいときもある。

ある大手投資銀行のＣＦＯにコーチングするように呼ばれたことがある。仮に彼をデイビッドと呼ぼう。デイビッドはおもしろいケースだった。若く、野望に満ち、よく働き、やる気満々で、目標を達成するぞ、というタイプだが、傲慢で知ったかぶりをするというイケ好かないタイプではなかった。事実、デイビッドはみんなから尊敬され好かれていた。人生をポーカーにたとえるなら、デイビッドはエースを四枚、九を一枚という手を」もっているようなものだった（完璧ではないが、それにものすごく近かった）。

私は、「なぜここにいるのだろう」と考えた。

デイビッドのフィードバックを調べると、おかしな像が浮かびあがってきた。通常見られるような対人関係の問題はまったく見られない。みんなが一様に言うのは一つ。デイビッドにもっと聞き上手になってほしいということだった。彼は人の言うことをきちんと聞かず、彼らの業績を真に理解していないようだという。

これはデイビッドのプラス面と一致しない。分かちあい、忠誠心を起こさせ、人に好かれるエグゼクティブが、聞く能力で低い点をとることはない。話を聞くということは、対人関係の統合的な部分だ。

さらに深く掘り下げていくと、もっと複雑な像が現われてきた。デイビッドはCFOとしてメディアの窓口になっていた。四半期ごとに、アナリストや金融専門のメディアに会社の業績のハイライトを話す。二一世紀に入ってすぐ、この会社も他の多くの金融機関と同じように倫理的な不祥事でつまずいた。だが、他の会社はそんな状況下でもメディアからまともな扱いを受けたのに、デイビッドの会社はひどい目にあっていた。毎日、新聞には会社の評判を貶めるような見出しが躍った。そして、デイビッドはその責めを受けていた。

デイビッドの部下は、なぜ彼がメッセージを正しく伝えないのだろうと不思議に思っていた。彼らは「自分たちはよくやっている」と思っていた。「自分たちはよくやっているのに正しい評価を得ていない。デイビッドは外に向かってそのメッセージを伝える責任を負っているのに、うまくやっていない。ということは、デイビッドは私たちの言うことを聞いていないのだ」と部下たちは思っていた。

論理的な考え方だ。もしあなたが直属の部下であるのなら。

だが、デイビッドにとっては、そうではない。

デイビッドは、聞いたことを無視したわけではない。それは問題ではない。CFOとして、彼は結果を誰よりもよく知っていた。要は、彼がメディアを「うまく操縦できない」のが問題だったのだ。

これは対人関係の問題ではない。スキルの問題だ。デイビッドは確かにコーチを必要としていた。そのとおり。

だが、それは広報のコーチだ。彼は私を必要とはしていない。

フィードバックには気をつけなければならない。正しく行なえば、フィードバックが人を欺くことはない。人々の心の内にあるものを表面化させる。だが、誤った解釈をされることがある（見たいものしか見ない）。読み間違えることもある（そこにないものを見る）。

このことを心に留めておいてほしい。フィードバックは症状を明らかにさせるが、病気そのものを明らかにさせるわけではない。頭痛の症状があるとしよう。たんなる頭痛は時間が経てば消える。だが、脳腫瘍であれば無視できない。治療が必要だ。一時的に景気が下向いた企業でフィードバックをすると、怒った社員が誰かを槍玉にあげて罵ることがある。この場合、必要なのは腹を立てた社員の言い分を聞き、それに対応することだ。

ときには、デイビッドのケースのように、個人の誤った行動とは、一歩も二歩もかけ離れた問題をフィードバックが浮かびあがらせることもある。その場合には注意しなくてはならない。壊れてもいない、修理の必要がない、あるいはあなたには修理ができないようなものを直そうとしているのかもしれない。

ルール2　正しいものを直そうとするように

コーチングをする際、最初にはっきりとさせなければならないことがある。誤ったものを望むことと、誤ったものを選ぶことの違いを理解させることだ。それは微妙な違いだが、現実にある。望むことは、選ぶこととは違う。誤ったものを望むか、誤ったものを選ぶかで、プロセスが違ってくる。

この区別は、心理学者が購買行動を分析した結果、明らかになった。たとえば、セーターがほしいとしよう。次に私たちはそれを欲するにいたった考えにもとづいて、セーターを選ぶ。セーターをほしいと思う理由にはさまざまある。暖かさを求めてセーターをほしいと思う人がいる。手触りが好きな人もいる。見栄えがよい、世界で最高の評判を得ている、いちばん高い（あるいはいちばん安い）、あるいは最先端をいくデザインだ、自分の目の色によく合うなど。セーターをほしがる理由はほぼ無限にある。基本的に私たちがセーターを望むのは、セーターが私たちをもっと幸せにしてくれると思うからだ。望んでいたものが私たちをハッピーにしてくれないとわかると、誤ったものを望んでいたことに気づく。

選ぶのは多少異なる。どのようなセーターをほしいか決めたら、要求を満たすものを広い選択肢から選ばなければならない。一〇〇〇ドルの値札がついたアルマーニの青いカシミアセーターか。あるいはランズエンドの四九ドルの青いウールか。どちらも暖かくしてくれるし、目の色とマッチする。だが、予算が限られているのであれば、後者のほうが前者よりも賢い選択となる。

人々がもっとよく変わりたいと思うときにも同様の区別が生じる。私が最初にするのは、顧客が人生で何を望んでいるのかと、その目標にどうやって到達しようとするのかを切り分けるお手伝いだ。ここでも願望と選択の違いが出てくる。願望の部分には私は関与しない。それは私のあずかり知るところではない。個人の人生の目標に意見をはさむのは、顧客の人生の意義に善し悪しの判断をくだすことだ。それはしない。

だが、その目標にどのように到達するかを選ぶとなれば、私は意見を強く述べる。誤った選択をすれば、彼らは失敗する。ひいては、私の失敗につながる。

そこで何を変えようとするのか決めるお手伝いには、ものすごく時間をかける。

まず、彼らが正しく行なっているのは何で、変える必要があるものは何か、を見る。当然ながら、成功している人は多くのことを正しくやっている。それには修正の必要がない。

それからリストを狭めていく。すべての問題にとり組む必要はない。よくなろう、何かを変えようと決意させることよりも、成功している人々にすべてを変える必要はないのだと説得するほうがずっと骨が折れる。成功している人たちにはやりすぎの傾向が目立つ。七つの短所を挙げたら、そのすべてにアタックしようとする。だからこそ彼らは成功しているのだ。「何かをちゃんと仕上げたいと思ったら、忙しい人にやらせろ」という陳腐な決まり文句が出てくるゆえんだ。だから私の最初の課題は、彼らに「やりすぎてはいけません」と言って、心からそう思わせることだ。

無限の選択肢を与えると、人は混乱してしまうことも私は知っている。あまりにもオプションが多いと、オプションのあいだを行きつ戻りつして、もっともよい選択をしようとする。成功している人たちは正しくあろうとするよりも、間違いを犯すことを毛嫌いする。これでどうしていいかわからなくなって足踏みしてしまうことがよくある。最高のオプションを選ぼうと探し求めて、結局何も決意せずじまいになってしまうのだ。

そこで、私は直さなければならない欠点のうち重要なもの一つだけに注目させる。たいていの場合、私はそれを数字で決めていく。

あなたが私のところにコーチングの依頼にやってきたとしよう。あなたには改善すべき点が五つ、挙げられている。職場の一〇％の人は、あなたが人の話を聞かないと言う。二〇％は、締め切りを守らないと言う。四〇％は、あなたがゴシップを流しすぎると言う。八〇％が、あなたはすぐに怒ると言っている。

さて、どの問題に焦点を絞るべきか？　考えるまでもない。あなたの深刻な問題は「怒ること」だ。五人のうち四人が、あなたは短気だと指摘している。それをまず変えなければならない。

そんなこと、当たり前じゃないかと思うかもしれない。おもしろいことに、明らかな問題を無視して他の欠点にとり組もうという人が、私の顧客のなかでは実に多い。なぜだかはよくわからない。否定したい気持ちからかもしれない。もっとも抵抗が少なく、簡単に直せることから始めたいという自然な気持ちの現われかもしれないし、たんにつむじ曲がりなせいかもしれない。

理由はともあれ、私のコーチとしての仕事は、あなたにもっと感情をコントロールするようにしなければならないと理解させることだ。ほかはたいした問題ではない。忘れていていい。職場の半分以上の人が問題点としてあげていないのだから。こうやって正しく変えるべきことを選べばいい。

ある意味、何を直すべきか選ぶのに苦労する理由がわかる気がする。ゴルフを例に考えよう。ショットの七割はピンから一〇〇ヤード以内のショットだということは一般に知られている。それはショートゲームと呼ばれ、ピッチング、バンカー・ショット、パッティングなどがある。スコアを下げようと思えば、ショートゲームの上達に専念すべきだ。スコアの少なくとも七〇％を占めるのだから。ところが、ショートゲームの練習に精を出している人を見かけるのはきわめて稀だ。大方の人が打ちっぱなしに行って、特大のドライバーでできるかぎり遠くまで飛ばそうと練習する。統計的に見て、これは意味をなさない。一八ホールでドライバーが必要なのは（最大で）一四回だけだ。ところがショートアイアンとパターは少なくとも五〇回は使う。運動的に見ても意味をなさない。ショートゲームはコンパクトで繊細な細かな筋肉の動きを必要とする。ティーからドライバーを振るときの激しい大きな筋肉の動きをマスターするよりもずっとやさしい。競争上も意味をなさない。ショートゲームが上手になれば、スコアがよくなる。そしてライバルを負かすことができる。

数字は嘘をつかない。それなのに、もっとも熱心なゴルファーたちですら、真実を直視せず、本当に直す必要があるものを直そうとしない（毎日バンカーからボールを出す練習をするのは、ティーから大きくボールを叩くほど楽しい練習ではないからだろうと直感で思う。だが、私は判断する立場にはない）。ゴルファーが本当に自分のためになる練習をしようと思ったら、一時間ボールを遠くに飛ばす練習をしたら、三時間はショートゲームに費やすべきだ。ほとんどの人はそうはしない。厳しいゴルフの先生がそばに立ち、毎日決まった練習メニューをきちんとやらせなければ無理だ。

ゴルフのように楽しい（そう、忘れないように）ゲームで、コントロールしやすいものですら、欠点を直すのが大変なのだ。職場で変わろうとするのがいかに難しいか想像してほしい。職場ではその結果が与える影響は大きい。だが、その結果はあなたが一〇〇％コントロールできるものではない。だからこそ、これほど真剣にとり組んでいるのだ。よくなろうと決意することは、困難で英雄的なことだ。実際、私が顧客に拍手を送るのは、欠点を直すプロセスを始めるときだ。終えたときではない。彼らが決意し、私のアドバイスに従えば、彼らの成功はもう約束されたも同然だ。既成事実に拍手を送る必要はない。

ルール3 本当に何を変えなくてはいけないか、を勘違いしないように

私はマットというCFOをコーチングするように呼ばれた。問題は、いつものごとく、対人関係のスキルに関してだった。彼のCFOとしてのスキルには何の問題もなかった。マットはバランスシートを読めるし、銀行員を上回る能力もあるし、会社の財務状況をもっとも健全な状態で維持させる力もあった。実際のところ、会社のキャッシュフローを守る人間として、彼は会社創設以来、もっとも強いパワーをもつCFOとなっていた。お金のかかる案件を遂行したいと思えば、マットに向かって旗をふり手をふって、注意を向けてもらう必要があった。マットはCEOに近い権限をもち、企画を生かすも殺すも彼次第になっていた。

それが問題だった。マットは過度の自尊心を身につけてしまった。無愛想なコメント、軽蔑的な意見という形でそれは現われ、直属の部下もだんだん近寄りがたくなってしまった。

そこで私の登場となったわけだ。

「マット。変わる必要がありますね」と私は言った。

マットは私の話を遮って言った。

「私が本当にしたいのは、九キロ減量して、体をシェープアップすることだ」

「ご冗談でしょう?」と私は尋ねた。彼の経営管理スタイルを変えるのに抵抗されるだろうとは覚悟していたが、フィットネスに話が及ぶとは思いもよらなかった。

「いや。本気だ」

「仕事でよくなるよりも、引き締まった腹を手に入れたいというのですか?」と私は尋ねた。

「そうじゃないからハッピーじゃないんだ。だから私は不機嫌なんだ。それを直せば、ほかのすべてもうまい具合に改善する」と彼は答えた。

彼の正直な態度には敬服したが、彼の論理はいただけない。この点、彼のフィードバックにあるとおりだ。彼は、自惚れといってよいほど自分の考えに捉われてしまっている。彼はすべてのことに答えられると思っている。それが彼の変わらなくてはいけない点だ。

同時に、言い古された言葉だが、健康は何にもまさる。だからマットは正しいのかもしれない。彼が外見、健康、気力にいい気分になったら、ほかのこともすべてうまく収まるかもしれない。

そこで、とりあえず彼に従うことにした。

「ここに、あなたはもう少しまわりの人に神経を使い、ぶっきらぼうな態度をとらず、自分の考えに捉われないようにする必要があると書いてあります。一方、あなたは自分自身にのめりこんでいて、お腹の贅肉をなんとかしたいと思っている。どちらのほうが達成しやすいと思いますか。引き締まった腹、それとも職場の対人関係の問題を一つ減らす?」

「腹」と彼は言った。「たんに意思の問題だろう。決められた運動をして、それを続ければいいだけの話だ」

「まあね」と私は考えた。「それはそのとおりだ。もし、決められた運動をして、それを続ければ結果は得られる。目標は達成可能だ」

だが問題は、それがいかに大変かということだ。維持するのはさらに難しい。だが、マットはそれに気づいていない。

過去二〇年間、私は時差ぼけのせいで眠りにつけず、ホテルの部屋でテレビを観るしかない夜を三〇〇〇日も過ごしてきた。だから、最新のフィットネス機器情報は、深夜の通販番組でいやというほど仕入れている。「一週間であなたはすばらしい気分になれる」とか「すごくいい気分。どんなに簡単かご覧にいれましょう」といったうたい文句はみんな空で言える。

同僚にもっと親切に接するよりも、ボディビルダーのような腹になるほうが容易だと思う理由はわかる。わずかな努力と意思で最高の体型を得られるとメディアがひっきりなしに約束するから、マットの心はゆがめられているのだ。

マットの目的を問題視するつもりはいない。

私は彼の目標設定とその達成方法に懸念をもっていた。そして、その理由に対しても。

私は目標設定と目標達成の研究について学んでいる。その多くがダイエットとフィットネスに関するものだ。というのも（a）ものすごく多くの人がその目標に関心をもっている、（b）計測が容易、（c）記録的な数のアメリカ人が肥満症か、体型が崩れていて、そしてものすごく多くの（そしてやむにやまれぬ）失敗の歴史がこの分野にはあるからだ。ダイエットとフィットネスに失敗する理由は、五つあるという。彼らは次の点を誤算する。

- **時間。** はるか予想以上に時間がかかる。それだけの時間をとれない。
- **努力。** 期待以上に大変なことだ。それほど努力する価値がない。
- **邪魔。** プログラムを守ることができなくなるような「危機的状況」が現われることを想定していない。
- **対価。** 多少改善したあとでも他人は期待したような反応を示さない。人は新たに改善された人をすぐには好きにならない。
- **維持。** 目標を達成したあとで、体型を維持するのがいかに難しいかを忘れている。プログラムを一生続けなければならないことを想定していないために、やがて、後退するか、まったくあきらめてしまう。

私はこのことをマットに彼のオフィスで説明した。引き締まった腹をあきらめさせようと話したわけではない（それで彼がハッピーになるのなら、別に私は気にしない）。私は彼が目標を少しばかり錯覚していることを自覚してもらいたかっただけだ。

体型をととのえることは確かに実行可能だ。多くの人がやり遂げている。だが、容易なことではない。まず、時間がとられ、仕事にまわす時間が減る。テレビの通販、エクササイズの本、スポーツジムのトレーナーたちみんなが言うよりも、もっと努力が必要だろう。超多忙なＣＦＯとしての仕事や家庭でのできごとに邪魔され、棚上げせざるをえないかもしれない。もっと重要なことだが、たとえ彼が目標を達成したとしても、彼が不機嫌でなくなるという成果の保証はどこにもない。逆に、もっと自惚れを増し、自己満足する我慢のならない人間になるかもしれない。さらに、彼が新たに得た体型のおかげで、まわりの人が彼を突然尊敬するようになるという保証もまったくない（それで、恨みを買う可能性すらある）。

　この最後のポイントがマットの心に引っかかったことが彼の態度からわかった。彼はすでに職場の人との関係では窮地に陥っている。個人的に努力してもっとかっこよく見え、いい気分になれたとしても、それが裏目に出て、職場の人との関係がさらに悪化して、まずい立場に立つかもしれないなどとは考えもしなかった。だが、その可能性はある。それは、はっきりと明確に職場の人を無視することになるからだ。マットが自分のことばかりに夢中になるという、もう一つの例でしかない。

　マットのオフィスで腹や腹筋エクササイズのことを話すことになろうとは思ってもいなかったが、この面談は思いがけない成果をもたらしてくれた。ダイエットや健康になろうとして誤算に陥る理由は、何の目標を達成しようというときでも適用できるものだ。正しく目標設定をしようと思えば、始める前に、現実的に考えてどのくらいの努力が必要か、何を成果として得られるのかを直視しなくてはならない。「簡単に直せる」「容易な解決方法」は「長続きする」「意義ある解決策」とはならないことを認識する必要がある。目標を達成し永続的効果を得るためには、多くの時間、勤勉、個人的犠牲、継続的努力が必要であり、そして何年も続くプロセスに没頭しなければならない。たとえそれができたとしても、その結果得られるものは、あなたの期待どおりとはならないかもしれない。

深夜の通販番組を応援することにはならないだろうが、真の変化を遂げようとするときにはものすごく重要なことだ。

「さて」と私はマットに言った。「あなたの職場の人があなたをどう考えているか、お話ししましょうかね」

ルール4　聞かなくてはならない真実から逃げないこと

私は五十代後半だ。これくらいの年齢になると、もっとも重要なフィードバックは、毎年行なう健康診断の結果だ。そのフィードバックは文字どおり生死を分ける情報だ。それなのに、このフィードバックを私は七年間避けてきた。七年間、医者に行かないのはそう簡単なことではない。だが、私は自分にこう言いつづけた。「『健康な食生活』を実行してから健康診断に行こう。エクササイズを始めてから人間ドックに行こう。体型を整えてから診断を受けよう」

私は誰に対して正当化しようとしていたのか？　医者？　家族？　それとも自分自身？

あなたは同じ言い訳をして健康診断を避けたことがあるだろうか？　私がコーチングしたエグゼクティブの半分は、した覚えがあると言っていた。

この行動の背後に多少なりともあるのは、「達成したい」という欲望だ。私たちは医者や歯医者の「テスト」でよい点をとりたいと思うから、準備をするのだ。

だが、この行動のもっと大きな理由は、すでにわかっている真実から、逃げたいという気持ちだ。

医者に行かなくてはならないと知っている。それなのに行かないのは、聞きたくないことを言われるせいだ。健康に関する悪いニュースを聞きにいかなければ、悪いニュースは存在しないと思う。

私生活でも同じことだ。セミナーで、大手企業の営業部門に話をするとき、私はいつも営業部員に向かってちょっとしたテストをする。

「会社は、顧客にフィードバックを聞くように教えますか？」

イエスの一斉合唱。

「それはうまくいきますか？　それで何を改善すべきかわかりますか？」

またしても、イエスの合唱。

次に、男性に注意を向ける。「あなたは家では同じことをどのくらいしますか？　つまり、奥さんに『もっとよいパートナーになるために、私はどうすればいいかな？』と尋ねますか」

イエスの合唱はない。沈黙がつづくのみ。

「あなたたち男性陣は、そうした質問を必要だと思いますか？」と私は尋ねる。

またもイエスの一斉合唱に戻る。「もちろん！」と彼らは声をそろえて言う。

「さて、あなたの奥さんは顧客よりも重要ですよね？」

みんなうなずく。

「では、なぜ家ではしないのですか？」

真実が彼らの頭に浮かび、頭のなかで回るのが見えるようだ。彼らは答えを恐れているのだ。深く胸をぐさりと突くかもしれない。もっと悪いことに、何とかしなければならないかもしれない。対人関係の欠点でも同じことがいえる。私たちは、自分の行動に対して批判を求めなければ、批判されることはないと考えてしまう。

この考え方は論理を無視している。それはやめよう。否定するよりも真実を知るほうがよほどいい。

ルール5　理想的な行動はどこにもない

ベンチマーキング――人や組織には理想的な例が存在するという考え方――は、人をよい方向に変えようとするとき最大の障害となる。いちばん優れたものをお手本にすることで何も得られないと言うつもりはない。だが、やり方がまずいと、よい結果よりも弊害をもたらすことのほうが多い。「完全になりたい」という欲望のせいで「よくなる」ことが遠ざかってしまう。

私の仕事の分野では、成功をもたらす行動のベンチマークはたくさんある。だが、それは寄せ集めの合成品だ。多くの人の多くの例を集めたものだ。ベンチマークとなる完全な人間は、ベンチマークとなる完全な組織と同様、どこにも存在しない。ベンチマークは人の考え方に悪い影響を与える。理想的なエグゼクティブがいて、その人のようにならなくてはいけないと思わせてしまう。

そうなれるわけはないし、すべての人にとって完璧である必要はない。理想のエグゼクティブ像に三九の属性があるとしたら、そのすべてを身に備えろとは絶対に言わない。必要なのは、そのうちのいくつかだけだ。三九の属性のうち、いくつかが身についていなくてもかまわない。重要なのは、問題がどの程度ひどいかだ。ひどい状態で、直す必要があるのか？　もしないのであれば、心配する必要はない。あなたは大丈夫。

マイケル・ジョーダンはバスケット史上最高のプレーヤーだが、彼は野球のマイナーリーグでは並みの選手だった。ゴルフときたら、私が住むサンディエゴの家の半径八〇〇ヤードに住む人たちの間で上位二〇位に入るのが難しいほどだ。この事実に私はすごく安心する。超ウルトラ偉大なスポーツ選手、競技者であるマイケル・ジョーダンは、確かにバスケット選手にとっては唯一無二のベンチマークだろう。だが、その彼が優れているのは一つのスポーツだけ。それなのに、あなたがそれ以上にうまくやれるなんて、どうして考えられる？

職場でも違いはない。あなたの職場を見回してみてほしい。優秀なセールスマンがいる。優秀な経理担当者がいる。マネジャーとして優れた人もいる。だがすべてにトップという人は誰もいない。

だからといって並でいいと言っているわけではない。現実を見ているだけだ。何か一つに力を注ぐのなら、別のことは諦めざるを得ない。すべてを改善しようとするのではなく、いずれか一つ選べばいいだけだ。

エグゼクティブ・コーチという狭い職業分野のなかで、私はさらに得意分野を限定した。私はエグゼクティブが長期的によい行動をとるように変わる手助けをする。私は戦略を扱わない。企業変革も扱わない。情報技術、広報、産業心理学も扱わない。私がしないことを羅列したら何十冊もの本が書ける。それでかまわない。コーチングという分野の、さらに狭い領域で私は最高になろうと決めたからだ。この領域で金メダルをめざせば、ほかのことではスタート台にものぼれないという事実を甘受せざるをえない。

あなたが行動を変えようとする課題にも同じことが言える。一つの問題を選び、それが問題にならなくなるまで「アタック」する。もしあなたが相手の話をよく聞かないのであれば、聞き上手になることを選ぶ。世界一の聞き手になる必要はない。

ベンチマーキングがあるおかげで私たちは高い目標をめざすことができる。だが、独力でやろうとすると、ついついやりすぎてしまうきらいがある。長期にわたってプラスの変化を起こそうというときには、これではいけない。

一つつけ加えておこう。ベンチマークを無視することで、いいことがある。人はふつう、Xがよくなると Yが悪くなるのではと心配する。ゼロサムゲームのように考える。それは真実ではない。統計的にみても、Xがよくなると、それにつられて他のこともよくなる。この事実を裏づける二万のフィードバックが私にはある。聞くのが下手だった人が、もっと人の話を聞くようになれば、敬意をもって人と接するようになった、と見られる。他人の意見に譲歩することで、彼らのアイデアをもっとよく聞くようになる。あなたが意図せずに無視してしまったアイデアが、手の指からこぼれなくなる。すると、人のことを気にかけるもっと参加型のリーダーと思われるようになり、職場のモラルが改善する。そして、当然ながらそれがよい数字に結びついていく。一つの変化ですべてがよくなる。これは統計上の事実だ。

ルール６　計測可能なら、達成可能になる

ビジネスに従事する私たちは、実に多くの時間を計測に使っている。売上、利益、成長率、投資収益率、売上経費比率、四半期ごとの既存店売上高などを測る。優秀なマネジャーやリーダーならすべてを計測するシステムをつくり上げるものだ。それはどのような状態かを知る唯一の方法だ。

私たちはかなりの計測中毒であり、それを文書化する価値に夢中になっていることを考えれば、職場で「ソフトな価値」の計測にもっと力を入れてしかるべきだ。人に対して何回失礼な態度をとったか、何回丁重な態度をとったか、会議で黙れという代わりに人の意見を何回求めたか。不必要に扇動的な発言をする代わりに唇を噛み締めた回数は？　これらは「ソフト」な価値で、数量化は難しい。だが、対人関係の問題では、他のハードデータと同じくらい重要だ。行動を変えようと望み、その功を認めてもらいたいのであれば、考える必要がある。

一〇年ほど前、私はもっと思いやりのある父親になろうと心に決めた。そこで私は娘に尋ねた。

「もっといい親になるにはどうすればいいかな？」

娘はこう言った。「パパ。パパは出張が多いけど、おうちにいないときが多くても平気よ。でも、パパのいやなところはおうちにいるときのことなの。電話で話したり、テレビでスポーツを観てばかりいて、私と一緒の時間をとってくれないわ。この前の週末、パパが二週間出張して帰ってきたとき

に、お友だちがパーティを開いたの。私は行きたかったんだけど、ママが行かせてくれなかった。パパと一緒に過ごしなさいって。だから私はおうちにいたんだけど、パパは私と一緒に何もしてくれなかった。それってよくないと思うわ」

私は傷つき、驚いた。なぜなら（a）娘が私をなじった、（b）私は意味なく娘に苦痛を与えてしまった意地悪な父親だったからだ。もうこれ以上最低の気持ちになることはない。請け合ってもいい。子供が苦痛を味わうのを見たいとは思わない。それが自分のせいなら、なおさら耐えがたい。

私はすぐさま立ち直った。そして顧客に教えるようにシンプルな対応をとった。

私はこう言った。「ありがとう。パパはもっとよくなるよ」

それから私は、テレビ、映画、フットボール、電話に邪魔されずに家族と少なくとも四時間過ごした日を数えはじめた。私はよくなったと胸を張って言える。最初の年に、私は邪魔されることなく九二日間家族と過ごした。二年めには一一〇日。三年めには一三一日になった。四年めは一三五日。

娘との会話から五年後には、私は家族ともっと多くの時間を過ごすようになり、家族を無視していたときよりも事業はうまくいくようになっていた。私は得意満面だった。結果はもちろんだが、有能でサービス面に優れた税理士のように、きちんと文書化したことにプライドを感じた。そのあまり、私はそのときにはもうティーンエイジャーになっていた二人の子供たちのところに行って、「見てごらん。一三五日だよ。今年は何日を目標にしようか。一五〇日でどうだい？」と言った。

二人ともこう答えた。「ううん、パパ。やりすぎだよ」

息子のブライアンは五〇日に下げることを提案してきた。娘のケリーも同意した。最終的には二人ともパパと過ごす時間を大幅に減らすように提案してきた。

二人の反応にがっかりすることはなかった。五年前の娘との会話は目からうろこが落ちる思いだった。それから私は数字に夢中になり、毎年家での業績を改善することに必死になるあまり、子供たちが変化したことを忘れていた。彼らが九歳のときには意味のあった目標も、ティーンエイジャーになればあまり意味がなくなる。

計測の必要性を見抜くだけの賢さ、そして計測の工夫ができるほどの頭脳をもち合わせていれば、何でも計測可能だ。たとえば、どんなに忙しくても、どんなに出張が多くても、家で何日過ごしたかを計測するのは容易だ。カレンダーを見て数えればいい。それなのに、夫、妻、親である私たちのうち何人が、愛する人から離れていることに罪悪感を覚えて家で過ごす日数を数えているだろう。

不思議なのは、このことを職場以外のところでは、実に頻繁に習慣的にやっている点だ。レースに参加しようとするランナーは、つねに走る速度を計測して、毎週何キロ走ったか記録をとる。体型を保つ程度であまり真剣に運動をしていない人でも、ジムで昨日いくらリフトしたかを覚えていて、昨日はXキロだったが三週間後にはXキロ＋二〇％のウエイトをリフトしたいと考える。なのに、どうしてこのような計数的な目標を、本当に大切なことには応用しないのだろうか。

計測しづらいものを計測するすばらしさを一度味わうと、ほかにも大切なことがわかってくる。たとえば、数値目標を定めると、それを達成する確率が高くなる。私は、毎日妻と子供とそれぞれ一対一で一〇分間話すかどうかをチェックすることも始めた。一〇分間はさほど長い時間ではない。だが、ゼロに比べれば飛躍的な改善だ。計測するとやれるようになることに、私は気づいた。気持ちがぐらつくと私は自分にこう言う。「たった一〇分間で、やったという成績が残せる。疲れてはいるけど、だからどうだっていうんだ。ちょっとやればいいだけじゃないか」。この計測可能な目標がなかったら、私はたぶん挫折していたと思う。

ルール7　結果を金銭に変え、解決策を見つける

自分の行動を変えるための計数法は、他の人を変えさせることにも応用できる。とくにお金がかかってくれば。

私の友人のケースだが、彼は子供たちが学校で覚えた下品な言葉を使うのに気づき、「ののしり箱」を家庭につくった。悪態を吐いたら、ののしり箱に一ドル寄付しなければならない。この父親は最初の週に一日数ドルずつ箱に寄付をした。そして初めて気づいた。自分が子供たちのいる前でいかに汚い言葉を使っていたか、という事実に。子供たちがどこで悪い習慣を身につけたのかを彼は悟った。ほかならぬ彼からだったのだ。

罰金を設けると、こういうことがわかる。自分の過ちにお金を実際に払うとなると、もっと気をつけるようになる。理由もなくお金を捨てるのが好きでないかぎり、やがてあなたは自分の行動を変えていくだろう。一カ月もしないうちに、下品な言葉は消えてなくなった。

人の行動を変えさせる動機にはさまざまなものがある。ボーナス、罰金、休暇のご褒美。何でも効果があがるものなら私は認める。簡単なことなのに、問題を終わらせるために金銭的な対価を利用する人がほとんどいないことには驚かされる。これまで二〇年間エグゼクティブ・コーチをしてきているが、二〇〇五年になって初めて一人の顧客が改善プロセスにお金を使いはじめた。彼はアメリカ西海岸にある製造企業のトップ・エグゼクティブで、ガンガンやるタイプだが、彼の問題は情報を他人に出さないという点だった。フィードバックがいかにひどくても、社員からの抵抗がいかに激しくても、彼を変えるのに成功して私は顧問料を手にできるだろうとその会社のCEOは請け合った。「この男はよくなりますよ。どんなことであろうと、彼は失敗するくらいなら死んだほうがマシだと考えるタイプです」

CEOの言うとおりだった。彼との仕事は楽しいものだった。なぜなら彼は絶対によくなろうと固く決意していたからだ。彼は、改善プロセスで重要なのは、自分でもなければ私でもなく、彼の下で一緒に働く人たちだとすぐに悟った。そして、彼は今までに見たこともないようなことをした。このプロセスでもっとも重要なのは、彼のエグゼクティブ・アシスタントであると結論したのだ。彼女は、彼を毎日見ている。彼女は彼の欠点をもっともよく知っているし、彼がよくなるにはどうすべきかをいちばん理解している。また、彼がよくなっているかどうかを確認するのにもっとも適した立場にあるし、もし後退しているようだったら、彼に注意を促すことができる立場にある。そこで彼は、自分がよくなることが、自分と同じくらい彼女にも重要になるようにした。彼は彼女にこう話した。「もしマーシャルが成功して顧問料を受けとったら、君に二〇〇〇ドルのボーナスをあげよう」

一二カ月後、彼女はボーナスを手に入れた。

それまで、私はこの手を考えたことも、見たこともなかった。だがそれ以来、このことをどの顧客にも話すようになった。

問題を終わらせるために罰金を科すこともできる。あるいは、お金を結果に結びつける解決案をつくり出すことも可能だ。いずれも、効果がある。

ルール8　最高の変わるタイミングは今だ

前にも書いたが、何万人ものエグゼクティブが私のセミナーや講演を受けているが、学んだことに従って実際に行動するのは、わずか七〇％の人だけだ。この事実はそれほど恥ずべきものではないと思っている。三〇％がしないだけだ。この数字を私は誇りに思っている。もっと高くないのが不思議なくらいだ。

本書をここまで読み進んできたのであれば、あなたは本書のアドバイスの少なくとも一つぐらいはやってみようと思っていると思う（たとえば、「八つ当たりをしない」はそれほど大変なことではないだろう?）。だが、多くの読者が実行するとしても、まったくしない人も大勢いると私は諦めてかかっている。

私は何百人かの人に、研修プログラム受講の一年後に面接をした。何もしなかった人に、リーダーシップ研修に参加したあと、やろうと思ったことをなぜ実行しなかったのかと尋ねてみた。私の知るかぎり、何もしなかった人の大半は、変化できた人に比べて悪い人であるということはない。彼らの知性が劣るということもない。彼らは等しい価値観をもっている。

　では、なぜやろうとしたことを実践しないのか。

　答えは、夢にある。私がよく見る夢。そして、あなたも夢見るものだと思う。それは、こういうものだ。

　今はさ、ものすごく忙しいんだよな。実際、今日なんかこれまでにないほど忙しい。ときどき、自分は仕事を引き受けすぎていると思う。まったく、私の人生はコントロール不可能だとよく思うよ。だけど、今やっていることは特殊な、今回だけの問題だ。二、三カ月もたてば、この最悪の状態は終わると思う。そうしたら二、三週間休みをとって、いろいろ片づけをして、家族と一緒に過ごす時間をとって、運動を始めよう。すべてが変わる。まもなくそうなるはずだ。そうなったら、こんな滅茶苦茶な生活は終わりだ！

　これに多少でも近い夢を見たことがないだろうか？　この夢をどのくらい見続けているか？　そして、それはどうなっているか？

　そろそろ、忙しくないときを夢見るのをやめる潮時ではないか。そんなときは絶対にやってこない。それはあなたの夢だ。だが、幻想でしかない。

　本物の人間の本物の行動を本物の世界で変えるお手伝いをしてきて、私は苦労して学んだ。「二、三週間したら」ということはありえない。過去の傾向を見るがいい！　あなたが夢見る日の勝ち目はない。明日は今日と同じくらい多忙な日になる可能性が高い。

あなたが何かを変えたいと思うのなら、始めるのに最適のときは今だ。自分の胸に手をあてて考えてほしい。「私は今何を変えたいと思っているだろうか」。そして、実行に移せばいい。それだけで充分。とりあえず今は。

14

部下の扱い方

スタッフへのメモ——私の取り扱い方

何年か前、広報担当のエグゼクティブにコーチングをしたことがある。彼はアシスタントに長く働いてもらえずにいた。完璧と思える人物を採用するのだが、六カ月から七カ月もすると辞めてしまう。元アシスタントの行方をつきとめて、なぜ辞めたのかフィードバックをもらうことはできなかった。そこで私は実験することにした。このエグゼクティブに、彼のもとを去っていたすべてのアシスタントからフィードバックを得たと仮定して、彼のどの点がよく、何が悪かったのかを話してもらったと想像してもらった。そして、次にアシスタントとなる人に向けて「私の取り扱い方法」というメモを書いてもらった。それが以下の文章だ。

私は人とうまくやれるし、アイデアを生みだすのにはもっと優れている。もし顧客が何か問題を抱えていたら、クリエイティブな解決策を考えるのが私の仕事だ。それ以外のことはすべてダメだ。私はペーパーワークが嫌いだ。個人に対してサービスを提供する人間なら当然と思われる儀礼的なことをするのが苦手だ。礼状を出さない。顧客の誕生日を覚えていない。電話をとるのはおぞましい。電話をしてくるときは誰かが問題を抱えているときで、巨額の金額が書かれた小切手を送りましたよとか、宝くじに当たったなんて話であることはないからだ。このことを知っていてほしい。現状はかなり把握しているが、予算を組んだり、費用清算書を書いたり、売上予想を作成するのは好きじゃない。人は私のことをだらしのないマネジャーだと言うが、そのとおりだ。自慢するわけでも卑下するわけでもない。それが事実だ。

個人的には、私はまともな礼儀正しい人間だ。あなたに大声でわめくことはない。仕事がうまくいって、奇跡のようなことがつづくと、私は地球上でもっとも愉快な、もっとも魅力的な人間じゃないかと思うようになる。こういうときには私のユーモアが辛辣だとあなたは思うかもしれない。そのときには個人的に受け止めないでほしい。それよりも、ちょっとやり過ぎですよと言ってくれるほうがいい。私はあまりうるさいことを言わない放任主義の人間だが、忙しくなればなるほど、冷静になる。プレッシャーから楽になろうという私流の反射的な行動だ。クールな態度をとっているからといって、私が気にかけていないと誤解しないでほしい。私は大いに気にかけている。一つだけやってほしいことがある。私の仕事をできるかぎり、やってほしい。私のすることが少なければ少ないほどいい。そうすれば私たちは一緒にすばらしい成功を遂げることができるだろう。


　彼は新しいアシスタントにこのメモを手渡した。彼女はミッシェルという名前で、ミシガン大学を卒業したばかりのピチピチの女性だった。彼女は職につくのがこれが初めてだった。一八カ月ほど経ってふたたび彼に会ったとき、彼の言うところの「アシスタント引きとめ作戦」が功を奏しているのかどうか知りたくてうずうずしていた。

「ミッシェルとはうまくいっていますか」と私は尋ねた。

「ああ、そりゃもう」と彼は答えた。

「どうしてわかるのですか」と私は懐疑的に聞いた。

「だって、昨年のクリスマスに、どの顧客も彼女にプレゼントを贈ってきたんだから。私にじゃないよ。彼女にお礼をするために、豪華なフルーツの盛り合わせとかシャンパンとかをね。アシスタントとして、私の仕事をできるだけやってほしいと言ったことを彼女は、真正直に受け止めてくれた。どうやら、彼女のもとに届くほとんどすべての問題から私を守ってくれて、彼女自身が解決してくれていたんだね。私をどう扱えばいいか言っておかなかったら、こうはならなかったんじゃないかな」

　この話が興味深い（そして元気づけてくれる点）のは、ボスが自分の短所を正確に把握し、そして、彼の部下が彼に同意した例である点だ。つねにそうなるとは限らない。ときにはボスが自分自身について語ることと部下が考えていることのあいだには、とてつもなく広いギャップがある。

そのギャップのもっとも顕著な例は、ボスがこう扱ってほしいということは、ボスの幻想か、そうなってほしいという願望でしかないとスタッフが思ってしまうときだ。何年か前にこのことを経験した。ある事業部門のトップは、公平でえこひいきをしないことに誇りをもっていた。つねづねイエスマンやおべっか使いは嫌いで、業績だけで一軍入りするかどうかが決まると言っていた。残念ながら彼のスタッフは、この「ボスの自己査定」が一八〇度真実からかけ離れていると思っていた。この男はおべっかに弱かった。彼は自分の言うことに疑問を呈されるのを毛嫌いして、つねに彼に賛同する人を引き上げ、賛同しない人を犠牲にしていた。ボスと社員が一体となるチャンスが、毒々しいジョークのネタとなって、溝をさらに深めてしまった。

別のギャップがある例はもう少し微妙なものだ。ボスの自己査定は正確だが、どうでもいい場合だ。エネルギー関連会社のCEOで細かいことに几帳面なことで知られている男性がいた。なにしろ、彼はメモや手紙の文法を直し、句読点を直すほどだった。彼は英語教師から企業の法務部門に転身した経歴の持ち主だった。細かい点にまで注意を払うことで彼は大きな成功を収めた。このエネルギー会社は彼の顧客先で、信じられないほど細かな点にまで注意を払ったことで、この会社を倒産から見事に救いだした。そして、役員会はやはり彼の細部にまで注意を払う点を評価して彼をCEOに指名した。だが、それがトラブルの始まりだった。

彼は「私の取り扱い方法」を書かなかった（そのころ私はまだ、このアイデアを編みだしていなかった）。だが、彼にその必要はなかった。スタッフの書いた文章に対して彼が赤鉛筆をとり上げるたびに、「これは私にとって重要だ」という見誤ることのない信号を送っていた。エグゼクティブのあいだで、新任CEOにいい印象をもってもらいたかったら、完璧な文法と句読点の使い方でメモを書けばいい、という噂がすぐに広まった。もし彼が彼のやり方を変えなかったら、エグゼクティブが一斉蜂起して反乱を起こしたか、エグゼクティブは優秀な文法の専門家集団、ということになっていただろう。

このときに私が呼ばれた。問題は想像がつくだろう。ボスは彼の部下に期待するものは何かの信号を送っていた。そして、それは真実である点、評価できる。だが、部下のエグゼクティブはバカバカしいと思い、会社を経営する方法でもエグゼクティブの能力を判断する方法でもないと考えていた。私は彼のスタッフからのフィードバックを読んでいった。最初のコメントは「年俸五〇〇万ドルは編集者の給料としては法外だ」。第二のコメント「赤鉛筆を捨てろ」。第三は「われわれは小学一年生じゃないんだから」などなど。社内メモの校正をするのは、時間の使い方としてはまずい、屈辱的なことだ、と彼にわからせるのには何カ月もかかった。彼にとって重要なことは、部下にとってはどうでもよいことだった。それは危険な意思疎通の欠如であり、彼も会社もそれを許す余裕はなかった。

この話に触れたのは、スタッフに「私の取り扱い方法」を書くのは自己分析の演習として優れているだけでなく、部下たちとの会話を促進する確実な方法だからだ。だが、気をつけてほしい。あなたのメモは真っ正直でなければならない。社員がメモは正確だと信じなくてはならない。そして、いちばん重要なことだが、それが大切なことだと社員が思わなくてはならない。この三つが揃わないかぎり、メモは自分のところにとどめておいたほうがまだましだ。

スタッフがあなたを押しつぶさないようにさせる

ボスになって何が嬉しいかといって（三人のスタッフのボスであれ、三万人の社員がいる事業部門のトップであれ、どんなボスであっても）、あなたが命令できる点だ。すべてのことに命令できる。あなたが始めようと言えば、会議が始まる。あなたが望む場所で会議が開かれる。もうやめようと言えば会議は終わる。あなたがよいボスであっても悪いボスであっても、配下の者に対して答えることはない。答えるのは彼らだ。

これには危険な隠れた側面があって、すべての権力を得て快適な居場所にもぐりこんでしまうとなかなか見えてこない。

ボスとして、部下にいかに依存しているかをあなた一人はよくわかっている。彼らの忠誠心とサポートがなければ、あなたには何の価値もない。だが、それは一方通行ではないことを忘れてはならない。あなたがスタッフに依存しているのと同じくらい、彼らもあなたに依存している。仕事に直接関係しない形かもしれない。彼らはあなたの注目、承認、愛情を求めている。あなたがカリスマ的なリーダーなら、組織のなかで、部下はあなたと直接接する時間の長さで自分たちのステイタスを決める。このこと自体悪いことではない。リーダーと接してリーダーを観察し、熱心にその行動を見習うことほどよい人材育成の方法はない。だが、この相互依存関係は問題となりうる。

一流の女性雑誌の編集長のケースだ。彼女は驚くほど整然と仕事をこなす女性で、プレッシャーの高い職をうまくこなし、しかも夫と二人の小さな子供との家庭生活を維持するだけのスタミナがあることを誇りに思っていた。彼女はほぼ一〇〇点満点のボスだった。公平で、平等主義で、誰もが自由に彼女のオフィスに出入りできるようにしていた。

完璧であることで彼女が得たものは、期待とは異なっていた。完璧な母親として、彼女は毎晩子供たちと一緒にいるために六時半までには帰宅しようと努めていた。だが、徐々に遅くまで働く言い訳をするようになり、二年もすると彼女はいつも九時半か一〇時くらいまで会社に残るようになってしまった。最初のうち彼女は、それはたんに仕事を好きだからだと考えていた（利益をあげている華麗な雑誌の経営をするのは、ものすごくおもしろいだろう）。だが、問題を分析するにつれ、彼女は、それは自分の問題ではないことに気づいた。彼女のスタッフが彼女に依存しすぎていたのだ。もともとは彼女がオープンで誰もが彼女と会えるようにしたことによるところが大きい。ボスと接するのが容易な環境をつくり出してしまった。だから当然みんなが彼女と接したいと思うようになった。そのためにどんどん彼女はオフィスを後にできなくなっていってしまったのだ。いつも一日の終わりころになるとスタッフがやってきて「一〇分ほどお時間をいただきたいんですけれど」という。完璧なボスだから、彼女は一〇分間つき合う。皮肉なことに、彼女がコントロールしているために、彼女はみずからのコントロールを失ってしまったのだ。

コントロールをふたたびとり戻すために、彼女はスタッフを集めて発表した。「これからは、私のオフィスは五時四五分で閉鎖します。その後は『私とは直接会えない時間』です。直接会えるのは私の子供だけです」

それでは問題の半分しか解決しなかった。彼女は毎晩六時半までに帰宅するようになった。が、スタッフはどうすればよいかわからず、見捨てられた思いにとらわれていた。そこで私の登場となった。スタッフが彼女に依存しすぎないようにするのはよいことだ、と私は話した。だが、それでも彼らはリーダーシップを必要としている。彼らは再度方向性を与えてほしいと思っていると私は話した。

私は彼女に、直属の部下と一人ずつ話し合う機会をつくり、二つのことを話すようにとアドバイスした。

第一に、それぞれの部下に次のように尋ねるように。「あなたの担当責任分野を見ていきましょう。そのなかで、私がもっと関与したほうがよいと思う部分はありますか？　逆に関与しなくてもよいと思う部分はありますか？」。つまり、部下が彼女に直接会って話をしてもよい分野と、してはならない分野を彼らに明確に定義させた。要するに、部下の意向に沿う形で、活力を生みだす方法で、部下への責任委譲をさらに進めたのだ。どの程度責任をもって仕事を進めたいかを彼らに決めさせたのだ。

第二に、次のように尋ねる。「さて、私の仕事を見てみましょう。私のレベルの管理職がすべきでないことを私がしていると思う点がありますか？　心配しなくてもいいような些細なことに私が関与しているとか？」。彼らにどうすれば彼女がもっと自由になれるか、アイデアを出させるように仕向ける。要するに、彼女が六時半までに家に戻れるように手助けをさせたのだ。リーダーから部下に与えるプレゼントでこれ以上のものはあるだろうか。その逆も言える。

彼女には「ありがとう」と言うように注意する必要はなかった。

あなたを必要とする要求の多い部下に出会うことがあったら、このことを思いだしてほしい。あなたの時間をあまりに多くとるからといって、たんに、邪魔しないでくれと言うだけではいけない。部下に乳離れさせるのだが、彼らの意思でそうしているのだと思わせるようにしなくてはならない。彼らに、彼ら自身で何をすべきかを考えさせなさい。彼らのほうから、あなたを必要としない分野はここです、と言わせなさい。上司と直接話していい場合とそうではない場合とのあいだには明確な一線がある。それに気づかせるのはボスとしてのあなたの仕事だ。

自分自身を管理するような行動をやめなさい

スタッフに自分をどう取り扱ってほしいかを話すのはいい。しかし、それは、ボスとボスに管理される部下の関係にある大きな、だが、あまり気づかれていない皮肉な問題を解決するものではない。その問題は何かというと、**多くのマネジャーが、部下は自分とまったく同じであるべきだと考えてしまう**ことだ。行動、熱意、知性、そして知的能力をどう応用するかの点については自分と同じであることをとくに期待する。その点彼らを責めるわけにはいかない。もし私が大成功を収めたボスなら、私は会社全体をクローンでいっぱいにさせようとするだろう——私のクローンで。私のやり方で仕事を進めるのにそれ以上よい方法はあるだろうか。これはごく自然なことだ。可能であれば、私たちはみな、鏡の向こうに毎日見る人間とそっくりな人間を雇おうとする。

同時に、クローンが整然と行進するような組織では多様性が生まれないことも理解している。異なる意見、異なる思考回路、異なる性格が混在する必要がある。私の経験から言えば、集団思考や現状維持の考え方を打ち破って組織を成長・繁栄させるのは、突拍子もない反対意見だ。

また、クローン集団が円滑なチームワークを保証するとは限らない。たとえば、私がマイケル・ジョーダンで、まったく新しいバスケットボールチームを編成するとしたら、私みたいな選手を一人喜んで迎えるだろう。だが、二、三人はもっと背が高くて強い選手でフロントラインをディフェンスさせる。そしてもっと小柄で稲妻のように動ける選手が私にボールをパスするようにさせる。五人のマイケル・ジョーダンで編成されるバスケットボールチームは、アイデアとしてはおもしろいが、機能不全に陥ること間違いなしだ。

たいていのボスはこのことを充分わかっている。だから、自分自身の生き写しのような人材を採用したいという誘惑に抵抗する。だが、だからといってそのメッセージが深く彼らの頭に浸透しているとは限らない。ものすごく感受性のアンテナが強く、人を理解するようなボスに対しても、ときには「あなたはあなた自身を管理しているのではない」と思いださせる必要がある。

このことは、大手サービス企業のＣＥＯをコーチングしはじめたときに、気がついた。そのＣＥＯ

を仮にスティーブと呼ぼう。スティーブは優れたリーダーで、部下に話す価値観どおりに行動することを誇りとしていた。実際、彼は自分のことをリーダーシップのロールモデルだと考えていた。

ほかの顧客と同様、私は、彼の社員が彼のことをどう考えているのかをスティーブに知らせた。社員は全般的にスティーブがCEOであることを歓迎していたが、彼がオープンなコミュニケーションを妨げているというのが一致した意見だった。この点だけが、彼のメッセージと彼の行動が一致していない。言行不一致になっている。

簡単な問題だ。スティーブが変わりさえすれば解決できると私は軽く考えた。社員の話をもっとよく聞き、意見をもっと求めるようにさえすればいい。会議の出席者全員に、彼らの考えを充分聞いてもらったと感じるかと尋ねてから会議を終えるように、と言えばいい。それを一二カ月やそこらやれば、対話の欠如は消えてなくなるだろう、と思った。

ところがそんな単純な話ではなかった。スティーブのスタッフからのフィードバックをよく見てみると、どうもどこか納得がいかない。フィードバックの結果では、彼がオープンな議論をさせないという。一方、彼は考えをコロコロ変えるという。それはおかしい。オープンな議論をさせない人は、ふつう、意見をコロコロ変えない。二つの欠点が一緒にあることはない。

もっと事態を混乱させたのは、このフィードバックをスティーブに報告すると、彼は笑い飛ばして、こう言った。「私にはいろいろな問題があるかもしれないが、対話をやめさせることはありえない。私はいつも部下と話し合っている」

私は、スティーブの部下の一人との話を思いだした。「この点をわかってもらいたいんですが、あの人は自分で自分に議論を吹っかけることにかけては世界チャンピオンなんです。なにせ、彼は大学の弁論部でスターでしたから」

ようやくフィードバックが意味をなすようになった。

何度も何度も社員はスティーブのところにアイデアをもっていく。弁論のチャンピオンだった彼は、すぐさま弁論モードに入って、アイデアで何か抜けている点をついてくる。社員は、部下としてボスから猛襲をかけられて、彼の面前では口を閉ざさざるを得ないようになる。二人の人間が二つのまったく異なる見方をする。スティーブはオープンな議論をしていると思う。社員は、完全にやっつけられたと思う。

スティーブは自分自身で議論をすることで、問題をさらに複雑にしていた。社員が「これをやってみたらどうでしょう」と提案する。スティーブはそれを承認する。彼は全員にその提案を支持応援するようにという。だが、数日後、自分自身で大いに議論を重ねるだけの時間をとったあと、「もしかしたらそれほどよいアイデアではないかもしれない」と意見を変える。彼は、オープンに新しい考えを受け入れているつもりでいる。だが、スタッフは全員、彼に混乱させられたと思う。

リーダーの立場でそれをやってはいけないという点には深入りしないでおこう。二〇〇人の人に丘を越えていこう、と言う。彼らがやる気になり動こうとした途端、「ちょっと待った。もしかしたらあまり賢い計画じゃないかもしれない」と言う。それを数回くり返せば、誰もあなたと丘を越えようとは思わなくなる。彼らは座ったまま、待つようになる。

ま、それは置いておいて、スティーブに問題を理解させることに焦点を絞ろう。私は「誤った推論のゴールデン・ルール」と呼んでいる。ボスは部下が彼とまったく同じだと考え、論理的に推論して、ボスが望むことは部下も同様に望んでいると考える。**人がこうしてくれると私は嬉しい。だから私も他人にこのようにしてあげる。**きっちりゴールデン・ルールに則っている。

スティーブに、彼が活発な議論を好むのは、それが彼の強みに働くからだろうと指摘すると、彼は同意した。「派手にやり合って議論してくれるのは好きですね」

「なるほど。でも彼らはあなたとは違う」と私は言った。

「何がいけないのですか?」と彼は尋ねた。「自分の意見をはっきり言い、誰かが意見を言って、健全な議論をする。それの何がいけないのですか?　私は大好きだ」

私はこう答えた。「ええ。そうでしょう。でもあなたはボスです。彼らは違う。あなたは大学の弁論部でスターだった。彼らは違う。これはフェアな戦いじゃない!　あなたは彼らに、『君の負けだ。私の勝ちだ』と言っているのです。彼らがこのゲームであなたを打ち負かす確率はゼロです。だから、彼らは乗ってこないのです」

「そんなことはない」と彼は反論してきた。「私と同じくらい好むスタッフもいる」

「それが問題なのです」と私は言った。「あなたの議論のスタイルがうまくいくときもあります。とくに、すべての問題をあらゆる角度から見て議論するのを楽しみ、舌戦の一騎打ちにひるまない人であるのなら。もしスタッフがみんなそうであれば、あなたに問題はないでしょう。残念ながら、部下の九九%はその人のようではありません。他の人には成功しなかったことが、その人一人には成功しています。なぜか？　その例外的な一人の社員は、あなたそっくりだからです。でも、あなたがあなた自身を管理して何になるのですか」

例によって弁論チャンピオンのスティーブは白熱した議論に私を呼びこもうとした。さいわい、「あなた自身を管理して何になる」というセリフが命中した。突如、彼は理解した。彼にとってよいことはみんなにとってもよいことだという、正しくない想定のもとに運営していたことに彼は気づいた。

その瞬間から、スティーブの改善は間違いなしとなった。彼は議論したいという自分の気持ちに気をつけて、部下に大きく不利に働く状況のときにはその気持ちを抑えるようにした。彼はみんなに過去の過ちを謝罪して、今後はよくなると約束した。会議では、つねに部下に意見を述べるように促し、彼らに反論するときには、一回、二回、三回考えてから言うようになった（人の考えに反論するのは悪いことではない。スティーブの目的は対話を促進させることであり、どんなバカげた意見にもなすがままになることではない）。彼はフォローアップをして、この点を改善しようとしていることを部下に思いだしてもらうようにした。そして、さらによくなるにはどうすればいいか、彼らの意見を求めた。

一夜にして彼が変わったわけではない。変わるためには、あなたを評価する人の心を捉える時間が必要だ。前にも言ったように、一〇%の評価を得るには一〇〇%変わる必要がある。一八カ月後、スティーブは以前よりもよいボスになったと見られるようになった。彼は以前とそれほど変わっていない。彼はいまだに自分自身と議論するのが好きだし、部屋にいる人と議論するのも好きだ。ただ違う点は、彼の部下が彼と同じように感じるとは限らないという事実を受け入れるようになったところだ。

スティーブにコーチして以来、私は上司と部下のあいだのアンフェアな戦いに、より注意を払うようになった。

以前友人が話してくれたことだが、彼女のボスは文書整理にうるさかった。彼は長く弁護士として働いてきたから、証拠やペーパーワーク、完璧なファイル作成管理にせっせと時間をかけていた。マーケティングのコンサルティング会社を興したときも、彼の文書好きは変わらなかった。彼はいまだに何でも保管しておく。それはよいのだが、他の人も彼と同じくらい熱心に文書を保管することを期待した。会議では、誰かがうっかりしていたことを大昔の手紙やメモを証拠に叱責する。みんなそれを知っていた。

この行動は、誤った経営スタイルの典型であり、典型的な誤った推論のゴールデン・ルールだと私は解釈した。この優れた起業家は、会社のオーナーとしてすべての文書を見ることができるが、部下はそれができないという点を見過ごしていた。彼は彼にしか勝ち目のない戦いをけしかけていることを理解していなかった。彼は書類、文書整理が大好きだ。が、他の人もそうだと誤って想定していた。

いったん目につくと、ここかしこに同じ問題があるのがわかる。己の欲するところを人に施すのはよいことだ。だが、経営ではつねにそうとは限らないことを忘れてはならない。あなたがこう管理してもらいたいと思うことを部下にしているのであれば、あなたは一つのことを忘れている。あなたはあなたを管理しているのではない、ということを。

命令と実行のギャップ

最近、あるCEOに会った。彼は会社のミッションと会社のめざす方向を社員が理解しないのはなぜかわからないと言った。

「会議でちゃんと説明した。要約してメモもつくった。これがそのメモです。実に明確でしょう。これ以上、社員は何を望んでいるのだろう?」

一瞬、彼は冗談を言っているのかと思った。彼が洗練された皮肉のセンスをもつ人物かと思ったのだ。会社のミッションやビジョンは、命令やメモで理解させるものではない。また一夜にして達成されることもない。この賢いCEOなら知っていて当然だろう。だが、彼の顔に浮かぶ、傷ついたような印象から、彼は本当に真剣で、(経営のこの一部分だけかもしれないが)まったく手がかりがつかめないでいることが見てとれた。

「状況を見直してみましょう」と私は言った。「このメモをどうやって配布したのですか?」

「eメールで会社の全員に送信しました」と彼は答えた。

「なるほど。しかし、私の直感ですが、あなたにわかっているのはメモの配布の方法だけですね。何人の人が実際にメールを開いて読みましたか？」

「わかりません」と彼は言った。

「そのなかで、何人がメモを理解したと思いますか？」

「まったく想像がつきません」と彼は言う。

「理解した人のなかで、何人がそれを信じたでしょう？」

彼は頭を横に振った。

「数はだいぶ少なくなってきましたが、この信じてくれた人のうち何人が覚えているでしょう？」

またもや彼は残念そうに頭を振った。

「会社の存在にとても重要だと考えている割には、わからないことがずいぶん多くありますね」と私は言った。「だが、まだ終わりではありません。メールを受けとらなかった人、読まなかった人、理解しなかった人、信じなかった人、そしてメモを覚えていない人を全部さし引いて――一人も残らないかもしれませんが――、そのなかの何人がメモに書かれた内容を実行しようと思ったでしょう？　メモを見て、何人の人が会社のミッションに夢中になるでしょう」

ＣＥＯが悔いるように「わからない」と言ったのが聞こえたように思うが、このときまでには彼の声はほとんど聞こえないくらいになっていたので、確かではない。

顧客を意気消沈させ、くじけさせることは私のミッションではないので、彼の気持ちを楽にさせるために、話題を変えることにした。問題は彼にあり、彼のメモではないと指摘した。

「あなたが唯一咎められるべき点は」と私は言った。「メールを送信して、そこで終わりにした点です」

「はあ?」と彼は言った。

「あなたは、ミッションを明確にし、メモを書いて全社員に送信したところで、仕事が終わったと考えましたね。TODOリストの一つを終えたかのように、あなたはこの件を、『済み』としました。そして、さて次だ、とやったわけです」

彼の目から徐々にうろこが落ちていくのを見て、会社が機能しないもっともひどい理由は何か、私の信じるところをもう少しプッシュしてみた。それは、理解することと実行することとのあいだにはものすごいギャップがあることにマネジャーが気づかない点だ。リーダーシップ研修は一つの大きな誤った仮定のもとに行なわれる。人は理解すれば実行に移す、という仮定だ。それは真実ではない。私たちはみんな理解していても、たんに、やらないことがある。11章で書いたように、私たちは過度の肥満は体に悪いことを知っている。だが、みんながみんなその状態を変えようとしてエクササイズをするわけではない。

このCEOも、他のエグゼクティブと同様、彼らの組織は厳格な命令系統に則って効率よく動いていると信じていた。ボスが「飛べ」と言えば、部下は「どのくらい高く飛びますか」と尋ねる。完璧な世界では、部下はすべての命令に従う。たんに従うばかりではなく、正確に迅速に実行し、命令は既成事実となる。ボスはフォローアップなどする必要がない、絶対に。言ったことはちゃんと実行されるからだ。なんたって、彼はメールの送信ボタンをクリックして「一丁上がり」としてしまったのだから。

なぜボスたちがこのように考えつづけるのかわからない。彼らの命令が厳格に実行されないことがあると考えるのは、彼らのエゴが許さないのだろうか。部下が命令に従っているかどうかチェックするのが面倒で怠けているせいだろうか。だらしなくて、厳格なフォローアップの手順を守れないからだろうか。あるいは、フォローアップなんぞは彼らのすべきことではないと思っているのだろうか。理由はともあれ、彼らは考えるまでもなく人は理解すればやるものだと、仮定している。

ありがたいことに、私の顧客のCEOを含め、どのマネジャーにも、この誤った信念を直す簡単な治療方法がある。それは「フォローアップ」と呼ばれるものだ。メッセージを出したら、翌日、部下にそれについて聞いたかと尋ねる。次にそれを理解したかと尋ねる。それから数日したら、何かしたかと尋ねる。賭けてもいい。最初のフォローアップの質問が彼らの注意を喚起しなかったとしても、次の質問は喚起する。そして最後の質問もそうだ。

あなたの社員に偏見をもつのをやめる

私は社会人になってからというもの、人生の大半を職場における人々の行動を変えさせることに費やしてきた。変化は簡単な方程式だと私はつねづね言っている。不愉快な行動をやめれば、不愉快な人だと見られるのが止まる。まったく簡単なことだ。これを教えてお金をもらえるなんて信じられないくらいだ。

人々の考え方を変えることについても同じことが言えればいいのにと思う。最近ではこのことも、私の仕事の重要な一部となってきた。その主な理由は、組織における社員の役割、そして組織との関係の考え方に急激な変化が起きてきたからだ。雑誌ファストカンパニーが、一九九八年に「フリーエージェント国家」という悪名高い特集を組んでその問題を提起した。当時は過激な考え方だったが、その特集は「組織人」は死に絶えたとした。そして、企業で業績をあげる社員は、もはや会社のために自分の人生を犠牲にすることは考えなくなったとした。賢い社員は、会社のニーズに合わなくなれば会社は「自分たちを即切る」だろうと考え、そこで逆に、彼らのニーズに合わなくなったら、「会社を切る」ことをためらわなくなった。フリーエージェントの世界では、社員は大きなシステムの歯車の一つではなく、小規模な自営業者のように働く。

このフリーエージェントのウイルスが広まるのには少し時間がかかった。だが、私の言葉を信じてほしい。今や、流行病になっている。ボスが考え方を変えねばならないところまで、この病気は蔓延してきた。

この職場における変化に圧倒され混乱しているマネジャーに対して、私が最初にするのは、彼らが社員に偏見を抱いていると理解させることだ。こういうと必ず彼らの注意を引く。「私が？　偏見をもっているだって？　とんでもない！」。だが偏見が、人々の実態、あるいはその人たちが自分を見る目と一致しない頑固で偏狭な信念という意味であるのなら、これはまさに偏見そのものだ。この変化が理解できないマネジャーは、時代遅れの危険な頑固者に成り下がっている（若い女性はそのうち出産のために仕事を辞めていく、だからキャリアには真剣にとり組まない、と考えて若い女性の採用を拒むマネジャーとなんら変わらない。みんながこのように考えていたのは、さほど遠い昔ではないことを忘れがちだ）。フリーエージェントに対する偏見はいろいろな形で現われる。だが容易に陥る偏見は次の四つだ。

1　彼らが何を望んでいるのかわかっている

これは最大の偏見だ。そしていちばん理解しやすい問題だ。従来すべての経済モデルは、お金が社員にとって主要な動機であるとしてきた。そこでボスは社員に最高の給料を払えば、最高の業績をあげてもらい、愛社精神をもってもらえるものと想定する。残念でした。もはやそうはいかない。

キャリア形成を考えるときにお金が重要であることは否定できない。だが、業績のよい社員は資金的余裕がでてくると、ある時点で、たとえ程度は弱くても他の要因を優先させるようになっていく。経済学者レスター・サローが『富のピラミッド』のなかで指摘したように、フリーエージェントは、キャリアの一時点で彼らの経験が経済的価値をあげる代わりに下がるというパラドックスに向きあう必要がある。知識の有効期限は、とくに技術的知識のそれは、引きつづき短くなってきている。そこでフリーエージェントは、彼らの知識を広げてくれるような新しい職に就き、彼らの経験の価値が下がる前に価値を上げようとする。そして、もっと満足のいく、そして大いにありうることだが、もっと多額のお金を対価に得る。

あなたの会社の有能な社員が、もっと少ない給料で別会社の別の仕事に移ったのを不思議に思ったことがあるのなら、それは、偏見のせいだ。

この偏見が、不注意にあるいは冷酷に使われると、よい人材を追いやってしまう可能性が充分ある。巨大な資産をもつ起業家がびっくりしたと話してくれた社員のことが思いだされる。その企業家はある高給取りのライターを気に入っていた。だが、その社員は締め切りを守らないことで有名だった。そのライターの締め切りに無頓着な態度を変えたいと彼は思った。そこで彼は一見単純なアメとムチのしくみをつくった。毎月の締め切りを守るたびに、そのライターに五〇〇ドルのボーナスを与えるようにしたのだ。だが、何の効果もなかった。それでもライターは締め切りを守らなかった。明らかに彼は充分なお金を得ていたので、追加の五〇〇ドルはたいした違いにはならなかった。ボーナスを三〇〇〇ドルにあげても同じことだった。ボスがライターの給料を三〇〇〇ドル減らす手に訴えたときに初めて彼は行動を変えた。経済学者は、これを「損失回避」と呼ぶ。同額のものを得るよりも同額失うことのほうが大きなインパクトをもつ現象だ。何が社員のやる気を起こさせるのかを理解しないのは偏見だ。ライターは数カ月締め切りを守ったが、六カ月しないうちに会社を去った。

明らかに、ライターはよい業績に対する報酬には注意を払わなかったが、悪い成績に対する罰則には強く反応した。ボーナスは彼のやる気を起こさなかった。減額は、彼を侮辱した。この起業家は彼の行動を変化させる方法は考えついたが、同時に彼を辞めさせてしまった。フリーエージェントというやつは、実に厄介なものだ。社員を動かすものは何かがわかっていると思っているなら、まずは、あなたに偏見がないかどうか確認しておくべきだ。

起業家とライターの場合だが、私ならどうしたか、よくわからない。できることは起業家に従来のアメとムチはもはや効力をもたないと言うくらいか。明らかに、お金というニンジンをぶら下げて締め切りを守らせるのはうまくいかなかった。だからといって、給料を減額するというムチでライターを打っても効果はなかった。

2　彼らが何を知っているか知っている

マネジャーがすべての仕事をどうすればよいか、会社の誰よりもよく知っていた時代は終わった。ピーター・ドラッカーが、将来のマネジャーはどのように指示するかではなく、どのように質問するかを知る人だと言ったのは、知識労働者はどのマネジャーよりも知識をもつことを知っていたからだ。さて、その将来はまさしく今到来した。賢いマネジャーは、一定の分野で部下よりもよく知っているという自信過剰の偏見を捨てなければならない。さもなければ部下の能力が下がり情熱は薄らぎ、やがてはボスの立場を悪くさせていく。

3　彼らの自己中心的なところが大嫌いだ

社員があなたのところにやってきて、ハッピーじゃないとか、仕事で満たされないと不満を漏らしたことが何回くらいあるだろう？　すると、パッとあなたの頭に浮かぶのは、「愚痴を言うなよ、このトンマ！　金をたくさん払っているのは君をハッピーにするためじゃない。仕事をしてもらうためだ。さあ、仕事に戻れ」ということではないか。

社員があなたのところにやってきて、他の会社でよい条件を提示してもらったと言うことがどのくらいあるだろう。彼らは、あなたやあなたの会社から離れたくないので、待遇を改善して他社と同じ条件にしてもらうことを期待している。あなたの最初の反応は、その社員の愛社精神を疑い、相手を恩知らず、あるいは裏切り者と見るのではないか。

こういった乱暴なネアンデルタール人的原始的反応もまた、偏見の例だと強く主張したい。マネジャーがこう感じるのは容易に理解できる。彼らは何十年にわたってそう考えるように訓練されてきた。歴史的にみてアメリカの大企業は、一方的な目的で恩恵をこうむってきた。会社は会社と株主のために利益を最大限にすることを期待される。個人は個人の利益を抑え、会社のためになることに専念することを期待されてきた。社員がおおっぴらに「それは私にどんなメリットがあるのですか？」とはっきり尋ねるのは、とんでもない行為とされてきた。

賛同していただけると思うのだが、サラリーマンが流動性の高いフリーエージェントに置き換わった新しい秩序の世界下では、社員が自分自身のことを考えても、マネジャーはびっくりしてはならない。彼らに腹を立ててはならないし、利己主義だとレッテルを貼ってはならない。この動きには喜んで応じてしかるべきだ。社員の機先を制することができるのなら、相対的に取り扱いが容易な問題だからだ。

人材紹介のエージェントがジャック・ウェルチに瞠目させられたときのことを話してくれた。当時ジャック・ウェルチはGEの会長だった。エージェントはGEの一事業部門であるNBC放送のニュースキャスターに目が飛びでるような年俸とストックオプションを提示して、長期契約を更改したところだった。

ウェルチがニュースキャスターの名前について会議で触れると、エージェントはプライド半分、半分はおずおずと「ええ。御社からたんまりと金を巻きあげさせてしまいました」と言った。

ウェルチの目が一瞬ぎらっとして、エージェントはこの伝説的なCEOを侮蔑してしまったのではないかと恐れた。厳粛なまじめな口調で、ウェルチはこう言った。「あなたは理解していないようですね。あなたはわれわれをだまして金を巻きあげたわけではない。われわれは彼にそれだけの金を与えたいと思っていた。彼をハッピーにするためなら何でもしていた」

この態度は、お金を必要とし、高い要求をする、いわゆる「利己的な」社員を扱うときのお手本にすべきだ。彼らを無視したり、腹を立てたりすることは、彼らを誤解することであり、やがて彼らを失うはめになる。企業における憎悪罪を犯したも同然になる。

4 いつだって他の人間を雇うことができる

過去においては、富を築くには土地、物資、工場、道具をもつことが重要だった。そのような環境では、労働者は会社が彼らを必要とする以上に、会社を必要としていた。今日では、富を築くのに重要なものは知識である。その結果、知識労働者が会社を必要とする以上に、会社は彼らを必要とするようになっている。さらに悪いことに、労働者はこのことを知っている！　彼らは自分自身を、すぐにそっくり同じものに取り替えのきく普及品ではなく、もはや会社の気まぐれにふり回されることのない交換可能な資産と見ている。この違いは微妙だが、現実のものである。交換可能な資産として、フリーエージェントは自分たちがつねにどこかでもっとよい仕事を得られると考える。もしたんなる普及品であれば、誰にでも代わりはきく（というのは、もはや真実ではないことをわれわれは知っている）。

優れた会社のマネジャーは、この事実にすでに気づいている。彼らは、トップクラスの人材との関係を、従来の雇用契約ではなく、戦略的提携に近いものとしてみなすようになってきた。彼らはフリーエージェントがいつでも会社を去ることを知っている。世界の大手ハイテク企業のトップ・エグゼクティブ一二〇人に調査をして、「あなたの元で働く将来を大いに有望視されるリーダーが、会社を辞めて一週間以内にもっと高い給料で他の職につけると思いますか」と尋ねたところ、一二〇人全員がイエスと答えた！

オーランド・マジックが一九九五年シャキール・オニールを手放してロサンゼルス・レイカーズに移るのを許したときには、この経営者の偏見があったと思う（これは、マイクロソフトがビル・ゲイツをどこかに出してしまうとか、ソニー・ミュージックがブルース・スプリングスティーンを他のレーベルに出してしまうようなものだ。換えのきかない人材はつねにあるのだ）。確かにオニールを引き止めておくには高いお金が必要だったかもしれないが、オーランドは彼の換えは手当てできる、と考えたにちがいない。彼に出しているお金で他の選手を買えると思ったのだろう。これは高くついた偏見だった。実際には、オニールがいなくなったあとオーランドは二流のチームに成り下がり、レイカーズは彼が入団するとすぐに世界チャンピオンの座を三回勝ちとった。

スポーツの例を挙げたのは、情報が公に知られていてすぐに入手できるからであって、フリーエージェントの行動がもっとも端的に現われるからではない。本当だ。この「私にはどんなメリットがあるのか？」という態度は一日何千回となくアメリカ中の会社で見られる。ハッピーではない。すると人はキンコーズで履歴書をコピーする。人材市場がどんな具合か試してみる。よい仕事を辞め、もっとよい仕事に就く。すべては、彼らが毎日働きにやってくる本当の理由がボスに見えていないためだ。それが偏見でないとしたら、ほかに何と呼べばいいのかわからない。それは現実に起こっていることだ。スポーツとの唯一の違いは、個々のケースを新聞がとり上げないというだけだ。

もしこれらの例でも、あなたの胸にグサッとこないのであれば、実際に痛みを感じるようにしてあげよう。

こういう偏見をもちつづけ、職場の変わりつつある現実を無視しつづければ、あなたは職を失うだろう。あなたが重要人物で大きな数字を稼ぎだしていたとしても、職を失う可能性がある。

マネジャーがその権威をすべて剝奪されてしまったというつもりはない。たいていの会社では、トップダウンの命令系統がいまだに温存されている。人はボスの命令に従う。だが、職場でそれと目に見えない権力のシフトが起きている。そして、その原因のいくぶんかはフリーエージェントにある。マネジャーが想像する以上にある。そのおかげで私に仕事が回ってくる。私が個別にマネジャーをコーチングするのは、マネジャーが直属の部下を刺激するようなことをしでかしたためである場合が多い。ものすごくいやな思いをして会社を辞める人もいる。つまり、会社を辞める社員は、辞めることで意思表示をしているのだ。もしいやな思いをした部下がみんな辞めることで同様の意思表示をしたら、フリーエージェント社員のマネジャーに対する反応は、ある時点で深刻な問題となる。そうなると私が呼ばれる。何が社員の気に触るのか、私はボスに話してあげて、彼の行動を変えるようにする。

偉大な野球選手のケーシー・ステンゲルはどの野球チームでも、三分の一の選手は監督を慕い、三分の一は彼を嫌い、残りの三分の一はどちらでもないという。「野球チームを監督する秘訣は」とステンゲルは言う。「あなたを嫌う三分の一が、どちらにもついていない三分の一を仲間に引きこませないようにすることだ」

フリーエージェント国家の今日、それは真の危険となる。一人の社員がよいマネジャーの足を引っ張ることはできない。だが、何人かが団結すればもっとも生産的なボスですら倒すことができる。

フリーエージェント国家の経営環境がどんどん変わるなかを、徐々に、あるいはがむしゃらに突き進もうというとき、このことを覚えておいてほしい。ときどきあなたの偏見具合を測るように。あなたは時代遅れの偏見で社員に接しているか。あるいは、新たなフリーエージェントの心構えができているか。本書の内容に沿って言えば、新たな世界を受け入れることで、あなたはボスとしてさらに成功できるだろう。そして、かなり高い確率で、あなたの職を守ることができる。

あなたの社員はつねに変わっている。しかもあなたの目の前で。あなたがそれに従って変わらないかぎり、あなたは目を大きく閉じたまま管理しているようなものだ。それはとりわけ許されない偏見である。

コーチすべきでない人をコーチしようとするのをやめる

あなたの問題のいくつかはごく少数の人にしか問題にならないので直す必要がないように、ボスとして、あなたは変化を望まない人を変えようと努力するのをやめるべきだ。

酷なことのように聞こえるかもしれないが、救いがたい人々もいる。その人たちを矯正できると思っても、それは壁にみずからの頭を打ちつづけるだけにすぎない。

本当だ。私は知っている。問題のなかにはあまりにも根が深く、体系的で、奇妙なもので、私が援助の手を差し伸べても受けつけないものがある、という事実に気がつくまでには何年もかかった。試行錯誤を通じて、私のやり方に関する幻想をふり払い、コーチをしても取り払うことのできない欠点はあるのだと結論づけるようになった。どんなボスであろうと次のような社員の場合にはとくに変えることができない。

自分自身に問題がないと思っている人を変えようとするのはやめよう。職場で成功している人で、変わることにまったく関心のない人を変えようと試みたことがあるだろうか？　その努力でどの程度ラッキーだったか？　答えはいつも同じ。ノーラック。家庭を見てみよう。配偶者、パートナー、あるいは誰かともに生活する人で変わる気のない人を変えようとしたことがあるだろうか？　またしても、答えは同じ。私の母は大学に二年間通い、みんなから尊敬される、優れた小学一年生担当の教師となった。彼女は仕事に全身全霊を捧げたから、教室と現実の世界で行動を違えることはなかった。彼女は誰に対しても、同じようにゆっくりと辛抱強い調子で話し、六歳の子供が日常使うような簡単な言葉を使って話した。母の世界には小学一年生しか存在しなかった。私はいつまでたっても一年生だった。彼女の兄弟もみな一年生のまま。親戚の誰もが一年生。私の父も一年生だった。母はいつもみんなの文法を直す。ある日母は父の言葉を直した（一万回めの訂正だ）。彼は彼女を見てため息をついてこう言った。「お母さん、私はもう七〇歳だよ。いい加減大目にみてくれよ」

もし変わろうとしないのであれば、あなたの時間を無駄にすることはない。

組織のために誤った戦略を推し進める人を変えようとするのはやめよう。もし彼らが誤った方向に向かっているのであれば、そこに早くいきつくように手助けすることしかできない。

そもそもその職につくべきではない人を変えようとするのはやめよう。誤った会社の誤った仕事について いると感じる人はいる。彼らは他のことをするつもりだったのだろう。彼らのスキルが誤って使われているケースもある。あるいは彼らが何かに気づかないでいるのかもしれない。もしあなたに感受性があれば、これらの人々が誰か、かなりよくわかるはずだ。この気配のごくわずかな兆しに気づいたのであれば、彼らにこう尋ねてほしい。「もし会社が今日閉鎖されたとしたら、あなたはびっくりする？　悲しい？　それとも、やれやれと思う？」。多くの場合、彼らは「やれやれ」を選ぶだろう。それは彼らを辞めさせるサインだ。不幸な人の行動を変えさせてハッピーにさせることはできない。まわりの人を不幸にさせる行動を直すことができるだけだ。

最後に、自分以外のみんなが問題だと考えるような人を変えようと努力するのはやめよう。

かつてある起業家と接したことがある。世間によく知られた社員が数人辞めたあと、彼は社員の士気を懸念した。彼はエンターテインメント産業の大手企業を経営していた。誰もが大喜びでその会社で働いた。だがフィードバックによると、ボスはひいきの度合いで報酬を決めているという。ある社員には多額の給料を出し、他の社員にはできる限り低く抑えていた。給料を大きくあげてもらおうと思ったら、頭にピストルをつきつけて、つまり本気で辞めると脅すしかなかった。

このことを起業家に報告すると、彼はそのとおりだと言って私をびっくりさせた。そして、それを弁護した。一代で会社を築いた人の例に漏れず、社員に一セント払うとその分自分のポケットに入る分が一セント減ると考えていた。彼はダーウィンの法則に従って、社員が市場でどの程度の価値があると認められるかによって給料を決めていた。もしよそでもっと高い給料をもらえると思ったのなら、それをまず彼に証明する必要があった。

私は報酬の専門家ではない。この問題を解決する立場にはない。だが彼はもう一つ私をびっくりさせた。彼が私を呼び寄せたのは彼を変えるためではなかった。彼は社員を変えさせようと思っていたのだ。こういう状況にあうと私は走り去る。歩み去るのではない、脱兎のごとく走り去る。問題を抱えていると考えない人を助けるのは難しい。他の誰かが問題を抱えていると考える人を直すのは不可能だ。

あなたもそうすべきだ。このような人々は、失敗はすべて他人のせいだという強い信念を諦めることは絶対にない。彼らはこの信念を宗教のように固く信じている。それを改宗させようというのは根っからの共和党員を民主党員に改宗させよう、あるいはその逆を改宗させようとするようなものだ。そりゃ絶対に無理だ。だから、時間を無駄にせず英雄的な行動をとろうとはしないこと。絶対に勝ち目のない「論争」だ。

結び　あなたの現在地はここ

息を吸って。深呼吸をして。

あなたは九五歳で今わの際にあると想像してほしい。最後の息を引きとる前に、すばらしい贈り物を与えられた。時をさかのぼって、このページを読んでいる人と話す能力、その人がもっとよい職業人となりもっとよい生活を送れるように手助けをすることのできる能力だ。

九五歳のあなたは、何が本当に重要で何が重要ではないかを知っている。何があなたにとって価値があり何が価値のないことかを知っている。この賢い「年老いたあなた」は、このページを読んでいる「あなた」にどんなアドバイスを与えるだろう?

時間をかけてこの質問を二段階に分けて答えるように。個人的なアドバイスと仕事のうえでのアドバイスだ。年老いたあなたが若いあなたに言うであろう言葉をいくつか思いついたら書きだしておくように。

言葉を書き終えたら、あとは簡単だ。書きだしたとおりのことをすればいい。それを今年の目標とし、来年もそうすること。あなたはいまあなたの「目的地」を決めたところだ。

あなたの「目的地」を私が決めることはできない。それを決めることも、それが価値あることとか、見上げたことだとか、と判断することもしない。そんなことをするのは出しゃばりだし、そもそも、私の知ったことではない。

だが、あなたの「目的地」がどんなものか、大雑把に予測することはできる。というのは私の友人が、死の近づいた人たちに取材をして、何をアドバイスするか彼らに尋ねているからだ。彼の得た回答は、どれも賢明な叡智にあふれるものだった。

くり返しでてきたのは「人生をふり返り、人生の幸せと意義を見つけること。今すぐに」ということだった。来月でも来年でもない。偉大なる西洋病は「私は……したら幸せになれるだろう」というせりふに端的に表われる。たとえば、昇進できたら幸せになれるだろう、家を買ったら幸せになれるだろう、そのお金を手にいれたら幸せになれるだろう、という具合だ。年老いた賢いあなたは、とうう気がついた。次の昇進、次の業績達成、次の大きなマイホーム、もっと魅力的な重役のポジションへの昇進などは、あなたの世界をそれほど大きく変えないと悟った。多くの年配者が言うことだが、彼らは持っていないものを探し求めるのに夢中で、今持っているものをありがたく思い、楽しむことをしなかったと言う。もっとそれを楽しむことに時間をかけるべきだったと言う。

第二にくり返しでてくることは、「友だちと家族」だ。あなたはすばらしい会社に働いていて、あなたの貢献はその組織に非常に重要だと考えているとしよう。あなたが九五歳になり、あなたの臨終の床に、会社の人がお別れに来ることはごくごくわずかでしかない。心にかけてくれるのはあなたの友だちと家族だけだろう。彼らのことを今大切に思い、彼らとともにあなたの人生の大半を分かちあうべきだ。

もう一つくり返しでてくることは、「夢を追う」ことだ。夢を達成しようとした年老いた人たちは自分の人生をよりハッピーに感じている。あなたの人生の真の目的を探しだし、それに向かって進みなさい！　大きな夢だけではない。小さな夢についても同じことが言える。いつもほしいと思っていたスポーツカーを買いなさい。いつもうっとりと夢見ていた異国の地に行きなさい。ピアノを習う、イタリア語を習う。あなたが思い描くすばらしい生活をほかの人が、ばかばかしいとか変だと思ったとしても、それがどうした？　彼らの人生ではない。あなたの人生だ。夢をすべて実現する人はほとんどいない。夢のいくつかは実現できないままになる。だから、大切なのは、「私は夢をすべて実現させたか」ではない。大切なのは、「私は試したか」という質問だ。

アクセンチュア社の研究プロジェクトで、世界中の一二〇社から二〇〇人の将来を嘱望されるリーダーの調査を行なった。各社は二人だけ将来のリーダーを推薦することができる。非常に優秀な若いスターで、ほかにもっとよい給料のポジションがあれば、すぐにでも飛びだす可能性のある人々だ。この若いスターたちに、「もしあなたがこの会社にとどまるとしたら、なぜとどまるのでしょう」という簡単な質問をした。回答の上位三つは、

1 意義ある仕事があり、幸せだから。仕事はエキサイティングで今やっていることが大好きだ。

2 会社の人が好きだ。彼らは友人だ。チームの一員だと感じることができる。家族のように感じられる。よそで他の人と働けばもっとお金を得られるかもしれない。だが、ここにいる人たちを残していきたくはない。

3 私は夢を追うことができる。この組織は、私が人生で本当にしたいと思っていることをするチャンスを与えてくれている。

どの答えも、お金についてはまったく触れていなかった。つねにそれは幸せ、人間関係、夢を追うこと、そして人生の意義についてだった。私の友人が今わの際の人に彼らにとって何が重要かを尋ねたところ、彼らは、将来を嘱望されて取材を受けた若者とまったく同じ答えをした。

その叡智を今使いなさい。将来を見るのではなく、ふり返ってみなさい。年老いた自分の立場からどのような人生を送りたかったかをふり返りなさい。今ハッピーであること、友人、家族と楽しみ、夢を追うことが必要なのだと悟りなさい。

あなたの現在地はここ。

あなたは目的地に着くことができる！

さあ、一緒に旅を始めよう。

謝辞

多くのすばらしい人たちの貢献と協力のおかげでこの本はできあがった。
メンターと教師：ピーター・ドラッカーとリチャード・ベッカードは、いつもいつまでも私にとってのヒーローだ。ポール・ハーシーはエグゼクティブ研修を行う機会を与えてくれた。フランシス・ヘッセルバインは、私の永遠のロールモデルだ。ボブ・タンネンバウム、ジョン・イン、フレッド・ケースら、すばらしい先生たちは、私がちゃんと卒業するように見守ってくれた。
協力者とエージェント：マーク・ライターは、文章でも人前で話すように自分自身を表現できるように手助けをしてくれた。
出版社：ウィル・シュワルビー、エレン・アーチャー、ボブ・ミラー、ザリーン・ジャファリーを始めとするこの本のために助けてくれたハイペリオンのすべての人々。
家族：リダ、ケリー、そしてブライアン。私が愛し、（私のいやな癖にもかかわらず）私を愛してくれる家族。彼らは、私がすべてにバランスのとれた見方ができるように助けてくれ、仕事を楽しいものにしてくれた。
アリアント国際大学：ジェフ・コックス学長と彼のスタッフは、経営の単科大学に私の名を冠してマーシャル・ゴールドスミス経営大学と命名するほど、私に信頼を寄せてくれた。この大学の教職員や学生たちと、私は楽しく働いている。
過去三〇年に私の仕事上でパートナーとなった人たち：キールティ・ゴールドスミス・アンド・カンパニーからA4SL、現マーシャル・ゴールドスミス・パートナーズに至るまでのパートナーたちは、私がメッセージを広める手助けをしてくれた。パートナーとなってくれた会社、リンケージ、IMS、コンファレンス・ボード、AMA、HRコム、チャートハウス、タレント・マネジメント、ターゲテッド・ラーニングは、一〇〇万人ものリーダーにコンタクトする手助けをしてくれた。セイラ・マッカーサー、ジョン・ウイートン、アンドリュー・ソーンは、この本に特殊な貢献をしてくれた（彼らはどこに、何が、なぜあるかということを知っている）。
記者の友だち：ビジネス・ウイークのジョン・バーンはいつも私が自分自身をさらけ出すようにと励ましてくれた。ニューヨーカーのラリッサ・マクファーカーは私の仕事についてすばらしい紹介記事を書いてくれた。ハーバード・ビジネス・レビューのガーディナー・ムース、フォーブスのボブ・レンツナー、リーダーシップ・エクセレンスのケン・シェルトン、そして地元のサンディエゴ・ユニオン・トリビューンのマイケル・キンズマン。みんな私を取材して、楽しいそして公平な記事を書いてくれた。ファストカンパニーのマーク・ヴェイモス、そしてワイリー・アマコム、フィナンシャル・タイムズ、デイヴィース・ブラックは過去に私の仕事をとり上げて記事にしてくれ、それをこの本で使用する許可を与えてくれた。

そして、もっとも重要な存在である私の顧客。すでに信じられないほどの成功を収めているのにさらによくなろうと努力する人々。彼らは私が彼らに教えたことよりもはるかに多くのことを私に教えてくれた。

ここに名前を挙げたすべての人々の協力を得ても、この本のなかには誤った記述があるものと思う。前もってお詫びを申し上げておきたい。それはすべて私の責任である。私のもう一人の英雄、仏陀の言葉を引用しておこう。あなたの役に立つものだけを使い、それ以外のものは忘れなさい。

付録

このリーダーシップ・リストは、アクセンチュア後援による研究プロジェクトの一環として開発したものだ。世界の一二〇社から将来を嘱望されるリーダー一二〇〇人を対象に、回答を得た。回答者には、リーダーを「非常に満足している」から「非常に不満」まで五段階で評価するよう依頼した。

グローバル・リーダーシップ・チェックリスト

あなた自身（あるいはこの人物）が、次の点についてどの程度有能であるかを考えてください。この人物（あるいはあなた自身）の行動にどの程度あなたは満足していますか？

グローバルにものごとを考える

1　当社のビジネスにおけるグローバリゼーションの影響を認識している
2　グローバルな環境下で成功するための適応力があると認められる
3　グローバル・ビジネスに不可欠な多様な経験を得ようと努力する
4　グローバルな見地から経営判断を行なう
5　ほかの人がグローバリゼーションの影響を理解するよう手助けする

多様化の必要性を認識している

6　文化、人種、性別、年齢などの多様性の価値を信じている
7　異なる文化や異なるバックグラウンドの社員を効果的にやる気にさせる
8　多様なものの見方や意見の価値を認識している
9　ほかの人が多様性の価値を認めるように手助けする
10　人との対話、語学習得、旅行などを通じて異なる文化に関する知識を積極的に広げようとする

技術に対する理解を深めようとする

11　明日の世界で成功するために、技術的知識を得ようと努力する
12　必要な技術的専門知識をもつ人材の採用に優れている

13　生産性を向上させるために、技術的問題をうまく管理する

パートナーシップを築く

14　同僚をパートナーとして扱い、競争相手としてみない
15　組織を有能なチームとして一つにまとめる
16　会社のあらゆるところで、手際よくパートナーシップを築く
17　ほかの人やグループを傷つけるコメントを言わないように仕向ける
18　ほかの組織と成功裡に提携関係を結ぶ
19　仕事をするうえで役立つ人脈ネットワークをつくり出す

リーダーシップを分かち合う

20　ほかのビジネス・パートナーとリーダーシップを分かち合う
21　自分より専門知識や経験をもつ人の言に従う
22　誰かのためにではなく、ほかの人とともに成果を生みだそうと努力する。
23　木を見て森を見ず、にならないよう、縄張り意識をつくらせず、部下がより大きな目的に目を向けるような環境を整える

共通のビジョンをつくり出す

24　組織の明確なビジョンを策定し、みんなに伝える
25　意思決定のプロセスにみんなを巻きこむ
26　ビジョンの達成をめざすように部下のやる気を起こさせる
27　ビジョン達成のために有効な戦略を立案する
28　ものごとの優先順位を明確にする

人材開発

29　つねに人の尊厳に敬意を払いながら接する
30　仕事をやりやすくするためには何が必要かを部下に尋ねる
31　成功するように、部下にトレーニングを受けさせる
32　効果的なコーチングを行なう
33　タイミングよく部下の成長のためにフィードバックを与える
34　ほかの人が何かを達成したらきちんと認め、評価する

能力を発揮させる

35　自信をもたせてあげる

36 リスクをとって、ほかの人に意思決定をさせる
37 仕事をやりやすくするために自由裁量を与える
38 いちいち口を挟むのではなく、信頼して仕事を任せる

自分をコントロールする

39 自分自身の強みと弱みをきちんと把握している
40 自己啓発のための投資をつねに怠らない
41 自分自身がもち合わせない強みをもつ人を関与させる
42 さまざまな状況下で、適切に感情を表現する
43 リーダーとしての自信を見せる

建設的な会話を求める

44 どうすればもっと改善できるか、と人に尋ねる
45 人の話をしっかりと聞く
46 建設的なフィードバックを（自己弁護することなく）前向きに受けとめる
47 他人の判断基準を理解しようと努力する
48 現状打破に挑むようにさせる

誠実さを見せる

49　つねに正直で倫理的な行動をとる
50　組織全体が最高レベルの倫理的行動をとるようにさせる
51　政治的な行動や利己的な行動をとらない
52　自分が信じることに勇気をもって立ち向かう
53　組織の価値観を具現するロールモデルとなるよう、率先垂範する

変化を起こす

54　変化はチャンスとし、問題とはみない
55　変化が必要なときには、ひるまず現体制に挑む
56　不確実な状況のなかで（必要とあらば適応性を見せて）成功を収める
57　独創性や革新性を発揮させる
58　独創的なアイデアで、結果を出すことができる

チャンスを予想する

59　将来のトレンドを学ぼうと努力する

60　将来の機会を予想するのに優れている
61　目の前にある目標だけではなく、将来の機会を意識するようにさせる
62　新たな環境に合致したニーズを満たすアイデアを育てる

顧客満足を確実にする

63　高い顧客満足を部下に達成させる
64　幅広い視野をもって、顧客の立場からビジネスの進め方を見る
65　つねに顧客からの意見を求める
66　つねに顧客に約束したことは守る
67　顧客が他社を選ぶ選択肢をもっていることを理解している

競争優位性を保つ

68　仕事を達成するとき「やればできる」という前向きな態度をまわりの人に伝える
69　部下が結果に責任をもつようにさせる
70　無駄や不必要なコストを削る
71　会社に明確な競争優位性を与える商品やサービスをつくる
72　長期的に株主の価値をあげる結果を導きだす

自由記述

あなたの強みは何ですか？　もしあなたがほかの人を評価しているのであれば、その人のとくに高く評価できる点を挙げてください（二つか三つ、具体的なことを書いてください）。

もっと効果的に仕事をするには、具体的に何をしたらよいと思っていますか。もしあなたがほかの人を評価しているのであれば、その人がもっと効果的に仕事をするには何をすべきだと思いますか？（二つか三つ、具体的なことを書いてください）。

訳者あとがき

二〇〇一年の二月から、一〇人の仲間と為替の勉強会を続けている。三カ月に一度集まって、マクロ・ミクロの景気動向を話し、政治環境を語り、為替の行方を占う。そして、三カ月先の為替レートを予測して、その成績を競う、至極まじめな会合だ。が、予想はなかなか当たらない。「宝くじよりも当たらないねえ」という誰かの発言から、この勉強会の趣きは変わってしまった。

食事中は、それまでどおり為替の話をするのだが、デザートが出るやいなや、「本番きたり！」とみんなが真剣になる。ひとり二〇〇〇円ずつ拠出して、合同で宝くじを買い出したのだ。幹事が購入した宝くじの番号を読みあげ、ほかのメンバーは当たっているかどうか、当選番号の印刷された紙を真剣なまなざしで追う。数字一つ違いで一億円を逃したときは、絶叫して悔しがった。それだけ、宝くじは当たらないということだ。

それでも私たちは宝くじを買いつづける。充分投資に見合うリターンを得ているからだ。宝くじが当たったら、と仲間と真剣に悩むこの楽しみが二〇〇〇円で買えるのだから、お安いものだ。一億円当たったらファーストクラスでスイス旅行と決めてある。ところが、前回の会合では、「エコノミーで飛ぶからファーストクラスとの差額を現金でもらいたい」というメンバーの一人のリクエストをどうするかで盛りあがった。しょせん、私たちは金持ちの器ではない。

宝くじは累進課税ならぬ逆進課税と呼ばれる。低所得層の購入比率が高いのはなぜかと思っていたが、本書を読んで納得した。成功する人は、自分が努力すれば成功を呼びこむことができると信じている。成功しない人は、人生すべてが運、と信じている。私たち為替問題研究会のメンバーは、本業で努力して成功しようと思っている。宝くじは当たらない前提で、夢を見て遊んでいる。本書は、私たちのように、運に頼らず頑張ろう、と考える人に向けて書かれた本だ。

そういう人は多くいる。アメリカにも多数いる。その証拠に、本書は発売されるやアマゾン・ドット・コムで堂々、総合ベストセラー一位の座を獲得している。ウォールストリート・ジャーナル紙でも、ニューヨーク・タイムズ紙のビジネス・アドバイス書のランキングでも、一位にランクした。

なくて七癖というが、意識せずに、私たちは多くの悪い癖を身につけている。負けず嫌い、ついよけいなお世話のひとことを言ってしまう、他人の話を聞かない、言い訳をする等、二〇に及ぶ項目を著者、マーシャル・ゴールドスミスは挙げている。やってはいけないことを羅列したビジネス書なら、ほかにもあるかもしれない。本書がすごいのは、その悪癖がなぜ生まれるのか、周囲にどう受け止められているのかを説き、悪い影響を与えて、ひいては自分のキャリアに大きくマイナスになっていることを解き明かしていく点だ。

人間は、自分の得になると思わなければ何もしないと彼は言う。だから、「それはやってはいけません」と指摘するのではなく、「その悪い癖を直すと、こんなによいことがありますよ」と言う。聖人じみたお説教ではなく、人間性にもとづいたアプローチをとるところが憎い。実際彼は、私たちの深層心理を、暖かく、理解している。たとえば、「夢を見るのをやめよう」というくだり。「今は特別な事情で忙しいだけ。すべて片づいて落ち着いたら、家族とゆっくり過ごし、いろいろ整理して、エクササイズしよう。もう少ししたら、時間ができるはずだ」という夢は、彼の言うとおり、夢でしかない。そんなときは絶対にこない。「そのうち」や「いつか」は絶対にやってこない。何かをしようと思ったら、今、この瞬間にやり始めるべきなのだ。「夢」以外にも、本書のあらゆるところに、グサッと胸に響く言葉がある。

同時に、彼は現実的だ。巷にあふれる安易なコーチイング本とは違い、一人で「自分を変える」のはたやすいことではない、とちゃんと読者に告げている。誰かに「あなたのここが悪い」と正面切って言われたら、たとえよくなろうという気持ちがあっても、カチンときて、相手を逆恨みするのがおちだ。匿名でないコメントを素直に受け入れることは難しい。よくなるためには誰かの手助けが必要だと認めるあたり、彼の現実的なところ、そして彼の経験の豊かさがわかる。

本書が紹介するコーチング法だと、ふつう一二カ月から一八カ月かかる。でも、前半の一五〇頁を読むだけで、「いやなヤツ」にならないように努力するには何をしたらよいかがわかる。「何かをする」ことを強制するのではなく「何かをしない」ようにさせるのも本書のユニークで、すぐに実践可能なポイントだ。

著者マーシャル・ゴールドスミスはジャック・ウェルチをコーチングしたことでも知られるエグゼクティブ・コーチの草分け的存在である。インターネット上の情報によれば、彼のコーチング料は一人二五万ドルだという。本書の定価は消費税込みで一八九〇円。ドルレートにもよるが、〇・〇一％に満たない金額で彼のコーチングが受けられるのは、お買い得です！

この本を読んで、ぜひ上司に読ませたいと思う読者も多いことと思う。これには、少し技がいる。ただ、この本を差しだしたら、「俺のどこが悪いんだ！」「私にはこういう悪い癖があると言いたいわけ？」と、とばっちりを受けるリスクがある。「アメリカでベストセラーの本で、日本でも話題の本だそうですよ」と言って、さりげなく上司に渡してほしい。

この分厚い本を翻訳するにあたり、いろいろな方にお世話になった。いちばんお世話になったのは、編集を担当した河本法子さん。細部に目を光らせて、この本を仕上げてくださった。そして、無理難題なスケジュールに音を上げる私に、愛の鞭を叩きつづけてくださった日本経済新聞出版社の國分正哉さん。ご自身も第一子の誕生を迎えて何かと忙しい日々であったことを考えると、愛の鞭が身に応える。お二人に心からお礼を申し上げます。そして、私の至らなさをいつも思い出させてくれて、この本の教えが身に染むようにしてくれたジェイ・ボンド証券の社員のみなさん。どうもありがとう。私はこの本を座右の書として、よくなるように努力します。

二〇〇七年九月

著訳者紹介

マーシャル・ゴールドスミス (Marshall Goldsmith)
エグゼクティブ・コーチングの第一人者。ジャック・ウェルチ元ＧＥ会長をはじめ、世界的大企業の経営者80人以上をコーチしたことで知られる。1949年ケンタッキー州生まれ。ＵＣＬＡで博士号、インディアナ大学でＭＢＡを取得。76年から大学で教鞭をとるかたわら、専門とする「360度フィードバック」の手法を駆使してリーダーシップ能力開発プログラムに従事。米国における「エグゼクティブ・コーチングのグル（先導者）」と呼ばれる。93年にはウォールストリート・ジャーナル紙から「エグゼクティブ教育のトップ10人」に、2004年には全米経営者協会から「過去80年間、マネジメント分野で最も影響を与えた50人の偉大な思想家・リーダー」に選ばれた。マーシャル・ゴールドスミス・パートナーズ社の創業者であり、世界の企業教育トップコンサルタントを組織したＡ４ＳＬ（戦略的リーダーシップ同盟）のパートナーもつとめる。

マーク・ライター (Mark Reiter)
リテラリーエージェント兼作家。

斎藤聖美（さいとう・きよみ）
1950年生まれ。慶応義塾大学経済学部卒。日本経済新聞社、ソニー勤務ののち、ハーバード・ビジネス・スクールでMBA取得。モルガンスタンレー投資銀行のエグゼクティブ・ディレクターなどを経て独立。数々の企業立ち上げに携わり、現在はジェイ・ボンド証券代表取締役。また郵政行政審議会委員、アステラス製薬の役員など幅広い分野で活躍。著訳書多数。

コーチングの神様が教える
「できる人」の法則

2007年10月16日　1版1刷
2013年11月27日　　11刷

著　者　マーシャル・ゴールドスミス
　　　　マーク・ライター
訳　者　斎　藤　聖　美
発行者　斎　田　久　夫

発行所　日本経済新聞出版社
http://www.nikkeibook.com/
東京都千代田区大手町1-3-7 〒100-8066
電話 03-3270-0251(代)

印刷・製本／中央精版印刷
ISBN978-4-532-31356-2